Hypnotism

邰启扬催眠疗愈系列

邰启扬 林琳 著

Romantic Hypnotism

爱情催眠术

第2版

社会科学文献出版社
SOCIAL SCIENCES ACADEMIC PRESS (CHINA)

从爱到催眠只有一小步之隔。这两种情形相同的方面是十分明显的。

——西格蒙德·弗洛伊德

总　序

你听说过"巴乌特症候群"吗？那是一生都在拼命工作，突然有一天，就像马达被烧坏了一样，失去了动力，陷于动弹不得的状态。具体表现是：焦虑、抑郁、孤独、健忘、与他人的情感投入低，甚至对性生活也失去兴趣……

你听说过现代人身心症吗？表现在外的生理症状是高血压、消化性溃疡、过敏性大肠炎、支气管哮喘以及自主神经失调症等，但致病的根源却是心理因素。服药、打针或其他生化治疗方法每每难见成效。

我们有幸生活在一个伟大的时代，经济高速增长，科技日新月异，物质生活水平有了极大的提升。但硬币总有两面，世间的事总是有一利必有一弊，高速度、快节奏、竞争激烈、变化太快的社会生活使得形形色色的心理问题、心理疾病不期而至且挥之不去。据世界卫生组织统计，全球有逾 3 亿人罹患抑郁症，约占全球人口的 4.3%，近 10 年来每年增速约 18%，中国约有 5400 万患者。该组织还预测：到 2020 年，抑郁症会成为影响寿命、增加经济负担的第二大疾病。

除了抑郁症，还有一堆的其他心理问题与心理疾病呢。

怎么办？问题无可避免，应对才是积极的作为！

"郜启扬催眠疗愈系列"丛书向您推介一种心理治疗技术——催眠术。

催眠术具有强大而独特的作用，是解决心理问题，治疗心理疾病的有效工具。

催眠状态下，可以直接进入人的潜意识，绝大多数心理疾病的深层次根源就潜伏在潜意识中。

催眠状态下，可以让心理得到彻底的放松——情绪宣泄，任何一个人在这种宣泄后得到的感觉就是轻松，就是愉悦，就是感到重新有了活力。

催眠状态下，心理暗示的作用将得以最充分地发挥与表现，心理问题、心理疾病会有根本性的改观。

催眠状态下，开发人类潜能、调节心理状态可实现最大的功效。

强烈推荐自我催眠术。自我催眠术除具有上述功效，还有几个更诱人的特点。

自我控制——许多人对看心理医生本身有心理障碍，即害怕被别人控制；担心说出自己的隐私，自我催眠就没这种顾忌了。

简便易学——操作过程简单，经过一两个星期的学习，任何人都可以掌握自我催眠的技术。

方便快捷——随时能进行。初学阶段可能对时间与场所还有一些要求，熟练以后，任何时间、任何场合都可以进行。

不需费用——使用心理咨询师或催眠师的服务需要一笔很大的开支，至少对于工薪阶层来说是如此。自我催眠则不需要任何费用。

如今，催眠术已成为影视作品的话题与素材，它更应当成为人们调节身心状态，提高生活质量的工具，那才是这门学科、这门技术的初心。

1990 年我出版了一本小册子《催眠探奇》，至今已过去 27 个年头。27 年间，虽时有种种杂务缠身，但我始终没有离开催眠方面的实践与研究，前后共写了 12 本催眠方面的书，蒙读者厚爱，还算畅销；也帮助过不少有各种心理问题、心理疾病的人们，虽然不敢说救人于水火之中，但助人走出心理困境后的成就感与幸福感真的是享受过多次，那是一种非常愉快的体验。另外，通过书这一载体，与一批从事心理咨询工作的同人结缘，大家相互切磋、共同提高，不亦乐乎？

本次出版"邰启扬催眠疗愈系列"丛书计七种，它们是：

《催眠术治疗手记》（第 2 版）

《催眠术：一种奇妙的心理疗法》（第 3 版）

《爱情催眠术》（第 2 版）

《自我催眠术：健康与自我改善完全指南》（第2版）

《自我催眠术：心理亚健康解决方案》（第2版）

《催眠术教程》（第2版）

《自我催眠：抑郁者自助操作手册》

其中大部分是以前出版过，印刷多次而目前市场脱销的，也有的是新近的研究成果。

估计读者阅读本系列丛书不是仅仅出于理论兴趣，而是面临着这样那样需要解决的问题。别担心，更不用害怕，问题是生活的一部分，企求它不发生是空想；想逃避它则无可能。唯一的选择是让我们一起直面心理问题、心理疾病；让我们一起应对心理问题、心理疾病。好在互联网为我们提供了沟通的便捷，除了阅读本丛书外，我们还可以在我的微信订阅号"老台说心理"里作进一步交流。

感谢社会科学文献出版社社会政法分社的同人为本丛书出版所做出的种种努力。

路正长，心路更长，我愿与大家结伴同行！

是为序。

邰启扬

2017年9月28日

目　录

一　日常生活中的催眠现象

如果有谁认为，催眠术只是发生在催眠施术室里的现象，那就大错特错了。生活中有大量催眠或类催眠现象，其中有些一定会让你触目惊心！

1. 一宗谜案的两个主角

怀达与麦尔，一个是丧尽天良的罪犯，另一个是手握正义之剑的法医；一个利用催眠术进行犯罪活动，另一个运用催眠术侦查惊天奇案。他们虽然都不是催眠术的执业医生，但对催眠技术的使用都达到了炉火纯青的境界。

这就是著名的海德堡事件。

后来，这个事件的主角之一，法医麦尔先生出版了《催眠状态中的犯罪》一书，将案情完整地公之于世。

那是在 1934 年，德国海德堡的 E 先生向警方提出控诉："有人使我的妻子产生各种疾病，并以此诈骗钱财。"警方接到这个怪案后感到一筹莫展，后来只好请法医麦尔先生进行调查。麦尔医生首先找到 E 夫人，对 E 夫人的身体与心理进行了检查。诊断的结果表明：E 夫人全然没有精神病的症候和身体方面的疾患。然而，E 夫人却丝毫想不起犯人的住所和其他详细的情形。

但是，E 夫人对于与罪犯无关的记忆完全没有障碍。麦尔医生由此判断 E 夫人必定接受了催眠暗示。事实上，E 夫人也说："那个人把手放在我的额头上，之后，我就迷迷糊糊地什么都不知道了！"

麦尔医生也是一位精通催眠术的大师，他用同样的方法，把手按在 E 夫人的额头上进行催眠诱导。E 夫人立即陷入催眠的状态。重复操作数回后，使 E 夫人陷入更深的催眠状态，然后，麦尔医生让 E 夫人想起首次与此人认识的情形。

"那是在我还没有结婚时的事，由于胃部的不适，我准备到海德堡去看医生。途中，在车上，那个人坐在我的对面。我们聊天，谈到我的病时，他说他也认为我有胃病。然后，他自称贝根医生，是治胃病的权威。

"到了海德堡车站后，他请我去喝咖啡，我觉得有点不安，不想去。但是，他拿起我的行李，很亲切地握着我的手，对我说：'好了，走吧。'说完，我就迷迷糊糊地跟着他走了，好像没有了自己的意识。从那以后，我都在海德堡车站和他碰面，但是，我想不起来治疗的地方。"

麦尔医生又和E夫人做了几次催眠面谈。在施术过程中，麦尔医生"制造"了E夫人和那个人见面时的情境，使当时的情境在E夫人的脑海里重新浮现。E夫人说："我不知道这是哪里，应该是海德堡的某个建筑中的房间里，这个小房间里只有长椅子和桌子。我们见面时，他说：'四周一片黑暗！'四周就真的变得黑暗，然后才带我到那个地方去。他把房门一打开，四周又亮了。在那个房间里，我不记得他是如何为我治疗的。"

过了几个月之后，有个名叫法兰兹·怀达的男人因诈骗罪被捕。这个男人的长相、发型、衣着等，和E夫人所描述的贝根医生完全相符，连欺诈的手法也完全相仿。带E夫人前往指认后，E夫人说："他就是贝根医生，没错！"但是，怀达却矢口否认，坚称自己不认识她。没想到，E夫人后来又说："我不知道，不太清楚！"只差一步，确定罪犯的结果竟遭失败。

由此看来，有必要唤起E夫人更为深层的、更详细的记忆，而这是相当困难的工作。麦尔医生意识到，罪犯对E夫人催眠后，可能不只是暗示她忘掉其间的过程，还要她连催眠的经历都完全忘记。这时，要再唤起她的记忆，难度很大。

然而，麦尔医生坚信一条心理学法则：那就是人只要经历过一次的事情，就不可能完全遗忘。这个记忆一定还被保存在大脑中，只是未被意识化。他决定让E夫人进入更深的催眠状态，一定要把这段经历给追回来，他相信自己是能够成功的。

麦尔医生所设定的技术路线是：让E夫人想起与事件有某种关系的观念，靠这些观念寻找联想的线索，借此成功地让E夫人恢复完全的记忆，从而得以顺利地破案。

麦尔医生通过催眠术进入E夫人的无意识，让她就这一事件作自由联想。

E夫人随口说出了"游泳池"，接着又回忆起自己和怀达在游泳池里。

在后来的催眠分析中，E夫人脑海中又浮现了下面的景象。

"眼前浮现白色的浴巾，两端有蓝色条纹的浴巾。啊！对了，后来又在怀达医生那里看到过有浅紫色条纹的浴巾。"

由于这句证言，警方立即搜索了怀达的住宅，找出了E夫人叙述的这两条浴巾，成为证据之一。尔后，E夫人还想起下列数语。

鞋子——鞋店——5马克

莱伊皮特比诺

汽车——6071

科玛巴斯

17——信——怀达——不能去——黑暗——19-3

洛基萨泰忽

　　E 夫人醒过来之后，麦尔医生让她看着这些字句联想，她竟然一件事都想不起来。再度让她进入催眠状态，立刻有许多情节在她脑海中浮现。

　　对于"鞋子——鞋店——5 马克"，这使她想起怀达曾在某个鞋店买了一双黄鞋，是用他的旧鞋去比量尺寸，尔后付了 5 马克。警方找到了这家鞋店，证明确有此事。

　　对于"莱伊皮特比诺"，E 夫人说："怀达告诉我：'当警察调查这件事时，你自然会想起莱伊皮特比诺这个词，这样，你就不会说出任何不利于我的事。'"

　　对于"汽车——6071"，E 夫人说："我和怀达去游泳时，看到过 6071 这个数，好像是汽车的牌照号码。"警方后来查到了这个号码的汽车，证实怀达曾化名租用此车。

　　对于"科玛巴斯"，这个词引出了下面这段记忆。

　　"我和怀达在饭店吃饭，一个叫 B 的男人走近怀达，和他说话。怀达告诉他：'我经手这件事，包你满意。'然后，便收了 20 马克。后来，怀达带我到 M 大街的一栋房子里，有个金发女佣出现，说：'B 先生正在等候。'怀达把手放在我的额头上说：'不论你怎么想，都要照 B 先生的要求做。过后，你会毫无记忆。你想起科玛巴斯这个词之后，会突然陷入很深的睡眠中，忘记自己置身何处和其间的一切经过。'"

"怀达经常对我做这种实验，因此，我每次听见'科玛巴斯'这个词，就会失去意志力。至今，我都想不起来那段时间究竟发生了什么事。我绝不是私生活不检点的女人……真是羞死人了。"

对于"17——信——怀达——不能去——黑暗——19-3"，E 夫人说："我不能去的时候，就写信到卡斯欧 B 街 17 号，收信人是怀达。我一写完信，四周就变得一片黑暗，不知道自己写了一些什么。"

最后那个 19-3 是一个关键记号，对 E 夫人的记忆可彻底压抑。先前，警方试着让 E 夫人指认怀达，E 夫人后来又变卦了，说自己一无所知，就是因为 19-3 这个关键数字，令 E 夫人又陷入了丧失记忆的状态。

此外，怀达又对 E 夫人说："你若超越我所设立的记忆界线，必定会死亡。"以此句暗示作为威胁，使 E 夫人心生强烈的恐惧感，让记忆的压抑更完善。

为使 E 夫人完全忘掉在催眠期间所发生的事情，以及准备阶段的所有的行动，怀达又设置了一些关键数字或字句，作为两个人之间的密码，并以这些密码操纵催眠的开始与结束。如一听到"科玛巴斯"这个词，E 夫人立即就会进入很深的催眠状态，只要知道他们之间的密码，任何人都可以控制 E 夫人。前面谈到的怀达先生把 E 夫人带往一个叫 B 的男人的住所，B 就是利用这个密码迫使 E 夫人与他发生肉体关系。由于 E 夫人的记忆受到了很强的压抑，麦尔医生花了很长的一段时间，才让她逐渐地恢复。到这个阶段，只要能使 E 夫人记起有关情景的关键，即可轻易回想全部的经过。在前面的例子中，游泳池就是一个关键，继续利用这些关键，E 夫人终将能够把那时的情景和所有的交谈都一一交代清楚。

E 夫人被导入很深的催眠状态中，接受麦尔医生的暗示，如做梦一样地回忆起当时的情景。

"1930 年的秋天，一个星期二的黄昏，约 7 点钟，贝根医生拉着我的手，说：'我们走吧，天快黑了，不久，一切都会看不见了，我带着你走，你只管跟着我来吧。'然后，虽然我睁着眼睛，却什么都看不见，我一直跟着他走，四周一片黑暗，仿佛是深夜。"

麦尔医生继续进行诱导。

"你很清楚是在哪条街上，电车行驶的方向和两旁的店铺，你都看到了。想想看，你现在置身何处？"

"不知道。我们急着赶路。那个人说：'你不知道你在哪里，跟我一起走就没事了。什么都别怕！'他握紧了我的手，四周一片漆黑。那个人常小声地对我说，你什么都看不见，四周一片黑暗，跟着他走。他打开房门，我又能看见了。"

E夫人突然停止说话，好一阵子，只是猛摇头，以手作势，好像要挡住什么。

"那个人把手放在我的额头上，说：'躺到长沙发上休息，你要接受治疗，安静地睡下！'我现在正在接受治疗，而且，完全地睡着了。只听到那个人说：'这里发生的事，你一点都记不住。'"

这时，E夫人再度摇头，用双手抗拒着什么似的，发出呻吟，而后啜泣出声。麦尔医生让她继续说。

"……之后，那个人问我：'你知道我对你做了什么吗？'但是，我那时无法回答。现在，我都知道了。我躺在长沙发上，那个人要吻我，我推开他，想大叫，却发不出声音，也不能动。他把我的手拉到他的背后，压到我的身上，说：'你已经不能抵抗了，醒来时，也不能动。'经过了这么久的时间，我根本就忘了这件事，一点都想不起来了，可是，这幕景象现在又浮现了，我突然又想起来了——那个人令我好丢脸啊！"

E夫人哭得十分激动，很难让她恢复平静。

麦尔医生拿给E夫人一张白纸，暗示她："这是怀达的信，念出来吧。"E夫人立即产生了幻觉，把白纸当成信，开始念出声。

"本月十三日，四点，到海德堡的车站出口处来。这封信必须撕毁。——贝根医生。"

清醒时完全没有印象的信，却在催眠状态中，经由幻视得见全貌。

麦尔医生还用其他各种方法做催眠分析，进行调查取证。

结果发现，怀达还曾以催眠术暗示 E 夫人产生许多病症，造成了很大的痛苦，并以此诈取钱财。

最初的暗示是："你的横膈膜正在化脓，一定要动手术。"当 E 夫人从催眠状态中醒转过来后，被告知已在催眠中接受了手术，请她支付医药费。E 夫人说："在回家的途中，我感觉开刀处隐隐作痛，所以，我认为自己真的刚动过手术。"

接着，E 夫人又因接受暗示，左手的手指僵硬而无法动弹。E 夫人说："1931 年，我左手的手指突然变得很僵硬，无法弯曲。之后，手指又曲缩而无法张开。怀达说，这是手指的肌肉有毛病。这种情形持续了几个月。只有经过怀达的按摩，手指才能张开。"

E 夫人的丈夫 E 先生说："有 8 ~ 10 周的时间，妻子的手始终发麻，连手指都无法弯曲。接着的两周，手指又握得好紧，指甲都陷入手掌的肉里了，流血不止。我用力想扳开，手指都几乎要折断了也拉不开。妻子说，那是因为注射的关系。"

怀达就是利用这种令人生病的暗示诈骗他人，手段实在恶毒。

E 夫人继续说："现在，我明白为何会有这些痛苦了。

每当我行事与怀达的要求不符时，他就对我暗示：'这里会痛，那里也会痛。血液会混浊，肺会烂掉。'到了后来，我的父母和丈夫都不给我钱了，我只好告诉他我没有钱。他说：'那好，我倒要让他们知道我的厉害。只要你的病情加剧、症状恶化，他们就非得拿钱出来。'于是，我的胃痛变得十分地剧烈，除非让怀达抚摸，否则不会好转。那些痛苦，都是他为满足自己的欲望而加之于我的，我到现在才明白。"

怀达以这种手段，从 E 夫人手中骗走了约 3000 马克。此外，如前面所述，怀达不但凌辱了催眠中的 E 夫人，还利用 E 夫人的身体卖春赚钱。

到 1933 年，E 夫人的丈夫和家人开始起了疑心，商量着要报警。E 夫人把这件事告诉怀达（因为 E 夫人身不由己，对怀达掩不住任何隐私），怀达便指使 E 夫人去杀她的丈夫。方法之一是，暗示 E 夫人，她丈夫因为有了别的女人而要杀她，使 E 夫人滋生憎恶的感情（含着杀意的感情）。此外，再暗示 E 夫人对此事不动声色，甚至要没有感觉地去行动，要无意间置她丈夫于死地。

关于此，E 夫人回忆道："1933 年至 1934 年，我为了治疗的事和高昂的医疗费，不停地和丈夫起争执。怀达说，如果我丈夫死了，我就不会再有痛苦了。他要我去药店买有剧毒的清洁剂，掺入丈夫的食物中。还说，我丈夫死亡之后，便不再有人怪我了。

"起初，我很犹豫，但却突然失去意志而无法思考。回家后，丈夫见我兴奋过度而禁止我出门，所以我无法去买药。但是，必须要实行的观念强烈地控制着我，令我痛苦万分。第二天才逐渐平静，去除了这个念头。

"怀达接着又要我从丈夫的抽屉中取出勃朗宁手枪藏好，趁丈夫熟睡之际把他解决掉，再把枪放到丈夫手中，装出他是自杀的样子。我说自己不能这么做，他就抚摸我的双眼，说：你好好休息吧！你一定会照我所交代的去做的。后来又说了些什么，我不记得了。

"按照他的指令，我取出勃朗宁手枪，藏在挂在床头的画后面。半夜我多次惊醒，找机会下手，终于对准丈夫的额头扣下扳机。只听到'咔嚓'一声，没有子弹射出，所以依然没事。丈夫事后才发现手枪失踪。从画后面找出来之后，我就不知道他把枪收到哪里去了。

"我告诉怀达，丈夫很担心我的事，准备报警。怀达抚摸我的眼睛，说：'你知道这是什么吗？这是毒茸。你把这些毒茸和普通的茸分开炒，让你的丈夫吃那些有毒的茸。'我依言行事，但是，丈夫认为那些毒茸味道不好，没有吃完。两个小时后，丈夫嚷着胃痛，上吐下泻，我却根本不知道自己做了什么坏事。但是，我现在一听到'茸'这个字，就毫无理由地觉得害怕。

"又有一次，怀达给我一包白色的粉末，叫我掺在丈夫的咖啡里。但是，当我回到家，那些粉末已散到我的口袋中，所剩不多。丈夫喝过掺了白粉的咖啡之后，又嚷着胃痛，还请了医生来诊断。"

还有一次，E 夫人受到暗示去破坏她丈夫的摩托车刹车系统。怀达还让 E 夫人告诉 E 先生手刹很危险，叫他不要使用，给 E 夫人借口，使她感觉不到有杀人意图。然后，很强烈地暗示 E 夫人去松开脚刹的螺丝，E 夫人也照样做了。

E 先生后来回忆道："有一次我骑摩托车出去，前面平交道的栅栏正好放下来，我立刻踩脚刹，没想到竟失灵，急忙用手刹，结果还是撞了上去，受了点伤。类似这样的意外，后来又发生了一次，伤到我的手臂和膝盖。"

E 夫人六次试图谋杀她丈夫，但苍天有眼，E 先生每次都幸运地脱险。

怀达不仅企图杀害 E 先生，最后还要让 E 夫人自杀，以毁灭证据。有关这件事，E 夫人叙述如下：

"1933 年，我由于病痛和金钱的压力，既担忧又激动。怀达叫我去找附近的医生，拿到班脱邦药的处方。然后，必须在晚上 8 点时服 5 片，利用闹钟半夜再服 5 片，剩下的 5 片到次日下午 2 点再吞服。但是，医生不开给我这种药，所以没有发生什么事情。"

E 夫人对班脱邦药的作用一无所知，她如果真的拿到班脱邦药，而且依怀达的吩咐吞服，她必定会丧失性命。

这次计划失败后，怀达感觉到自身的危险了。因为 E

先生此时已经对这位身份不明的贝根医生产生怀疑，说不定何时会去报警。怀达也不知道自己暗示 E 夫人压抑记忆能达到何种程度的效果，更坚定了要让 E 夫人自杀的决心。于是，他再度暗示 E 夫人，使她的心极度不安，濒临绝望的深渊，强化她自杀的意念。

E 夫人谈到有关这段时间的事情时说：

"我把医生不肯开班脱邦药的事告诉他。他就说，我以后会因痛苦而死亡，全身的血会发臭腐烂，化为脓水，最好还是现在趁早自我了断。他提议我可以从飞驰的汽车上跳下去，毫无痛苦地死亡。我对前途已绝望至极，为了自杀决定去搭乘火车。但是，我在火车上认识了一位老妇人，她不断地安慰我，使我去除了自杀的念头。

"之后，怀达又对我说，我丈夫因为不知我常和什么样的人见面而非常嫉妒，他的嫉妒是有原因的，然后，劝我再去自杀。他说：'你的丈夫对你不忠，他一定会找借口跟你离婚，甚至会杀了你！'

"我绝望得想投莱茵河自尽。但是，因为女仆跟着我出门，妨碍了我的跳河行动（这一点经女仆证实，确有此事），我痛苦到了极点。丈夫无法理解我的烦恼，我的所言所行他毫不明白，经常指责我，怀达又以我若背叛他必招致毁灭来要挟我。当时的我，真是痛苦万分。"

就在这个关键时刻，E 先生向警方报了案，麦尔医生的出现，使怀达遇上了一位同样的催眠高手。一切真相大白，怀达被判处 10 年的刑期，正义终于得到了伸张。轰动一时的海德堡事件落下了帷幕。

2. 巴黎惊演系列催眠谋杀

《知音·海外版》2005 年第 1 期刊载了一篇刘哲的文章《巴黎惊演系列催眠谋杀》。该文生动而详尽地描述了太阳圣殿教的教徒以催眠术为工具杀人越货的故事。

2000 年秋季一个炎热的夜晚，在巴黎戴高乐国民运动场的起跑线上，正准备做第二次加速练习的女运动员已经各就各位。教练瓦罗拉告诉队员，只要他一敲三角铁，队员们就必须集中最后的力量加速。

教练发令过后，队员起跑了。离撞线还有十几米远，瓦罗拉一扬手，三角铁随之发出清亮的脆响，队员们纷纷提速，一一冲过撞线。

可是，第三跑道上的辛迪撞线后依旧在飞速奔跑，她的速度越来越快，似乎有某种力量在牵扯着她。突然，"喀嘣"连着几声闷响，辛迪一下子倒在地上，接连翻了几个滚，不再动弹了……当市警察局的西蒙·埃萨尔探长闻讯赶来的时候，可怜的辛迪早已经停止了呼吸。尸检没有显

示辛迪服用过任何药物。

2001年2月，来自瑞士的加特和露丝准备在自由广场上举办他们的婚礼。婚礼舞会开始前，司仪为了能引起人们的注意，在麦克风前用银匙敲了一下手中的香槟酒杯，大家安静下来，准备听新郎说些什么。

可是，刚才还风度翩翩的加特此时却突然傻了似的，两眼发直，嘴里喃喃自语。加特走上讲台后，猛然拽住自己的领带，把它缠在自己的脖子上，开始使劲地拉扯。随着"嘎吱"的加力声，加特两眼上翻，口、鼻喷出血来，然后一个踉跄摔在地上，尖叫声顿时响成一片。

西蒙觉得辛迪和加特的死都太离奇了。一年后，第三起案件发生了。

2002年9月27日，加拿大的蓬特以旅游者的身份来到巴黎。4天后，蓬特死于一场神秘的车祸。据肇事卡车司机介绍，他是被卡车活活挤死的，谁也不知道他在什么时候跑到了车尾挨撞。

西蒙突然想到辛迪在撞线前曾经听到教练敲击三角铁的声音；加特在准备讲话前，司仪曾经用银匙敲碰酒杯；卡车司机曾经轧飞过一根钢管，钢管撞到水泥墙上，发出清脆的响声。这其中有什么联系吗？

西蒙回到警察局后，给他熟悉的一位医生打电话："会不会有让人一听见就想自杀的声音？"那位医生一愣，随即以嘲弄的口吻说："你是希望新发明一种武器吗？"西蒙只好把这三个案子一五一十地告诉那位医生。医生沉吟了一会，用犹豫的语气跟西蒙说："我个人认为，这些可怜的人可能是受到了催眠。对他们催眠的人也许会把某种声音当作钥匙，这是心理学的术语。指的是在施行催眠术的时候，对受术人暗示思维开始和结束的信号。"

"你能帮助我调查这几个案子吗？"

"我可以向你推荐一位这方面的专家。他就在巴黎，名叫儒埃尔，欧洲一流的心理学专家，精通催眠术。"

西蒙马上给儒埃尔打电话，儒埃尔很痛快地答应了，并请西蒙次日下午来诊所与他会面。

第二天，西蒙探长如约来到儒埃尔的诊所，走道两边的玻璃橱窗里摆满了各种各样的体育奖杯和奖牌，最新的一枚是前一年国民运动会的男子 800 米中长跑亚军奖牌。

"我喜欢体育，尤其是长跑。"不知什么时候，儒埃尔出现在西蒙身后。"哦，是的。"探长连忙表示敬意。

"这是基督赋予我的力量。"儒埃尔谦虚地说。西蒙心里忽然一动。基督教教民在表达类似感激的时候，通常会说"这是上帝赐予的！"这位医生的信仰显然不是简单的基督教。

走进会客室后，西蒙简单地介绍了案情。听西蒙讲述完，儒埃尔马上表态："这些人来自不同的地方，又发生在不同的时间，我不能肯定他们是被催眠后自杀的。没有谁会无缘无故地给这完全不相干的几个人做深层暗示。"

　　回到警察局后，西蒙突然意识到，要是这几个人相干呢？西蒙跳起来，飞一般地跑向巴黎警察局中心计算机资料室。这里是世界上最大的档案资料库之一。

　　西蒙先调出辛迪的资料，总共 16 页，最后一页标注一栏中一行字引起了他的注意：1990 年加入"太阳圣殿教"。西蒙又调出加特的资料，在最后一页同样的位置，赫然打印着：1991 年加入"太阳圣殿教"，不同的是，加此标注的是国际刑警组织法国分部。西蒙从计算机网络上直接进入加拿大的皇家骑警数据库，找到蓬特的资料，果不其然，蓬特也是"太阳圣殿教"的信徒。

　　西蒙下意识地在计算机上输入儒埃尔的名字，在长达 30 页的记述里，竟然有一半是内政部关于他和一名姓迪芒布罗的人组织从事"太阳圣殿教"活动的记录！

　　儒埃尔自己参加了 2001 年的国民运动会，辛迪遇害的时候，儒埃尔很可能就在一旁。加特的婚礼是在自由广场举办的，那里是公共场所，而且儒埃尔很有可能就在宾客之中。蓬特也是"太阳圣殿教"信徒，那他来巴黎和儒埃尔见面也是可能的。

　　但是，儒埃尔为什么要杀害他们呢？2003 年年初，在西蒙的一再请求之下，局长专门为他配备了几位犯罪心理学专家。一段时间的工作过后，西蒙的几位助手肯定了他的判断。但最使西蒙为难的是证据。

　　西蒙大胆地决定去儒埃尔的诊所，寻找线索。

2003 年 4 月 24 日午夜，西蒙独自从儒埃尔诊所的库房溜了进去。在办公室靠窗的一角，有一个加保险锁的铁柜，西蒙取出特制的钥匙，轻轻打开柜锁，里面是一摞摞的文件。西蒙从中找出"名单"和"传真"两本文件。

西蒙根据案件发生的日期，抽出了相关的十几份传真。发现迪芒布罗告诉儒埃尔，辛迪、加特和蓬特打算退出"太阳圣殿教"并索要他们交纳过的巨额教费，为防止秘密泄露，应该马上送他们到"天狼星"去。西蒙知道，"送到天狼星去"的意思就是要杀死这几个打算退教的信徒。

2003 年 4 月 29 日，在西蒙探长的一再要求下，法国重罪法庭颁发紧急逮捕令，逮捕涉嫌三宗谋杀案的主凶吕克·儒埃尔和约瑟夫·迪芒布罗，后者就是"太阳圣殿教"的"教主"。

4 月 29 日下午 3 点，当全副武装的警察闯进儒埃尔的诊所时，这里已是人去楼空。西蒙立刻向法国内政部申请在全国范围内通缉儒埃尔和迪芒布罗。

2004 年 3 月 5 日凌晨，瑞士弗里堡州突然发生火灾。消防队员在两座山区别墅中找到 25 具烧焦的尸体。所有的成年人均系"太阳圣殿教"成员。法医的检验报告证实，他们在死前均被注射了致命的毒药。经瑞士警方确认，在 25 具尸体中有"太阳圣殿教"的核心人物——约瑟夫·迪芒布罗夫妇和他们的两个儿子。然而，儒埃尔和"太阳圣殿教"账户上的受害者捐献的 3780 多万法郎的巨款却消失得无影无踪。

6 月 27 日，有人在格勒诺布尔发现了儒埃尔的行踪。当天晚上 10 时，西蒙带着数十名警察包围了儒埃尔藏身的戏院。

走进空荡的戏院，西蒙停住了脚步，在舞台昏暗的灯光照射下，一个巨大的背影正对着他。儒埃尔带着诡异的笑容转过了身，冲着西蒙低沉地说道："来吧，亲爱的探长。这一次我是绝对逃不出你的手掌心了。"见状，西蒙伸手拦住身后的同事，他自信地掏出手铐和配枪，紧盯着儒埃尔走上了舞台。

见西蒙走近，儒埃尔的表情渐渐变得僵硬起来，那双深棕色的眼睛发出无比邪恶的光芒，"探长，看着你脚下的舞台，它正托着你向上，这种力量将把你带入天堂，来吧……"猛然间，儒埃尔掏出一只金属打火机，随着"叮"的一声脆响，西蒙愣住了神。伴着儒埃尔的喃喃低语，西蒙竟不由自主地抬起枪口向着自己的太阳穴指去……

一同执行抓捕行动的刑事心理警察部的一名专家意识到西蒙被施心理暗示，着急地叫出了声，"西蒙，那是个圈套。"情急之下，他扬起枪托砸向戏院墙壁上的玻璃灯罩。

所幸，碎玻璃落地的清脆响声终于惊醒了正准备扣动扳机的西蒙，他把枪口对准了儒埃尔，"想不到解开杀人暗示的钥匙就这么简单。准备接受审判吧，人渣！"

见状，儒埃尔的嘴角颤抖起来，他眼中的光芒黯淡了下去。警察们蜂拥而上，将这个穷凶极恶的伪君子按倒在地……

3. 教徒的试罪

美国心理及精神科医生施瓦茨博士在《心灵遥感之谜》一书中有这样一段描述：

《马可福音》中说："若喝了什么毒物，也不必受害。"有一些教徒将这段经文奉为命令，进行马钱子的考验。马钱子是一种容易找到的剧毒药草，广泛用于灭鼠剂。毒药试罪法颇为罕见，教徒们认为吞食马钱子是对信念的最严格的考验。这种考验多在仪式的高潮中进行。我们观察到的例子是两个年龄分别是 52 岁和 69 岁的男子在吞食马钱子，估计他俩的体重分别为 68 公斤和 75 公斤，时间是饭后 3 小时。进行试罪之前，其中一位教徒轮番在座位上站起又坐下，浑身哆嗦，又吼又笑，他大谈自己 1 英寸厚的胡桃木棺材、下葬的安排及"与魔鬼打交道"的体验。接着，他感到"神的力量"降临到他的身上。他在"大喊大叫"、形同疯狂的时候，那位年轻一点的教徒刚结束以火烛、铜斑蛇和炽烈燃烧的炭块进行的考验，走来走去，吹口哨，劝教友兄弟照上帝的命令办。

　　突然，随着一阵乱糟糟的吟唱《复活颂》的声音，老教徒掏出小刀剔掉满满一瓶马钱子的封口，用刀口挑了一些毒药倒在一杯水里。他搅了搅，在12秒钟内连喝了两三大口，随后将杯子递给那位朋友。他也喝下大致同样的分量。"在我的肚子里它就像凉水一样……味儿比蜜还甜。"两个教徒喝下去的马钱子略多于80毫升。

　　然后，两人立刻重新开始祷告，跳来跳去，拍手唱歌。8分钟后，那位年轻一点的教徒豁达地同意取血进行分析。26分钟后，他提供了尿样。他们吞服马钱子后始终没有出现抽筋、惊厥或其他症状。

　　在我们观察的所有教徒中只有4个人进行过马钱子试罪法。有位教徒自称曾吞服过四五次马钱子。"我觉得神——一种凉幽幽的感觉顺着脖子下来了，我有一次喝了半瓶。"为了强调马钱子的毒性，几位教徒谈道，其他一些教派的牧师将教徒们吞服过的马钱子液洒在肉上喂狗，狗吃了以后很快便抽搐而死。

　　由于马钱子极易被肠胃吸收，用它来进行试罪十分罕见。5～20毫克的剂量就会产生痉挛，并可在15～45分钟内致死。马钱子的特点之一就是会产生感官刺激，如疼痛、痉挛等。与巴比妥酸盐等毒品不一样，长期服用马钱子不会产生抗药性。

　　作者观察到的那两位教徒各自口服的马钱子剂量完全足以产生痉挛或其他中毒症状，以至于致命的效果。马钱子试罪法本身的危险性理所当然排除了用人进行试验的设想。人们可能会假设，完全没有出现痉挛和其他继发症，这与一些可变因素有关，如吸收、解毒、马钱子的新陈代谢等。同样，在进行马钱子考验时，我们很难既取样研究，又不会给当事人造成比较严重的伤害。

在许多西方民族的古代历史上，火的考验曾起过重要的作用。在中世纪欧洲，基督教牧师主持试罪，包括用开水、沸油、滚烫的烙铁和燃烧的木头来检验人是有罪的还是无辜的。后来，烈火试罪法泛滥成灾，教会在 1215 年第 4 次拉特兰会议上明令禁止。但这种仪式禁而不绝。例如，1725 年，在血腥的法国宗教改革期间，据报道："有一位叫萨拉曼蒂的改革者被吊在一个熊熊燃烧的火盆上方达 9 分钟，身上只披了件忏悔服……"几个世纪以来，烈火试罪法以多种形式传入其他民族的文化，在世界的某些地区一直延续至今。在纽约市发生过这样一件事：一位名叫库塔·巴克斯的前印度神秘主义者平平安安地走在炭火上，燃烧温度估计为 660℃。

再请看以下情景：

一根布质吸油绳插在一个盛满煤油的奶瓶或番茄汁瓶里，点着以后，橘黄色的火焰喷出 8 ～ 24 英寸高。教徒缓缓将张开的手放进火焰的正中。他们一般是将火端平，让中心的火焰接触掌心，时间达 5 秒钟或更长。有两位教徒

3次将脚趾、脚底直接放进火里5～15秒钟。有一次，有个最虔诚的信徒在手脚上涂满燃油，然后伸到火焰的正中。皮肤的燃油腾起白色浓烟，但没有燃起来。那位教徒掌心拢作杯状，试图引燃掌心的一小摊油，却也只是闪烁了几下。与此相反，涂有油的烙铁头和木钉一接近火就燃烧起来。有5位女教徒将肘部、前臂、上臂在火焰中来回移动，每次好几秒钟。其中一位妇女患红斑病，年年春天发病，接受火的考验前后，情况没有什么变化。在所有这些火焰试罪的事例中都找不到疼痛反应的证据，没有红肿起疱、烧焦燎毛等情况，或出现烧焦的气味。

作者对当地人讲述的火焰试罪的历史作了考证，没有发现任何自相矛盾之处，却得到一些更有趣味、更有参考价值的材料。例如，"那位最虔诚的教友"双手扶住肩上熊熊燃烧的木棒，在教堂里走了一圈，一点事也没有。据说还有一位牧师曾跳上火红的铁炉，坐在上边，手脚插进燃烧着的煤里，一边还在做祷告。有位教徒更是远近闻名，他能把头和脖子伸进火红的铁炉里达几分钟之久。

接受火焰考验的人不分男女老少。在冬天的礼拜会上，教友们之间用手传递烧红的煤块不是什么稀罕事（"摸上去像是天鹅绒"）。年轻的姑娘则搂抱着火炉烟管。一位男教友讲了自己的一段经历：他用"煤油"火焰去烧自己的掌心，一点事也没有；接着，他发现一段油绳绽开了，从而使他从催眠状态中清醒过来。他心里一急，手上顿时受到剧烈烧伤。无独有偶，一位女教友以前经常接触滚烫的玻璃灯罩，一天晚上做祷告的时候停电了，她条件反射地抓住了明亮的煤油灯，当时她没有处于催眠状态，手被严重烧伤。可以这么看，当教徒们没有入迷的时候，他们也和旁人一样会被烧伤。

4. 非专业催眠大师——诸葛亮

说到非专业催眠大师，中国人智慧的化身——诸葛亮是一个不得不提及的人物。本书以《三国演义》为例，着重演绎也。

从其出山伊始，诸葛亮就显示出非同凡响的功力。妇孺皆知的"三顾茅庐"，可视为中国历史上一次最大规模的，也是最成功的个人炒作；同时也是一则堪称典范的类催眠案例。通过这次个人炒作，27 岁的诸葛亮彻底征服了刘备及刘备集团的所有成员。诸葛亮一上任就手握重权，也就是说，刘备集团的军事指挥权就归他所有了，一直到他病逝。

让我们来看其整个操作过程，也就是我们所认为的整个催眠过程。

● **前期的舆论准备**

在诸葛亮还没有任何业绩的时候，江湖上已有传言了，那就是"卧龙、凤雏，二人得一，可安天下"。这句话，高士水镜先生司马德操在刘备落难之时对刘备说过。在刘备十分信赖的徐庶临行之前，又十分郑重地向刘备做了推介。《三国演义》是这么描述的："若得此人，无异周得吕望、汉得张良也。""此人有经天纬天之才，盖天下一人也……此人乃绝代奇才，使君急宜枉驾见之，若此人肯相辅佐，何愁天下不定乎。"刘备听了这番话后的反应，《三国演义》中的描述是"似醉方醒，如梦初觉"。我们的理解却不是这样，我们认为，刘备不是"醒"了，而是"醉"了；不是"觉"了，而是"睡"了。在既未见其人，更没有见到任何业绩的情况下，刘备心目中的诸葛亮已是一个被"神化"了的形象。正因为如此，他才会不惜放下"皇叔"的架子，一次、一次、又一次地去拜见一个按其年龄推算大约是研究生刚毕业的小伙子。

● **炒作的序幕**

这个序幕很长，但目的只有一个，不断地制造悬念，不断地烘托气氛，不断地吊刘备的胃口。人类的基本心态是：越是不了解的事物越是想了解。越是得不到的东西，欲望越是强烈。中国古代读书人认为最快乐的事莫过于"雪夜闭门读禁书"。禁书的最大魅力在哪里？也不一定是这书有多好，而是在于很难得到。难得到的、得不到的，每每就是人想得到的。民间一直有一种说法，叫"妻不如妾、妾不如偷、偷不如偷不着"。诸葛亮很懂得这一心理学原理，在这方面可谓下足了功夫。

第一步是对徐庶的断然拒绝。《三国演义》中写道："且说徐庶既别玄德，感其留恋之情，恐孔明不肯出山辅之，遂乘马直至卧龙冈下，入草庐见孔明。孔明问其来意。庶曰：'庶本欲事刘豫州，奈老母为曹操所囚，驰书来召，只得舍之而往。临行时，将公荐于玄德。玄德即日将来奉谒，望公勿推阻，即展平生之大才以辅之，幸甚！'孔明闻言作色曰：'君以我为享祭之牺牲乎！'说罢，拂袖而入。"

这时诸葛亮如果应召而去，那他在刘备心目中的价值就不会很高，人们珍惜的是很难得到的东西，而不是送上门来的货色。诸葛亮断然拒绝，不仅是对徐庶而且还包括刘备发出一个信号，我不是那种登个广告就能招来的人物！招之即来，不是我的市场价值！这种断然的拒绝，更让刘备为之痴迷，得到诸葛亮的欲望也随之而腾升。

第二步是让司马德操再到刘备那里去点一把火。司马德操看似闲闲而来，其实却是身负使命。他先是介绍诸葛亮的平生之志——自比管仲、乐毅。在受到关羽的置疑之后，作为高士的司马德操也不与之争论，而是顺着关羽的语气将话锋一转，作出一个更为惊人的类比——"兴周八百年之姜子牙，旺汉四百年之张子房也"。得到的效果是"众皆愕然"。至此，氛围的烘托达到了第一个高峰。

可以想象出来，刘备还没有见到诸葛亮，但已被弄得神魂颠倒，心驰神往。于是，他急不可耐地要去见诸葛亮。此时的刘备，已开始进入催眠状态了。

第三步是利用自然环境与人文环境对刘备实施催眠。从自然环境看，隆中景物是"山不高而秀雅；水不深而澄清；地不广而平坦；林不大而茂盛；猿鹤相亲，松篁交翠"。这显然是个隐士高人之所在，智慧谋略之温床。再从人文环境看，这里的农夫，也是饱受文化熏陶。唱出来的歌，也不是乡音。"苍天如圆盖，陆地如棋局。世人黑白分，往来争荣辱。荣者自安安，辱者自碌碌。南阳有隐居，高眠卧不足！"农人尚如此，何况高士乎？进入这样的情境以后，刘备不能不为之感染，想见到诸葛亮、想得到诸葛亮的心情也更为迫切了。

第四步是给刘备泼一盆冷水。刘备来到诸葛亮的家，见到的不是诸葛亮，而是一名童子。刘备说了自己的一大堆头衔，童子却说自己"记不住"。问诸葛亮到哪里去了？回答是"不知道"。问诸葛亮什么时候回来，回答还是"不知道"。从严格意义上来说，这个崽子是不礼貌的。可以推测，没有诸葛亮的授意，这个崽子是不敢这么做，也不会这么做的。那么，诸葛亮为什么要这么做？为什么要向刘备泼一盆冷水呢？我们以为，这是诸葛亮谋略之一部分。从表面上看，这是一盆冷水，实质上却是一瓢油。这盆冷水或者说这一瓢油，让诸葛亮这个已经被神化了的形象又加了一层光环，此时的刘备，已经"晕了"。诸葛亮在人才市场上的价值又倍增了。

第五步是让"好事多磨"。俗话说"好事多磨"，这句话从另一个层面来理解即是多磨的才是好事。诸葛亮深谙此道。让刘备一次又一次地遇到以为是诸葛亮的人，结果却又不是，而这些人个个都是才华出众之人。一波三折，诸葛亮已基本完成从人到神的前期炒作工作。大戏即将开演。

● 终于见面了，刘备被诸葛亮彻底征服

终于见面了。诸葛亮为了进一步提高自己的身价，也为了从一共事开始就要让刘备给予他足够的宽容度，继续对刘备实施催眠攻势。

刘备十分珍惜与诸葛亮见面的机会，一开始就显得很老实。见到开门的童子，也十分客气地说："有劳仙童转报，刘备特来拜见先生。"童子还是不客气，说："今日先生虽在家，但今在草堂上昼寝未醒。"潜台词是，你就等着吧！刘备只得老老实实地等着，惹得张飞差点要放火。好不容易醒了，却又问："有俗客来否？"请注意：是俗客。又去更衣，让刘备继续等下去……

姗姗来迟的见面终于来临了。此时的刘备已完全进入了催眠状态。在不知不觉之中，仿佛是在与神对话，唯一的结果只能是：言听计从！《三国演义》中说，诸葛亮的首战是博望之战，我们说是隆中之战。没有这一战的完胜，就没有以后在刘备集团中的绝对军事指挥权，就不能开创自己的千秋伟业。其实，只要我们冷静地想一想，诸葛亮是真的不想到刘备那里干点事吗？肯定不是。要真是那样的话，他干嘛要为刘备而不是别人搞战略规划——隆中对。他是想去，但不想轻易地去。他对自己的才华有足够的认识，同时希望自己的价值能得到充分的认可。于是，便设计了一幕经典的催眠剧。

后人读《三国演义》中"三顾茅庐"这一段时，总是更多地从刘备求贤若渴的角度去理解，其实，那是诸葛亮设的一个

"套"啊！当然，刘备也"套"住了诸葛亮，让他为之一生"鞠躬尽瘁"。

这一幕经典的催眠剧，使诸葛亮一到刘备集团就处于至高无上的地位。《三国演义》中说，玄德自得孔明，以师礼待之。关羽和张飞两人吃醋了。他们对刘备说：孔明年幼，有甚才学？兄长待之太过！又未见他真实效验！刘备说：吾得孔明，犹鱼之得水也。两弟勿复多言。不唯如此，他还亲自给诸葛亮结了一顶帽子。其崇拜之心，巴结之意，可谓溢于言表。

你可别小看了这炒作或者说催眠的作用。智慧与诸葛亮比肩的庞统由于没有这么做，"求职"道路就相当坎坷了。

鲁肃向孙权推荐庞统，说道："肃碌碌庸才，误蒙公瑾重荐，其实不称所职。愿举一人以助主公。此人上通天文，下晓地理；谋略不减于管、乐，枢机可并于孙、吴。往日周公瑾多用其言，孔明亦深服其智。现在江南，何不重用？"权闻言大喜，便问此人姓名。肃曰："此人乃襄阳人，姓庞名统，字士元，道号凤雏先生。"权曰："孤亦闻其名久矣。今既在此，可即请来相见。"于是鲁肃邀请庞统入见孙权。施礼毕。权见其人浓眉掀鼻，黑面短髯，形容古怪，心中不喜。乃问曰："公平生所学，以何为主？"统曰："不必拘执，随机应变。"权曰："公之才学，比公瑾如何？"统笑曰："某之所学，与公瑾大不相同。"权平生最喜周瑜，见统轻之，心中愈不乐，乃谓统曰："公且退。待有用公之时，却来相请。"统长叹一声而出。鲁肃曰："主公何不用庞士元？"权曰："狂士也，用之何益！"肃曰：

"赤壁鏖兵之时，此人曾献连环策，成第一功。主公想必知之。"权曰："此时乃曹操自欲钉船，未必此人之功也。吾誓不用之。"鲁肃出，谓庞统曰："非肃不荐足下，奈吴侯不肯用公。公且耐心。"

庞统后来到了刘备那里，状况也不好，本来相貌就不怎么样，加之见到刘备长揖不拜，很没有礼貌，又傲得很，不肯拿出鲁肃和诸葛亮的推荐信。结果刘备只给了他个小县令。伏龙、凤雏，待遇怎么会差这么大？那是由于庞统缺乏炒作意识。只是到了这般境地，才想到不炒作不行了，来了个故意不理公务。到张飞来检查工作时，又毕现才华，引起刘备集团高层的重视。

综观诸葛亮的一生，以类催眠方式控制他人、操纵他人的例证还有许多许多……

5. 林林总总的非理性行为

2002 年诺贝尔经济学奖授予美国普林斯顿大学的卡尼曼教授（另一得奖者为史密斯），就在于他用心理学的研究成果颠覆了传统经济学理论。作为万物之灵的人类总认为自己的行为是有意识的、富于理性的，其实大谬不然。

都说商品的价格是价值的反映，可那些动辄几千元、上万元一件的"名牌"服装，所有的人，包括购买者本身都知道它的价格与价值严重背离，但照样有人趋之若鹜。他们肯定不傻，也不见得就一定是个仗义疏财的人，但在特定的状态下，他们就是乐意这么干。

　　LV皮包引发全球疯狂，明知道一个上万元的包包，对自己来说，只是个奢侈和虚荣的象征，仍勒紧皮带，死去活来也要买LV。尤其近年来在中国，人们一时间哈LV至疯狂。有的人甚至放言"今年过节不收礼，收礼只收LV"。从理性角度来分析，那些LV皮包的款式和面料，和普通的高质量皮包没有多大差别。LV从来不降价，从来不做任何促销活动，而且每年固定调涨，人们眼睁睁地看着一个包包涨到2万元、5万元，激情却并没有减退，更加认死理跟定了LV。LV带来的全球疯狂，只是人们非理性消费的一个典型的写照。人们在花重金去买一只皮包时，有没有去想想它究竟贵在何处？其实，LV本身并没有什么，令人痴迷的是它产生的名牌效应，它利用了人们非理性的一面，人们在如此痴迷的状态下失去了判断力，投身于它的巨大旋风之中。

　　…………

　　说起"足球流氓"，当数英格兰的那一帮最为凶悍。我们是怎么理解"足球流氓"的呢？大多数人都认为，那是一伙流氓，在足球场上闹事，故为"足球流氓"。一位英籍人士对我说"你们都搞错啦！这些人平时都绅士得很，只是到了足球场上才变得丧失理智，表现得疯狂且不可理

喻"。人还是这个人，在不同的情境下，做人的差距怎么
会这么大呢？

....

曾听过一位邪教信徒的家人说过：他那位痴迷邪教的
妻子，把水果买回家后，家里人不能吃，得把水果放在师
父的照片前供三天，让师父吃，然后自家人才能吃。三天
过后，水果早已不新鲜了。没办法，不这样做妻子能把家
里弄得鸡犬不宁。

....

看过这么一则报道：某人嗜赌成性，又输光了所有的
家当。一日，他又向正在怀孕的老婆要钱。老婆告诉他没
有钱了。于是，他翻箱倒柜，终于在一只鞋子里找到老婆
准备坐月子用的家里的最后 200 元。老婆急了，拼命相争，
他竟把老婆杀了。更荒唐的事情还在后面。他杀了人还不
跑，而是招来几个赌友，就在他家里又赌起来。后来是一
个赌友发现从厨房里有血流到客厅，惊呼并报了案……读
罢这一案例，真是让人无言以对。

....

17 岁的少年周枫出生在湖南邵阳一座偏僻的大山上，
由于与父母的关系一直不好，加上后来一次外伤导致他出
现了偏瘫，使得他在家中得不到亲情的温暖，在网吧上网
听周杰伦的歌就成了他人生的最大乐趣。他离家出走"寻
找周杰伦"，半年内走遍了 6 个省市、住过 20 个救助站，

希望能得到偶像的帮助，找回个人生命的价值。当周杰伦宣布两年内不开个唱，他觉得没希望再见到周杰伦了，于是服下安眠药自杀。见不见得着周杰伦就这么重要吗？只有一次的生命竟然也舍得搭上？一般的人，大约八辈子也想不通。

....

媒体上不知已经报道过多少次传销是蒙人的、坑人的，但上当受骗者还是前赴后继，虽然有关职能部门的打击还是相当有力度的，但其远没有销声匿迹。有不少受骗者被执法部门解救出来以后，非但不感激，还有些人在闹事。

....

二 情场就是催眠场

1. 不可理喻的爱情

非理性的行为可以说出成千上万种，请猜一猜，最为极端的非理性行为是什么？

我们可以作出肯定的回答：是爱情！

在爱情的领地里，没有道理可讲，也没人跟你讲道理。

在爱情的领地里，是数学家与逻辑学家最无用武之地的地方。

为什么一个前途光明的年轻男孩纵身从高楼的顶层一跃而下？为什么一个貌美如花、青春活泼的少女套上绳索，将自己吊死在屋梁之上？为什么一个成绩优秀、多才多艺的高中生有一天在教室里默默吞下一整瓶的安眠药？为什么一个事业有成、家庭和美的成功男人忽然有一天抛弃了财产和家室，和一个妓女私奔出走？为什么一个待人和善、温柔体贴的人突然有一天将利器刺进自己深爱的人的胸膛？为什么有的人几十年以后仍对初恋情人念念不忘，愿为其倾家荡产？为什么有的人不断地追求伤害自己的人，对真正爱自己的人置之不理？为什么有的人为了一名同性而终身不嫁、终身不娶？

与爱情关联的形形色色的人和事不断地在我们身边发生，世界的多姿多彩在爱情领域被演绎得淋漓尽致。无论什么种族、什么社会形态，总有那么多疯狂的"他和她"的故事不断地发生，世间总有那么多"忘不了，忘不了"的感叹，有那么多还不清也贷不够的情债，哲学家、画家、诗人、歌手、心理学家、苦行僧，无论是解读爱情、歌颂爱情、描述爱情还是剖析爱情、摒弃爱情都无法绕过爱情，都无法解答爱情的真谛，爱情，真的是一个永远说不清的谜题吗？

　　一个男孩给女朋友过生日。在餐厅吃饭前将菜单递给这个女孩，说："你喜欢吃什么自己选。"女孩勃然大怒，将菜单甩在一边，闷声不说话。男孩很诧异，觉得自己并没有做错什么她干嘛这么对自己。男孩很生气，但还是哄了哄她。女孩哭着说："干嘛不帮我选？"

在我们平常生活中看起来合理的事情，一旦来到了爱情的国度，就改变了它的法则，变得不可容忍。平常我们看来不屑一顾的事情，一旦来到了爱情的国度，就变成了稀世珍宝，令人迷失。有人说，爱情是一种病，一种魔障，一种疯狂；有人说，爱情是一件傻事。但是尽管这样，没有人愿意被剥夺生病和犯傻的权利，甚至一生疯狂不断，一辈子沉迷在非理智的爱恋之中。爱情，是人们最严重的非理性消费。

有些夫妻，不管是长相外貌、内在气质、文化水平，还是家庭背景都很般配，人们称之为天生的一对，地设的一双。还有一些夫妻，可能在上述这些方面差距都很大。可能是老夫少妻，可能是老妻少夫，可能是女的比男的高，可能是文化水平相距甚远，可能是家庭背景差距很大……让人感到这两个人怎么样也不会走到一起来。别以为般配的就一定幸福，也别以为不般配的就一定过得不好。爱情的质量与之无关。生活中不是常有人这么说，我就是爱他（她），或者我就是讨厌他（她）。没有理由，也不需要理由。在这里，理性的力量逊于非理性的力量。

在花前月下，捧着恋人的脸的时候，看着那普普通通的五官，你一定认为那是世界上最俊秀的脸。你的恋人一定曾经对你说过这样的话："你是世界上最美丽（聪明、可爱）的人。"事实上，这并非花前月下的谎言，而是在那朦胧的情景下，人已经进入了一种意识恍惚的类催眠状态。在爱情状态中，人们的知觉被歪曲，情感高度卷入。周围的一切都不见了。今天必须洗的衬衣，明天早上要交的作业，周围的喊声、水滴声、钟摆声，都统统远去吧。这时人的意识范围狭窄，注意力高度集中，不受任何事物的打扰。头脑不受自己控制，眼前的这张脸庞就是整个世界。除了恋人的脸庞，你什么也看不见，除了两个人的喃喃私语，你什么也听不清了。相信这种感觉，每一个经历过爱情的人，都会有体会。

因为人此时不受意识的控制，于是各种非理性的行为悄然而至。

为什么说人们往往在爱情面前身不由己、心不由己？一个意志坚定的人可能不受催眠师暗示的影响。但是在爱情中，意志再坚定的人也难以不被催眠。所谓"英雄难过美人关"，正是恰当地体现了在爱情面前的理智几乎是不可能的，难免会有身不由己、心不由己的时候。因为在爱情中，人人都是催眠师，人人也都是被催眠者。

热恋中的人几近疯狂，这是人们时常看到的现象。有长跪街头求爱的；有点燃蜡烛、拉起横幅在女生宿舍楼下表忠心的；有斩断亲情，离家出走的；有失恋后心灰意冷遁入空门的；更有甚者，因爱而寻死觅活。也许有人说，这是年轻人的心理冲动所致。但这个解释不能令人满意。热恋的疯狂几乎不分年龄。40岁的成年人，70岁的老年人，只要恋爱起来了，那股疯狂劲一点也不比年轻人差，至少内心的感受是一致的。看看媒体描述的杨振宁与翁帆的那股亲热劲，两人挽着手，一脸幸福的神态。杨振宁声称：翁帆是上帝送给他的最后的礼物。多么浪漫而富有诗意的语言！

在网上看到一篇文章，写得很质朴，却也很真实、很生动地勾勒出热恋中的人们那股疯狂劲。

　　人们都说女人的心是海底针，难以摸到，但它还有可以让人琢磨下手之处。可爱情呢？你是说不清道不明，一旦被它缠上，你就身不由己变得疯疯癫癫，办起事来常使人感到莫名其妙，甚至目瞪口呆："这家伙怎么了？这是他吗？有病啊？"一连串的问题都出来了，旁观者清，但任你怎么劝说，他也不会听你的，仍然是我行我素。你不相信吗？那好，我给你讲一个故事。

　　我们公司的老总姓轩名易，在一次陪客户吃饭的时候认识了一位端盘子的小姐，从此一发不可收拾地迷上了她。要说这位小姐长得也不是十分漂亮，给人的感觉就是天真、幼稚、淳朴，说起话来总是笑眯眯的，一蹦一跳地惹人喜爱。用我们轩总的话说"爱的就是她这个劲！"这下好了，因为我是司机，可有事干了。轩总每天都要叫我去送一次花，最后总算把她约了出来，两人疯狂地好上了。轩总对她是百依百顺，也对我约法三章，"严格保密，就我们两人知道，尤其不能让我太太知道。"她叫小红，家在农村，姐弟六个，她是老四，家里很穷，她小学都没上完就辍学了。据说是她父母为了要生一个儿子被乡政府罚得连饭都吃不饱，所以她们姐妹四个都跑出来打工，她和大姐在一起，二姐和三姐在另外一个城市，这都是我后来听说的。

　　她和大姐住在租来的不足 10 平方米廉价的房子里。轩总看后就另外又租了一套房叫她们搬了过去，然后安排小红去学电脑，只要她喜欢，轩总就依着她。为了她，轩总对公司的业务过问得少了，开会也可推迟，这都是从来没有过的。公司里的人都觉得奇怪，轩总现在好说话了，这是怎么呢？不少人跑过来问我，我能说什么，你还是亲自问他好了。我自己还搞不明白呢，不就一个姑娘吗，天天都得见面，一会不见就得打电话，至于吗？真是不可思议。更让人想不到的是，小红姐俩回家收麦才一天，轩总晚上就给我打来了电话，让我过去有事办。他问我："你上次送她大姐回家，路还记得吗？"我愣了一下："记得啊！"怎么了，你想去呀？那可是有300多公里啊！这是我自己心里想的，没敢说。

"你去把汽车油箱加满，等着我。"

我疑惑着没有动，说："你……现在去找小红？"

"还愣着干什么，去加油啊！"

我把油加满，坐在车里等着他，心里说："这么晚了还去家里找她，路还那么远，这不有病吗？真是的，过两天她不就回来了，用得着这么心急火燎地去找她。"这话只能想不能和他说，你要和他说那不是找骂吗？

等我们上了高速公路，他忽然问我："什么是爱情？"我猛然一听到"爱情"这个词，好半天没有醒悟过来。就听他说道："爱情真的很伟大，要不怎么从古至今那么多人在赞颂它。我现在才领略到它的魅力。你知道吗？我第一眼见到小红的时候，那只是一粒火星的燃起，和她约会那是又添了一把柴，到了我们心与心的交换那就好比是干柴的火上又浇上了一桶油，我现在是身不由己，一天不见她我心里就堵得慌。这种感觉我和我太太谈了三年恋爱都没有出现过，今天我算是体验到了。"

我沉默着，而他陶醉在甜蜜的遐想中……

我们来解一解这位司机老弟的困惑。

为什么他对他的老板的所作所为感到不理解、不可思议呢？原来，他俩是处于两个不同的系统之中，也就是两种不同的意识状态之中。司机是处于清醒的意识状态，因此凡事都在作理性分析，比如说，天色已晚，跑300公里去见一个刚分别了一天，并且过两天又可见面的人，实无必要。再说此人也不是什么要人，只是一个普通得不能再普通的，也不是貌若天仙的小姑娘。在一个理性的人眼里，的确是有病。可那位轩老板的状态却与之迥然有别，由于他已处于类催眠状态之中，他的注意点、兴奋点已完全集中于一点，就是那个他深深爱着的人，他的价值观已无法用常理去评判。在他的眼里，在他的心中，与那位他爱着的女孩相关的一切行为，都是重要的、必要的、有价值的、至高无上的；凡与之不相关的行为，不管在别人眼里有多重要，在他看来都无足轻重。你没法与之讲理，他也不和你讲理。他整个人已处于意识状态与无意识状态之间。不涉及这个女孩的时候，他在意识层面，尚能清晰思维，正常工作。一旦涉及那个女孩，瞬间就转换到无意识层面。在他的无意识层面中，只有一个亮点，那就是这个女孩，以及与这个女孩相关的一切。所以，在别人眼里，他几近疯狂、类似痴癫。而他自己却浑然不觉，认为自己的所作所为很有道理，直至对他人的责难感到没法理解。

这种疯狂可能让你体验到什么叫"甜蜜"，把你送进天堂。

这种疯狂也会让你"情令智昏"，把你送下地狱。

一辈子不"疯狂"一把，好像是白活了；但疯狂过了头，如果运气再差点，也许就没好果子吃了。

2. 美丽的"荒唐"

请不要以为非理性行为就不好。一个永远理智的人是乏味的，一次只有理智的人生是枯燥平淡的。诗人说，绝对的理智是一把双刃剑，会让拿着它的手血流不止。契诃夫的《装在套子里的人》，描写别里科夫晴天带雨伞，耳朵塞棉花，把脸也躲藏在竖起的大衣领里，用的物品都有一个套子，他总是嚷着："千万别闹出乱子啊！"这样的人生又何尝不是一种悲哀呢？虽然人要靠理智来主导生活，美化生活的却往往是那些非理性的"荒唐事"，适当的幻想和浪漫扩展了我们的生活半径。

爱情中，这种令人费解的非理性行为可是太多太多了，可能也正是由于太多太多，人们好像反而对它漠然视之了。

相恋的人解释不出相爱的原因，于是想象出月下老人的红线，拴住彼此不能分开，想象出前世今生的姻缘，坚定地认为此生相爱是注定的。其实，爱情并非如远古的经文那样神秘不可言传。观察陷入恋爱的人的状态，那种迷恋、痴迷的心境，爱情原来是盲目与非理性的一种鲜活写照，无一例外是精神恍惚的类催眠心理状态。

且看心理学家对爱情的一些研究。

爱情体验主要是由一种温柔、挚爱的情感构成的，一个人在体验到这种情感时还可以感到愉快、幸福、满足、扬扬自得甚至欣喜若狂。我们还可以看到这样一种倾向：爱者总想与被爱者更加接近，关系更加亲密，总想触摸他（她）、拥抱他（她），总是思念着他（她）。而且爱者感到自己所爱的人要么是美丽的，要么是善良的，要么是富有魅力的，总而言之是称心如意的。在任何情况下，只要看到对方或者与对方相处，爱者就感到愉快，一旦分开，就感到痛苦。也许由此就产生了将注意力专注于爱人的倾向，同时也产生了淡忘其他人的倾向，产生了感觉狭窄从而忽视其他事物的倾向。似乎对方本身就是富有魅力的，就吸引了自己的全部注意力和感觉。这种互相接触、彼此相处的愉快情绪也表现为想要在尽可能多的情况下，如在工作中、在嬉游中、在审美和智力消遣中，尽可能地与所爱的人相处。并且，爱者还经常表现出一种想要与被爱者分享愉快经验的愿望，以至于平时常听人讲，这种愉快的经验由于心上人的在场而变得令人愉快。

在西方学者对爱情心理的研究中，还听到过来自情人的自我报告。他们说：时间的迁延全然消失了。当他处于销魂夺魄的时刻，不仅时间风驰电掣般飞逝而过，以至于一天就宛如一分钟一样短暂，而且像这样强烈度过的一分一秒也让人感到好像度过了一天甚至一年。他们仿佛以某种方式生活到另一个世界中去了，在那里，时间停滞不动而又疾驰而过。有人曾要求爱因斯坦用通俗的方式解释相对论。爱因斯坦答道：当你伸手向父亲要钱的时候，20 分钟会像两个小时那么长；当你与相爱的人在一起时，两个小时只有 20 分钟那么长。

这就是爱情中的人们。

…………

读过以上描述，我们是否可以认定爱情就是一种类催眠状态？我们是否可以断言情场就是催眠场？

关于爱情与催眠，弗洛伊德在《集体心理学和自我的分析》一书中有一段精当的表述："从爱到催眠只有一小步之隔。这两种情形相同的方面是十分明显的。在这两种时刻，对催眠师，对所爱的对象，都有着同样的谦卑的服从，都同样地俯首帖耳，都同样地缺乏批评精神，而在主体自身的创造性方面则存在同样的呆板状态。没有人能怀疑，催眠师已经进入了自我典范的位置。区别只是在于，在催眠中每一样东西都变得更清晰、更强烈。因此我们觉得用催眠现象来解释爱的现象比用其他方法更为中肯。催眠师是唯一的对象，除此别无他人。自我在一种类似梦境的状况中体验到了催眠师的可能要求和断言的东西。

爱恋中的人
以为自己的心
　　都是为对方而跳动

这一事实使我们回想起我们忽略了自我典范所具有的一个功能，即检验事实实在性的功能。"

　　英国科学家还从神经生理学的角度解释了爱情为什么是盲目的。研究发现，脑部扫描显示，当情侣沉溺爱河时，会失去批判能力。扫描显示，爱情会加速脑部奖赏系统特定区域的反应，并减慢作出否定判断系统的活动。当奖赏系统想及某人时，脑部会停止负责批判性社会评价和作出负面情绪的网络的活动，这就很好地解释了爱情的魔力，也很好地解释了爱情的盲目性，即处于一种意识恍惚的类催眠状态之中。

　　接下来，我们就来看看在种种光怪陆离的性与爱中，爱情与催眠的不解之缘。

三　情人眼里出西施

1. 我们生活在臆想的情境中

一个冬天的傍晚，在暴风雪中，一个人骑马来到一个小旅店，颇以经过数小时的飞骑，终于越过一片被大雪掩蔽了一切途经的路标的大平原之后，到达一个居留的所在而感到快慰。店主人来到门前，惊奇地望着客人，并且问他从何而来。此人直指来的方向。店主人于是以一种恐惧和奇异的声气说道："你可知道你已经骑马越过康斯坦斯湖吗？"客闻此言，立即倒毙于地。

著名心理学家考夫卡把环境分为"地理环境"与"行为环境"。所谓地理环境是指外界实际的环境，所谓行为环境是指个人心目中的环境。上面这个生动的事例就很好地说明了这两种环境的区别以及它们和个人行为的具体关系。

在此人的心目中，他所飞骑越过的是一片被风雪掩蔽的大平原，这就是他的"行为环境"；而实际上这是一个冰雪封严的大湖，这是"地理环境"。他知道这是康斯坦斯湖后，立即惊骇而死。显然，如果他早知道这是一个大湖，他的行为就一定会有所不同。由此而得到的感悟是：我们心目中的环境并不一定是一个真实的外部世界，而是主观上所认为的环境。所以，我们常常生活在一个臆想的情境中。

如果承认我们心目中的环境并不是一个真实的外部世界，我们常常生活在一个臆想的情境中，那么就更得承认在看人、看异性时臆想度就更高了。因为人是这个星球上最复杂的存在物，因为看异性时夹杂着性的原始本能冲动，包含着这样那样的爱恨情仇……

他（她）虽然与我们近在咫尺，其实我们是在雾里看花。于是中国人就有了"情人眼里出西施"的说法。人性是相通的，无独有偶，英国大文豪莎士比亚在《威尼斯商人》中也写道："爱情是盲目的，恋人都看不见。"

有一个脑筋急转弯，为什么谈恋爱的人喜欢躲在黑暗的地方？

答案：爱情是盲目的。

所谓的盲目不是像盲人一样一片漆黑，伸手不见五指，而是局部的盲，有选择的盲，片面地看待恋爱的对象。只看见对方的优点，看不见对方的缺点。"不识庐山真面目，只缘身在此山中。"有人说，爱情是一种美化对方的能力。

2. 被严重歪曲的世界

西施，春秋时越国有名的美女，中国四大美女之首。相传越王勾践采用谋臣范蠡的计策，将西施献与吴王夫差，致使夫差因荒淫误国，西施的名声因此流传，成为后世"美女"的代称。"情人眼里出西施"意思是说，恋人之间产生了好感，就会觉得对方像西施一样美丽无比。

关于"情人眼里出西施"，不同的人有着不同的解读。

有人认为，这是因为个体差异所致，正所谓：有一千个观众就有一千个哈姆雷特。女作家夏洛蒂在她的小说《简·爱》中就曾说过："美与不美，全在看的人的眼睛。"

美学家普洛丁认为，最高的美不是感官所能感觉到的，而是靠心灵才能体验到。心灵判断它们，美并不凭感官。他的看法是把人的外在形体排除，强调要了解人的内在美，须靠心灵来判断。情人之间的审美，由于接触较多，彼此理解，自然了解得较深。不仅熟知其形体美，也深知其内在美。比起一般人来，有时还会有美的独特发现。可见，"情人眼里出西施"，要基于深入地了解所爱对象，要用心灵去感应。有了美的独特发现，才会更加钟爱其人。"西施"有时就是这样才发现的。凡不是情人的局外人，就终隔一层，由于仅能从外在的形貌去看其美，所以了解和发现的就很有限了，而且眼里也就出不了西施了。

"情人眼里出西施。"如果把这句话转换为心理学术语，那就是在爱情状态中，人们的知觉被歪曲，直至被严重歪曲。关于人们知觉的真实性与客观性，日常概念中是有误解的。人们常说："耳听是虚，眼见为实。"真实的情况是：耳听固然有虚，眼见也未必是实。究其原因，在人们的知觉过程中，不可避免地受心理定式的影响，受先前经验的左右，受情绪状态的干扰。所以，你眼中的世界本来就不是一个完全真实而客观的世界，这还是在你意识清醒的时候。而恋爱中的人们，情感高度卷入，他眼中的世界实际上是一个他想看到的世界，而不是真实的世界。他，当然希望她是白雪公主；她，当然也企盼他是白马王子。好的，既然你这么想，在你眼中也就真的如此了。于是，情人眼里出西施的效应也就出现了。

伊丽莎白·芭蕾特是 19 世纪 40 年代英国伦敦的一位著名女诗人。她的诗作使许多人感动，也有许多人慕名求见。而芭蕾特却是个终年卧床不起的瘫痪病人，她身躯娇小，瘦得皮包骨头。因此她把自己关在家里以避开那些倾心追求她的人。故而到了 40 岁，还是个老姑娘。可一位青年诗人布朗宁却打开了这位女诗人的心灵之锁。布朗宁知道她比自己大 6 岁，仍深爱着她，爱她写的诗，爱她的灵魂。在经过几个月信来信往的倾心交谈后，两人终于见了面，见面的那一天，布朗宁就说："你

真美，比我想象的美多了！"为什么在一般人眼里并不漂亮的
芭蕾特，在布朗宁眼里却是美极了。可谓是"情人眼里出西施"
的一个经典例证。

还看到过这么一篇网文——果然是情人眼里出西施！

以前不怎么相信这么一句话，但是现在我是口服心服
了……

我的一个好朋友，是个男的，属于高大英俊、条件好
的那一种。所以择偶的要求很高，极有原则的那种……可
是最近这小子说自己谈恋爱了，从电话里都可以感觉到这
小子兴奋的表情。我就一直要求见见那位幸运的女孩，可
是我这个朋友说自己的女朋友特别多疑，所以不敢让她轻
易见我（我和这个男的有种红颜知己的感觉）。所以啰，我
就叫上了我的男朋友，我们四个约好一起吃饭。结果……

足足在风里把那个女孩等了半个小时，那个女孩子迈
着细细的步伐走到我们身边时，一点歉意都没有，她只是
瞟了我一眼，说：这是你朋友？我还是保持风度地冲她打
招呼。对于我的男朋友，这个女孩倒是很有兴趣的样子，
说：哟，帅哥呀，很高兴认识你呀……我男朋友本来就嘴
巴笨，被她这样一说，更不会说话了，我们都尴尬地笑了
笑。然后，这个女孩很自然地把自己的小坤包往我朋友怀
里一放。我个人觉得，一个大男人在外边一定要有自己的
形象，像我朋友那么巨大的身形，拎着一个女式包走在路

上确实够可笑的。不过好在我的朋友不介意……不介意就好，不关我的事。到了吃饭的地方，这个女孩拼命表现自己飞扬跋扈的一面，对服务员指手画脚，对饭菜百般挑剔，好像自己贵为女王似的，最过分的是在饭店里她非要让我的朋友给她喂饭吃。我和我男朋友面面相觑，都快崩溃了。看看我的朋友，还是一脸幸福的表情……呵呵，幸福？！

　　之前我没见这个女孩之前，我一直把她想象得很好，温柔可爱，充满了魅力，因为她在我朋友的心里简直就是个天使。于是我在她饭桌上即兴表演时，细细地观察了她。首先，她的长相，说实话，实在很是一般，而且还有很多密密的青春痘。身材？一般，瘦瘦的，要什么没什么。个子？高也不高，矮也不矮。家庭条件？好像父母都是工人吧。工作？在一家小企业打工，当出纳。学历？职业中专毕业……我对她没有歧视，只是觉得这么普通的一个女孩怎么就命好地遇上了我的这个朋友呢？

　　后来，本来计划要唱歌去，我和男朋友像是达成一致一样都说自己有事，开溜了，我们俩实在受不了这个女孩在我们面前作秀。

　　在回来的路上，我和男朋友下意识地握紧了手，说：真是情人眼里出西施呀……

别想不通！你的朋友不是搭错了神经，而是被催眠了。在催眠状态下不要说是产生知觉偏差，就是出现错觉、幻觉也没有什么好奇怪的。这种知觉偏差的存在本来就很普遍，意识清醒的普通人，也不见得就能做到公正客观。做教师的可能都有过这样的体验，下课的时候，有两个女生蹦蹦跳跳地从你身边走过，你对其中一个女生印象不错，你的感觉是：小女孩活泼可爱；你对另一个女生印象不好，你的感觉是：这女孩疯疯傻傻。又如，自己的孩子再丑，在父母的眼里都是可爱的，别人家孩子虽然很好看，在你眼里还得打点折扣。也不能完全把这理解为人性的弱点，如果人的认识都高度客观，这个世界不知要少了多少乐趣，少了多少故事。

3. 晕轮效应

晕轮效应也叫光环效应、月晕效应或者以点概面效应。最早由美国著名心理学家爱德华·桑戴克于 20 世纪 20 年代提出。他认为，人们对人的认知和判断往往只从局部出发，扩散而得出整体印象，即以偏概全。一个人如果被标明是好的，他就会被一种积极肯定的光环笼罩，并被赋予一切都好的品质；如果一个人被标明是坏的，他就会被一种消极否定的光环所笼罩，并被认为具有各种坏品质。这就好像刮风天气前夜月亮周围出现的圆环（月晕），其实，圆环不过是月亮光的扩大化而已。据此，桑戴克为这一心理现象起了一个恰如其分的名称"晕轮效应"。

美国心理学家戴恩等人的一项研究证明了这个效应。他们让被试者看一些照片，照片上的人分别是很有魅力的、无魅力的和魅力中等的。然后让被试者在与魅力无关的方面评论这些人，如他们的职业、婚姻状况、能力等。结果发现，有魅力的人在各方面得到的评分都是最高的，无魅力者的得分最低，这种"漂亮的就是最好的"是晕轮效应的典型表现。

可见，如果我们对某人的某一个特质或特点有着特别的兴趣、强烈的好感（或厌恶），这一特质或特点就会被扩大化，某人的其他方面就会被遮盖，就会被类化。"爱屋及乌"就是这个道理。上文中布朗宁的情况就是这样，因为他认为芭蕾特是最有才华的，而且他对芭蕾特的才华又特别在意，于是就把才华这一特质恣意扩大，因此也就认为她也是最美的。第二个例子中的那个帅哥为何对他那既不漂亮而又刁蛮的女友百依百顺，且一脸的幸福，我们没有从文中得到信息，但可以肯定的是一定有原因，一定是她的某一特质让这小伙子百般着迷。

在光环效应的作用下，人们进入了恍惚的类催眠状态，仿佛进入了世外桃源，整个世界只有两个人的存在，看不见外面世界的画面，听不见外面世界的声音。一切的外界刺激都成了被知觉掩蔽在外的杂音。此时看到的是一个理想中的世界，是一个梦中的世界，而不是现实存在的世界。在这个理想的世界中，他（她）是那么的完美，怎么看怎么顺眼，怎么觉得都是对的。在这个时候家人或朋友指出对方的缺点或稍有劝阻，一般情况是不会听取意见的，有的人甚至与亲朋好友反目成仇。

总之，情感的高度投入，加上晕轮效应的存在，直接衍生"当局者迷"，进而导致了"情人眼里出西施"现象的产生。

4. 受知觉模式影响

"情人眼里出西施"的现象，也与人的知觉模式相关。所谓知觉模式，是指知觉结构中与特定客观形式信息相对应的、带有一定情感反应倾向的、较稳定的神经联系方式。人对哪一类相貌看得顺眼，与他（她）的生活经验有着千丝万缕的联系。譬如说，不同国家、不同地区的人有着不同的审美观。在 A 地区被视为大美女的人，到了 B 地区可能就会被认为长得很不怎么样。特别是在交通不发达时，在视图信息不发达时，这种地域特征非常明显。再就个体而言，如果某女性与一位小伙子的母亲长得特别相像，而这个小伙子又对母亲非常崇拜和依恋，那么，这位女性就会对这个小伙子有着巨大的吸引力，不管这位女性实际长相如何，在小伙子眼中都是最美的。或者是，小伙子的童年期某女性对他有着特别的影响力、震撼力、诱惑力，日后与该女性在某一重要特征上相似的人，也会成为他心目中、他眼睛里最美的人。

有学者指出：特定的她的相貌可以在特定的他的眼中形成同爱恋情感相联结的特定的知觉模式，当情感达到相当强度，

而相貌与知觉模式之间的和谐度也达到相当程度时，"情人眼里出西施"的现象就发生了。

5. 爱情会让人变傻

"情人眼里出西施"现象的出现，还有一种最新的解读，那就是爱情会让人变傻，尤其是会让男人变傻。

《百科知识》（2012 年 5 月上）载文介绍：心理学家的最新研究发现，在与漂亮女人谈话时，男人的智商确实会暂时变低。为验证这一理论，科学家对 40 名异性恋男学生做了测试，首先让这些学生接受标准记忆测试，以观察他们在正常情况下的表现。随后，让他们与漂亮女人聊天，将这些男生的表现与之前的测试进行对比。结果显示，在与美女聊天时，这些男生的反应变慢，而且表达更不准确。女性对他们的吸引力越大，他们的测试得分就越低。心理学家称，这项研究反映出这样一个事实：男性的天性便是努力传递他们的基因。当男性遇到美女时，他们就处于一种专注繁殖的状态。同样，我们也常听到一句话，恋爱中的女人智商为零。在我们看来，这里的"零"当然不是指智商测试上的分数，而是意识层面控制的成分接近为零。在恋爱中，大多数人进入的潜意识层面，不受意识的控制。而智力是意识作用的结果，所以我们形容说，恋爱中的男女智商为零。

　　为什么爱情会使人变笨呢？科学家通过功能性磁共振成像技术找到了答案。人们常常认为谈恋爱的人们大脑是极其活跃的，但科学家通过大脑扫描技术发现，人们在正常交流时所运用的大脑区域在 7 ~ 16 个不等，而人们在谈恋爱时只有 4 ~ 5 个区域会特别活跃。经研究，我们可以判定，在谈恋爱时有三个主要的神经系统被激活。第一个被激活的系统与情绪有关。第二个系统与动机有关，这个系统在期望得到爱情回报时被激活。第三个系统与成瘾有关，这与吸食毒品所激活的系统相同，这也是为什么爱情会上瘾的原因。与此相对应的，大脑其他区域的活跃度明显受到抑制。这个结论说明了人在恋爱时所具备的思维能力要比他在一般情况下所具备的思维能力差得多，也就是说爱情能让人变笨。

　　科学家通过扫描大脑还发现，当大脑产生爱的反应后，人体就会释放出一种叫多巴胺的神经传导物质，这种物质能够有效地抑制消极情绪，使人产生愉悦感，并同时抑制大脑中的批评性区域。人们原有的价值判断、情感归属都会因此改变。大脑处理社会观念与负面情绪的功能会减弱，批评性的判断会变得迟钝。脑部扫描显示，当情侣沉溺爱海时会失去批判能力。如果你陷入了爱情，那么你的眼前就如同蒙上一层雾，对很多事情都看不清楚了。

　　人都变傻了，你还和他讲什么道理呢？他说什么就是什么吧！他看到什么就是什么吧！

四 英雄难过美人关

美人计，常用、常新、常有效。对英雄则更有效。古今中外，有多少英雄豪杰能驰骋疆场，能纵横商界……泰山崩于前而不变色，刀剑加于身而不改容。但到了美人面前，就傻了眼、玩不转了；思维不再清晰、判断屡屡失误，被人牵着鼻子走啦！所以才有"英雄难过美人关"的说法。

1. 史上最著名的"连环计"

最娴熟、最成功地操纵英雄的美人当推《三国演义》中的貂蝉。她把吕布、董卓玩得团团转，最终顺利完成自己的使命。

我们来观察一下她的操纵过程。

她的先天条件当然非常好，长得明眸皓齿，玉骨冰肌，秀外慧中，堪称人间绝色。后人誉之为中国四大美女之一。美色在美人计中是不可或缺的，否则将缺乏基本的诱惑力。但如果仅仅是美色，只能沦为他人的玩物，还不能达到控制与操纵的目的。貂蝉的能耐在于她高超的控制与操纵水平，否则，王允的连环计就不可能成功。

第一步，以色诱之。

王允先给吕布送了一份厚礼，当吕布来他家答谢的时候，好戏就正式开场了。

宴会上，先敬酒、后奉承，把吕布搞得很舒服，意识也处于放松状态。忽听环佩声响，一阵芬芳飘到筵前。貂蝉姗姗而来，行同拂柳，翩若惊鸿，到了吕布座前，轻抬玉手，提壶代斟。吕布早不知身在何处了。貂蝉秋波频送，吕布魂魄俱散。王允连呼数声，吕布才隐约听见，方觉似梦初醒。酒一杯接一杯，不觉已大醉。王允再令貂蝉歌舞侑觞，貂蝉展莺喉、摆柳腰，长袖生香风，吕布耳眩目迷，心神俱醉。其间，貂蝉又频频眉目传情、暗送秋波，又若即若离，好像要走人。

这个过程中，有色，有诱，又有避，没有比这更撩拨人的了。对于本就好色的吕布而言，更令其心旌摇荡。片刻之间，吕布已为貂蝉所征服。

这时王允不失时机地提出要把貂蝉嫁给吕布，吕布当然欣喜不已。王允即与吕布约定迎亲的吉期。吕布欢喜而去。

同样的方式又在董卓身上复制了一回。同为好色之徒的董卓也同样被美色所俘虏。

过了两三天，王允趁吕布外出之时，请董卓到家里赴宴，王允大摆筵席，水陆毕陈。董卓高坐正位，王允在一旁相陪，边饮边谈，说了许多阿谀的话，尤其令董卓听得入耳的话是："允自幼颇习天文，夜观乾象，汉家气数已尽。太师功德振于天下，若舜之受尧，禹之继舜，正合天心人意。"董卓还假客气一番："安敢望此！"王允又道："自古有道伐无道，无德让有德，岂过分乎！"一席话说到了董卓的心坎上，笑曰："若果天命归我，司徒当为元勋。"

待董卓已微醉，貂蝉出场了。她楚楚动人，未语先笑，其歌其舞，更是人间一绝。董卓早已魂不附体，连饮酒也忘了。连连称赞："真神仙中人也。"王允见状，即将貂蝉献上。董卓当然是求之不得，当晚就把貂蝉带走了。

至此，第一步色诱初战告捷。

为什么美色对英雄有如此之大的诱惑力？

天底下的男人（健康的、正常的男人），对漂亮的女人都会给予格外的关注和特别的兴趣。这种性的吸引力普遍存在，也无法抗拒。人类是如此，动物界也是如此，这是由生物属性所决定的。英雄也是人，当然也有这种生物属性。从某种意义上说，英雄的这种生物属性比常人表现得更强烈。有研究表明：高能力的人的性欲望与性需求的力度要高于普通人。这就是英雄难过美人关的生理因素。

第二步，以情动之。

自从貂蝉进了董府以后，无论对吕布还是对董卓都是情意缠绵。

当吕布来到董府，知道貂蝉已成董卓的新娘，心中大怒。潜入董卓卧室探个究竟，正好遇上貂蝉。"貂蝉故蹙双眉，做忧愁不乐之态，复以香罗频拭眼泪。"再"微露半面，以目送情"。董卓睡觉的时候，吕布来了，"貂蝉于床后探半身望布，以手指心，又以手指董卓，挥泪不止。布心如碎"。此刻的吕布，神魂飘荡，浑身的骨头都酥了，心头的妒火在熊熊燃烧，对董卓的怨恨之心油然而生。

对董卓，貂蝉在一个"情"字上也是下足了功夫。《三国演义》中写道："董卓自纳貂蝉后，为色所迷，月余不出理事。卓偶染小疾，貂蝉衣不解带，曲意逢迎，卓心愈喜。"

吕布与董卓，在貂蝉的情感攻势之下，对貂蝉都非常在意，魂都被貂蝉勾去了。一个必然的结果是，对貂蝉的满意度每增加一分，他俩彼此的怨恨度也随之而增加一分。火，正在愈烧愈旺。

英雄（尤其是男性），常以刚见长。征服"刚"的最好的方式不是以刚对刚，而是以柔克刚。尤其是女性的阴柔，是战胜男性阳刚的最佳方式，而眼泪则是最好的载体。貂蝉在与吕布、董卓周旋之时，处处含情脉脉，时时小鸟依人，在他们二人面前，她都是需要保护、需要呵护的弱者。同时，她也对他们两个人都是"一往情深"。吕布与董卓，这两个杀人如麻且从来都不眨眼的"英雄"，却因这柔情攻势而束手就擒，于迷迷糊糊之中任其摆布。

第三步，以意激之。

这时的吕布与董卓，双方的怨恨情绪虽已产生，但敌对程度还没有到势不两立的地步。双方的理智虽然已受到情绪的干扰，但还没有完全丧失。吕布还在想"徐图良策"；董卓在看到"奸情"后还是听了李儒的话，对吕布施行怀柔政策"赐以金帛，好言慰之"。于是，貂蝉使出了第三招，以意激之。

这便有了"凤仪亭"这一幕。

这一幕，《三国演义》中作了如下描述：

> 卓疾既愈，入朝议事。布执戟相随，见卓与献帝共谈，便乘间提戟出内门，上马径投相府来；系马府前，提戟入后堂，寻见貂蝉。蝉曰："汝可去后园中凤仪亭边等我。"布提戟径往，立于亭下曲栏之傍。良久，见貂蝉分花拂柳而来，果然如月中仙子，——泣谓布曰："我虽非王司徒亲女，然待之如己出。自见将军，许侍箕帚，妾已生平愿足。谁想太师起不良之心，将妾淫污，妾恨不即死；止因未与将军一诀，故且忍辱偷生。今幸得见，妾愿毕矣！此身已污，不得复事英雄；愿死于君前，以明妾志！"言讫，手攀曲栏，望荷花池便跳。吕布慌忙抱住，泣曰："我知汝心久矣！只恨不能共语！"貂蝉手扯布曰："妾今生不能与君为妻，愿相期于来世。"布曰："我今生不能以汝为妻，非英雄也！"蝉曰："妾度日如年，愿君怜而救之。"布

曰："我今偷空而来，恐老贼见疑，必当速去。"蝉牵其衣曰："君如此惧怕老贼，妾身无见天日之期矣！"布立住曰："容我徐图良策。"语罢，提戟欲去。貂蝉曰："妾在深闺，闻将军之名，如雷贯耳，以为当世一人而已；谁想反受他人之制乎！"言讫，泪下如雨。布羞惭满面，重复倚戟，回身搂抱貂蝉，用好言安慰，两个偎偎倚倚，不忍相离。

这时，正好董卓归来，逮了个正着。两人动起了干戈。

当局者迷！吕布与董卓在貂蝉的催眠之下已经进入类催眠状态了，可旁观者却清。李儒力劝董卓从大局出发，把貂蝉让给吕布，以使其死心塌地为自己效力。这时的董卓，还尚存些许理智，还能分得清孰轻孰重，沉吟良久，决定考虑李儒的建议。回头对貂蝉说，我打算把你送给吕布，你看如何？貂蝉怎么能让事情就此功败垂成呢？她立即以凌厉的攻势进行反击，彻底激怒董卓，以达到自己的目的。其表现为：貂蝉大惊，哭曰："妾身已事贵人，今忽欲下赐家奴，妾宁死不辱！"遂掣壁间宝剑欲自刎。卓慌夺剑拥抱曰："吾戏汝！"貂蝉倒于卓怀，掩面大哭曰："此必李儒之计也！儒与布交厚，故设此计，却不顾惜太师体面与妾性命。妾当生噬其肉。"卓曰："吾安忍舍汝耶？"蝉曰："虽蒙太师怜爱，但恐此处不宜久居，必被吕布所害。"

至此，挑唆已大功告成，接下来的事情，人所共知，这里就不必说了。

征服欲也是人类的一种本能，它与性本能几乎是并列的。

英雄总与征服相联系，征服自然、征服社会、征服他人（其中也包括征服女人）几乎是他们的第二生命。他们喜欢占有，尤其热爱占有的过程。他们得到一个女人并不一定仅仅是满足性需求（通常他们并不缺乏性满足的对象），而是在满足性需求的基础上让自己的征服感得到充分的释放。通常情况下，他们不仅想得到美人的肉体，更想得到美人的芳心，那才是一种完满的征服。他们不仅要保住已经属于自己的女人，更想得到那种经过与他人激烈争夺然后又属于自己的女人，因为那是成功男人"胸前的勋章"。为此，他们可以不顾一切，忘乎所以。俗话说"色胆包天"，其实，并不是胆变大了，而是丧失了理智，不知道害怕，进而产生了非理性行为。

英雄难过美人关，实质上是其生理因素与心理因素被他人（也是被自己）调动以后，那颗原本很聪明、很好使的脑袋因意识场的狭窄而变得茫然。然后，他们的行为不能自已，或频出昏着，或为人左右。

2. 不爱江山爱美人

历史上频频上演"不爱江山爱美人"的故事。有人称之为千古佳话，有人斥之为误国殃民。

清顺治十七年十月初八，在景山观德殿外，建起大型水陆道场，为一个皇后娘娘举行火葬仪式。这就是当朝顺治皇帝最宠爱的皇贵妃，死后被追封为皇后的董鄂氏。董鄂氏以22岁青春年纪病死在承乾宫。痴情的顺治皇帝，悲恸欲绝，又要觅死觅活，又想出家当和尚。这当然办不到，他竟下令将小太监、宫女30多人赐死。顺治帝有众多妻妾，但专宠董鄂氏一人。她的死，使皇帝失去了生活的乐趣。董鄂氏的音容笑貌使顺治难以忘怀。他曾经录唐诗《春梦》送人。诗云：洞房昨夜春风起，遥忆美人湘江水。枕上片时春梦中，行进江南数千里。董鄂氏去世仅半年顺治就得了天花，追随心爱的人去了。留下不爱江山爱美人的佳话。

1936年1月，温莎公爵继承英国王位。即位典礼后，新国王就对辛普森夫人说：任何事情都不能改变我对你的感情。然后笑笑，走了。5月，沃丽斯开始办理离婚手续。8月，新国王带着心爱的女人去地中海度假，起初一切都非常美好。在南斯拉夫的马夏，当地人穿着五颜六色的民族服装，围着国王和沃丽斯欢呼。在阿尔巴尼亚小渔港的夜晚，突然燃起了火炬阵，成千上万的农民用火把和歌声欢迎国王。国王开玩笑地说，这全是为了沃丽斯，因为他们知道国王爱上了她……不过很快，快乐退潮，美国各大报连篇累牍惊爆英国国王恋情，消息像病毒一样反馈到英伦三岛。11月，国王正式通知首相鲍尔温，要与沃丽斯结婚。鲍尔温则以内阁总辞职的执政危机率部向国王发难。

英国媒体也将披露丑闻。王室因此蒙羞。他们为国王划定
一条路线：辛普森夫人必须立刻离开英国。后来变成两条：
或者女人离开；或者国王逊位。12 月 11 日，国王发表了
告别广播讲话，宣布为了能和心爱的女人结婚，他将放弃
王位。温莎公爵只做了 325 天国王，连加冕典礼都没来得
及举行，就为爱情逊位了。

江山与美人孰轻孰重？应是一道并不难解的选择题。可就
有人"冲冠一怒为红颜"，除了他心爱的女人，什么都不重要。
你别和他讲理，讲理也讲不通。因为他的思路、他的想法根本
就不在理性的逻辑框架内。

3. 克格勃的必胜之招

"英雄难过美人关"，这一人性的弱点被苏联特工组织克格
勃最广泛、最系统也最有效地利用着。他们甚至设立"性谍报
学校"，培养了一批批色情间谍。女间谍名为"燕子"；男间谍
则称为"乌鸦"。他们追逐的对象主要是一些国家的政府要员、
高级军官、外交使者、科学家、掌管国家秘密的机要人员和间谍
情报机关的工作人员。这些人都是精英，都是"英雄"。

早在 20 世纪 50 年代，克格勃就曾对法国驻苏大使莫里
斯·德让使用过色情间谍。行动前，"燕子"和"乌鸦"会事先

认真研究目标，调查清楚其爱好和兴趣，然后在一个非常巧妙、"自然"的情况下与目标偶然相遇，并施展绝招，让他们或她们完全拜倒在地。几乎每次行动都会以一见钟情开始，以讹诈结束，中招的目标通常除了同意合作外，别无选择。

下面我们具体看一下克格勃女"性间谍"的本事：

菲利浦·拉托是法国的一名电子工程师，他在法国政府发展火箭制导系统的公司工作。因此，他有时要到华沙条约国去旅行，参加科学会议。拉托还是一位业余的历史学家，因此莫斯科和列宁格勒的博物馆以及造型优美的建筑物，对他具有巨大的吸引力。因此，他在20世纪60年代后期访问了苏联。他说服了妻子，让她带着3个孩子去地中海住了1个月。在此期间，他用两周的时间到莫斯科考察。他把家属安排停当之后，便只身飞往莫斯科，住在大都会饭店。他用6天时间饱览了莫斯科的风光。也就在这时，克格勃早已为他设下了一个圈套，专等他就范了。

克格勃根据电子计算机储存的资料，查出拉托喜欢喝酒，有好色的弱点，因此便决定从这里入手，打开缺口。

当拉托结束了莫斯科之行以后，便愉快地前往列宁格勒旅行。国际旅行社为他在聂夫斯基大街上的波罗的海饭店预定了房间。可是，当他到达那里时，柜台服务员却告诉他客房已满，无法接待。拉托怒不可遏，大声提出抗议。于是，一位经理与国际旅行社办公室通了电话，最后给他提供了三楼的一个套间。

　　下午，拉托参观了冬宫和老修道院，当他回到旅馆洗完澡后，便上街溜达，并到一家饭店用餐。这时，暗中监视他的克格勃特工在一辆汽车里用无线电发出了信号。10分钟之后，一位金发女郎走进了拉托正在用餐的饭馆，来到拉托身边的空位，客气地问道："我能与你坐在一起吗？"当拉托告诉她不能用俄语作答时，女郎便改用法语同他攀谈。她显得热情而又爽朗，对拉托说："听得出，你是从法国来的。我是一位语言教师，叫塔尼亚·萨拉可夫。我能和你在一起吗？"

　　拉托深为自己认识了这位俄国女郎而感到高兴。于是，饭后他们便一道上街散步，参观商店，并约定第二天下午一定再次见面。

　　这样过了几天，两人已经无话不谈了。塔尼亚瞅准时机，对拉托倾诉自己内心的"苦闷"：我丈夫在军队中服役，我们很少有机会在一起。拉托是个聪明人，听懂了她的话中之话，于是，便紧紧地把她搂在怀里，紧接着，他们手拉手来到旅馆，走进卧室。谨慎的拉托锁紧门，并拉下沉重的窗帘，以防有人拍照，一切似乎做得十分隐蔽。可是，第二天下午，突然来了个穿着便衣的克格勃，其中一个人自我介绍是上校。他拿出一个信封，请拉托看看信封里的东西。于是，12张照片"哗"的一下子全倒在桌子上，他与塔尼亚昨天发生的一切丑事完全暴露在光天化日之下。上校告诉拉托，他引诱的女人是一名苏联高级军官的妻子，摆在他面前的只有两条路：要么同他们合作，提供情报；要么被判有罪，入狱受刑。拉托经过激烈的思想斗争，最后还是妥协了，终于供出了他所知的保密材料。

中招者一定是精英或曰英雄。否则克格勃也不会下这鱼饵。他们肯定不笨，他们肯定也听说过因"艳遇"而中套的故事。但还是如飞蛾扑火，一头就撞了上去。个中缘由真的说不清、道不明也！人们通常的解释就是"他们昏了头！"按照我们的说法，就是被催眠了。

一个接一个的英雄在美人关前中箭倒下，又一个接一个的英雄前仆后继向着那带毒的丘比特箭冲上去。这种轮回，估计不会有尽头。

五 婚姻是爱情的坟墓

人们常常不无悲怆地大发感慨："婚姻是爱情的坟墓"。客观地说，有这种感觉的人不在少数。为什么？

1. 激情如海水退潮

随着婚姻这一法律形态把两个人的关系固定下来之后，浪漫的爱情必然褪色。那种一见钟情、销魂断肠、如痴如醉、难解难分的状态，再也不可能持久下去了。取而代之的则是先前从来不会出现的大量家庭琐事。这些事，既不好玩而又日复一日。如果说，那种浪漫的恋情在结婚的初期还尚未完全消失，但随着婚龄增长，激情必然会递减。这个责任不在婚姻，因为这种感情本身的性质就决定了它是不可能持久的，时间久了，奇遇必然会归于平凡，陌生必然会变成熟悉，新鲜感必然会消退。用我们的话来说，你不可能总是处于催眠状态，你总是要回归到清醒的、现实的意识状态之中的。如果有谁还想延续催眠中的生活状态、生活方式，只能有一个结果，那就是失望。

有位作家把恋人比作借来的"书"，令人好奇而动心，总想一口气将它读完；而把结婚后的爱人比作自己买来的"书"，想的时候就去翻一下，不想的时候就将它搁置一旁，因为这"书"已经是自己的了。结论是：爱情生活激情汹涌，婚姻生活静如止水。在现实生活中，也有不少人认为，爱情一旦步入婚姻，就会在婚姻中慢慢"老"去，原先的浪漫激情都会随着时间的推移，被生活中的诸多琐事所扰，进而一步一步走向清醒。

再来看一篇网文。

我和月美相恋了三年，终于在去年10月走进了"围城"，我们两人在恋爱时亲密无比，经常看电影、逛公园、说情话、发短消息，恩爱无比，甜甜蜜蜜，做着所有相恋情侣们做的事情。那时，即使我上班很忙，也会抽出时间来煲电话粥，轻声慢语，叮嘱她吃饭、下班回家小心、睡觉关好门窗等，感觉两个人在一起有着说不完的话、讲不完的事情，觉得这是一种幸福。

在去年夏天，我单膝点地，凭着鲜花和钻戒，彻底征服了月美，于是我和月美开始张罗着结婚，装修房子、买家具、拍婚纱照、发请帖、准备蜜月旅行，一切都忙得不亦乐乎，"十一"我牵着她的手踏入了婚姻的殿堂，并许诺"执子之手，白头偕老"。

初入婚姻之门，两人很是激动，蜜月期情意绵绵，颇有"只羡鸳鸯不羡仙"之感，但是，当婚假休完，我们开始正常上班以后，情形就变了。谈恋爱时的浪漫、卿卿我我、郎情妾意，转化成了锅碗瓢盆、油盐酱醋这种平淡的日子，又加上我工作挺忙的，公司离家又远，每天回来都感觉很累，谈恋爱时的那种生龙活虎的精力似乎不复存在了。往往吃过饭，洗漱过后，上床看会儿电视就睡着了；有时兴致来了，也会上上网、打打游戏。月美感到，我对她的爱不像以前那么多了。有时她问我几句，我只会回答是与不是，仿佛没有什么精神，也不太愿意回答。有一次，月美问我："我们周末回我妈家好不好？"我答道："是！"月美有些火了，说："我问你好不好，你怎么回答'是不是'，是什么意思啊？你是不是烦我了，哼！我看我们谈恋爱的时间这么短，这么快给你追到手，你当然不会珍惜。"

当时，我听了，也不相让，说："你不知道我工作很累吗？一点也不知道体谅我，这些小事，你安排一下不就行了。"月美听了，就更加生气了，于是两人就吵了起来，之后一段时间我们便陷入了"冷战"。虽然过段时间就恢复了正常，但彼此心中留下了"心结"，经常会为一些生活琐事产生口角，常常"冷战"。我知道我们彼此还爱着对方，但婚姻却一直在这种危机中过着。

2. 不能延续的新娘情结

婚姻成了爱情的坟墓，还有一个原因，是我们被一个潜意识里"婚礼就是爱情的完满结局"的社会迷梦所催眠了。这个社会迷梦就是"婚礼迷恋"。小时候我们都是听灰姑娘、白雪公主的美好童话长大的，这些童话故事的一个共同特点就是以盛大的婚礼标志着故事的美好结局。童年里的故事在我们的心中留下了深刻的烙印，在我们的潜意识里播撒出了美好的种子。我们天真地以为，只要是相爱的人最后结婚了，举行了婚礼，就是尘埃落定了，就是有情人终成眷属，就是幸福的。但对婚后的现实问题没有做好准备。

婚礼是不是美满爱情的最终结局？熏陶我们长大的美好童话故事没有对此向我们交代。但是白雪公主和灰姑娘的故事让我们在潜意识里产生了爱情的最终结局是美好的婚礼这一欺骗性结论。

鲁迅的小说《伤逝》中，对涓生和子君这对夫妇婚后生活精彩的描写，将女人对婚礼的过度迷恋体现得淋漓尽致。

涓生已经记不清楚他当时向子君示爱的场景了，然而子君什么都记得，能滔滔不绝地背诵他的言辞。他求婚时的场景，子君可以描绘得栩栩如生，不会落下任何一个细微的动作。每当夜阑人静的时候，子君就要求涓生把当时的场景重新温习一遍，然后由她纠正、补充。涓生像是一个学生一样被质问、被考验。

妻子热衷于反复和丈夫描述求婚的情景，并让丈夫不断地配合自己，以至于发展到了一种对求婚的痴迷。其实，很多少女也同样做着一个长长的婚礼梦。不断地在脑中描绘着，穿什么颜色的婚纱，摆什么样的喜酒，怎样求爱的场面。很多女人中了童话故事里婚礼这个大型的催眠术。因为童年听来的浪漫爱情故事都是以圆满的婚礼为结局的，许多浪漫的故事也只是写到婚礼为止。在我们早年的潜意识中留下了深刻的印象，以至于成年后的我们对宛如童话般的婚礼如此迷恋。很多女孩被"新娘"这个角色深深吸引了，因为在婚礼的当天，她可以成为童年时童话中的主角。

然而这个词只是一个短暂时期的存在。结婚的当天是新娘，第二天就是老婆了。这句话生动形象地描绘了婚礼的短暂。

"新娘"这个身份有很大的吸引力，女人多半患有新娘情结。这个愿望如果在不理智的时刻被调动了，就会作出不理智的决定。比如，当今"闪婚"已经成为一种时尚。男女一见钟情，在很短的时间内就结婚。在对对方缺乏实际了解的情况下，仅仅凭着一时被浪漫催眠的头脑和直觉草草地步入婚姻，由于如同闪电般的快，所以称作闪婚。"闪婚族"认为，如果说浪漫的爱情是一树的花，那么婚礼就是爱情之花开到荼蘼。细看一下白雪公主和灰姑娘的童话，里面令人惊喜的婚礼竟然都是闪婚。"王子看见水晶棺材里的白雪公主，觉得她就是他要娶的人。""王子和灰姑娘跳了一支舞。灰姑娘匆匆走后，王子拿着灰姑娘的一只水晶鞋，就在心里发誓，一定要娶这个女人。"

但是，从盛大婚礼的催眠中醒后，该如何去走日后的路，童话中没有交代，美好的童话故事一般只写到了婚礼为止。"在大臣们的护送下，在全国百姓的祝福中，她将成为，王子的新娘。"

戴安娜王妃的故事见证了灰姑娘的婚后生活。轰动世界的婚礼，最后以众所周知的悲剧收场。婚礼，只是婚姻的开始。真正的生活中，婚礼并不意味着大团圆的结局。

婚礼只会延续几个小时，而婚姻却会延续一生。邓肯和俄国诗人的闪婚，婚后产生的痛苦是两个天才早逝的直接原因。某个女明星的大型婚礼曾经轰动中国，最后也是以草草离婚收场。曾经这些举世羡慕的对象，这些盛大轰动的婚礼，迷倒了不少心存幻想的年轻人。

分析女人对婚礼迷恋的原因，可以追溯到女性最原始的欲望是被拯救。比如，灰姑娘由王子救出了后母的阁楼，电影《风月俏佳人》里茱莉亚·罗伯茨提到长发的公主被王子救出城堡。在潜意识里，女人错误地以为只要有一个看似王子般完美的男人，给她们披上洁白的嫁衣，就意味着可以从从前的痛苦中解脱，可以不再努力，不再辛苦追寻。正是这个逃避现实的迷梦，催眠了她们的头脑，实际上，这是性格软弱的体现。

3. 审美疲劳与"性趣"下降

只要是真心谈情说爱的人（所谓坠入爱河的人），不可能有完全清醒的，当然完全清醒也就没有味道了。不仅自己感到没意思，对方也会感到没意思。也正因为如此，爱情才会成为文艺作品永恒的主题。为什么会是这样的呢？除了我们在前面已作表述的种种心理因素外，还有一个非常重要且不会消失的因素就是"性"。性是包括人类在内的所有动物的本能。从心理学的角度看，它是一种缺失性需要。缺失性的需要有两个方面的特点，一是如果这种需要得不到满足，生理上将无法获得平衡，心理上也将感受到焦灼与不安；二是这种需要有周而复始的特点。例如我们吃完午饭后的确是饱了，不想再吃了。但到了晚上又饿了，还得再吃。这种需要既与生理有关，又与心理有关。作为一种本能性的冲动，当它与其他心理元素交织在一起，再在环境的催眠作用之下，它的确会表现出一种不顾一切的特征，出现一系列为爱而癫狂的现象。

同样的道理，在婚后，由于"审美疲劳"的出现，对特定对象的性兴趣就会下降，"性趣"的冷却，有助于相对清醒地、客观地认知对方，这时就会觉得对方原来并不怎么样了，进而导致亲密度下降。所以有人认为，婚后五到十年是婚姻的危险期。如果过了这个危险期，爱情将向亲情转变，性的重要性随岁月的流逝而显得重要性降低（不能视为是生理功能下降的原因），互相视对方为亲人，甚至是自己一个不可或缺的部分，这时产生的就是另一种新的甜蜜了。

4. 婚姻使人恢复了视力

恩格斯说："爱情是盲目的，婚姻很快恢复了它的视力。"这句话是十分贴切的。

在结婚之后，两个人开始面对现实的生活，不像婚前那样，可以不考虑很多事情，只是全心全意爱对方就可以了。在一堆票据面前，在锅碗瓢盆的打击乐中，就好像一场梦醒了，一个盲人复明，一个聋子恢复了听力。十二点的钟声敲响了，魔法术失效了，公主变回了灰姑娘，南瓜马车变回了小老鼠。面对着这个眼前曾经爱得死去活来、和自己曾经海誓山盟的人呼呼大睡，臭袜子摊在枕边，上厕所、换衣服都不关门。从前争着抢着干家务，现在你推我让谁都懒得打理。怎么也回忆不出眼前这个俗不可耐的人就是曾经和自己花前月下的那个浪漫得让人要去死的白马王子和白雪公主。多少次我们会在夜半时怔怔地看着这个面目可憎的人，像是舞会回来的灰姑娘抱着小猫坐在暖炉前，喃喃地说着："难道这是梦吗？那辉煌的王宫，那亲切的王子？"从前两个人的感情就像是在天堂，而现在连人间都不如了。为什么会有如此大的变化呢？

其实，我们是从婚前的潜意识类催眠状态回归到了日常的意识状态。以前，我们将对方的懒惰、脏乱视作可爱的小毛病，怎么看怎么都是美的。现在，再去看对方这些曾经可爱的小毛病时却变得不可忍耐。我们听见这样的话绝对不会觉得陌生："我怎么这么不长眼，当初会看上你！"这还不是最难听的，还有破口大骂对方流氓骗子的。其实，我们不是被对方蒙骗了，而是被自己潜意识里编织的迷梦催眠了。我们用自己的幻想把对方美化了，然后爱上了自己的幻想。

金无足赤，人无完人，谁都有缺点，但我们在恋爱时偏偏认为对方是天下最完美的人。琐碎现实的日常生活把我们从那个美好的催眠状态中硬生生地拉了出来，现实的生活扼杀了自我陶醉的权利。因此，婚姻仿佛成了爱情的坟墓。

西方有一句谚语："我们因为不了解而结婚，因为了解而分离。"还有一位哲学家对年轻夫妻们说过："你们自以为相互之间在婚前已经十分了解了，其实，你们在结婚以后会发现在枕边睡的是另一个人。"

其实，真正的危机不是婚姻本身，而是对恋爱与婚姻这两个不同阶段不同特点的正确认识。爱情是浪漫的，爱情中充满了激情。但那种销魂断肠、如痴如醉、难解难分的状态，可能持久吗？也就是说，你会总是处于催眠状态吗？不可能，也不好。浪漫式的爱情不可能成为婚姻的基础，如果婚姻是建立在这样的基础上，那就是等于建立在沙滩上，建立在激流上面，婚姻怎么可能牢固呢？

　　爱情和婚姻是两回事。爱情是形而上的，受理想原则支配，婚姻是形而下的，受现实原则支配。爱情是对现实社会的逃避，婚姻是对现实社会的参与。爱情是一种短暂的激情状态，婚姻则是长久的共生状态。早有人说"婚姻是爱情的坟墓"，那是因为很多人中了恋爱时期的催眠术，把婚姻想成天堂。从恋爱到婚姻，实际上是从类催眠状态回归到了正常的意识状态。你眼中的世界没有发生变化，是你的感受发生了变化。只要是真心真意谈情说爱的人，不可能是完全清醒的，完全清醒的，也不是真正的恋爱了，只有处于无意识层面的爱情，才是最真挚的。

　　周国平说，好的婚姻是人间，坏的婚姻是地狱，不要指望在婚姻中寻找天堂。花无百日红，你不可能总是处于催眠状态，你总要回归到清醒的、现实的意识状态之中。如果有谁还想延续催眠中的生活状态、生活方式，如果企图天天过天堂般的生活，只能有一个结果，那就是失望。失望到尽头，有的人是绝望，如自杀、离家出走、出家等。有的人虽然维持着貌合神离的生活，心灵早已枯寂，不再有希望和激情。

　　如果你愿意接受我们的劝告的话，那么我们要说：恋爱时是恋爱时的活法；结婚后是结婚后的活法。恋爱时你不可能清醒；结婚后你也不可能不清醒。

　　这就是现实，你承认也罢，不承认也罢。

六 初恋：终身难以释怀

　　台湾歌手刘若英有一首歌《后来》，曲调简单但意蕴深长，俘获了很多人的心。说来也是奇怪，这首歌的"粉丝"中也包括不少的中年人。作为一首流行歌曲，其受欢迎度竟如此之广，不得不让人对这首歌刮目相看。

> 后来我总算学会了如何去爱，
>
> 可惜你早已远去消失在人海。
>
> 后来终于在眼泪中明白，
>
> 有些人一旦错过就不在。

　　在这首歌中，刘若英用她感性的嗓音缓缓地诉说了一个关于爱情的故事，一个关于初恋的故事。17岁的相识相知，17岁年少的倔强，成年以后的追悔感伤，成年以后的遗憾感叹，给这首歌笼上了一层淡淡的回忆气息。

在一天天长大的过程中，在一天天忙碌的过程中，我们总是以为自己把一些事情放下了。其实我们并没有忘记过，只是将这些事情零零碎碎地埋在了心底某个地方。就如同那些未曾整理过的散落地置于窗前的纸张。思念就像是偷偷溜进窗口的风，瞬间就可以吹起所有零落的纸张。此时，所有的记忆都会变得鲜明起来，所有的回忆都会如潮水般涌起。

刘若英的这首歌就是那一阵不小心吹进窗内的清风。这也是这首歌为众多人所爱的原因。这首关于初恋的歌曲让许多人又回忆起了 17 岁的那些色彩斑斓的日子，回忆起那些日子里的所有情感。许多人会说，即使初恋一般会无疾而终，但它始终是人生中最美好的回忆。17 世纪的法国哲学家拉布利伊尔说，人真正由心底发出感情来的爱恋只有一次，那就是初恋。是的，人们对第一次恋爱永远是刻骨铭心，甚至奉为信仰。即使失去了，也会一生不断地找寻。有些人已经成家立业，经历了无数磕磕绊绊最终还是放弃了一切，和初恋对象走在了一起。

为什么初恋如此的刻骨铭心，让人难以忘怀？

先对初恋作出界定。

初恋一般有两方面含义：一是指人生的第一次恋爱；二是指恋爱的初始阶段，即双方从进入角色到热恋之前的这段过程。一般人们生活中所理解的初恋，就是指第一次恋爱，尤其是它的初始阶段。

接下来，我们就来解读初恋的无穷魔力。

1. 罗密欧与朱丽叶效应

大多数人的初恋开始于青春期。首先是生理的成熟，荷尔蒙分泌，本能地对异性产生兴趣。然后是心理的转变，从以前对异性的疏离、厌恶转为对异性的好奇、爱慕。但这个时期比较简单、单纯的爱，还不能为周围环境所接受，尤其是在保守的社会环境里。在中学里，这种正常的、对异性的向往之情被称为"早恋"，被老师和家长视为洪水猛兽，视为坏孩子的标志。但人都有一种好奇探究的心理，他人越是阻止，就越能激起探究欲。这种阻止会使我们产生高度的心理抗拒，而这样的心态会促使人们做出相反的选择，即对自己好奇并渴望了解的人或事物更加热衷。心理学上把这种现象称为"罗密欧与朱丽叶效应"。

《罗密欧与朱丽叶》是威廉·莎士比亚的著名戏剧作品之一。罗密欧与朱丽叶在一次宴会上相遇。朱丽叶 13 岁，罗密欧 17 岁。罗密欧上前向朱丽叶表示了自己的爱慕之情，朱丽叶也对罗密欧有好感。可是，当时双方都不知道他们的两个家族有宿仇。真相大白之后，罗密欧仍然不能摆脱自己对朱丽叶的爱慕。他翻墙进了凯普莱特的果园，正好听见了朱丽叶在窗口情不自禁地呼唤罗密欧的声音。

第二天，两人在神父的帮助下结为夫妻。这天中午，罗密欧在街上遇到了朱丽叶的堂兄提博尔特。在纷争和决斗中把提博尔特杀死了。于是城市的统治者决定驱逐罗密欧，下令如果他敢回来就处死他。朱丽叶很伤心，她非常爱罗密欧。罗密欧不愿离开，经过神父的劝说他才同意暂时离开。这天晚上，他偷偷爬进了朱丽叶的卧室，度过了新婚之夜。第二天天一亮，罗密欧就不得不开始了他的流放生活。罗密欧刚一离开，出身高贵的帕里斯伯爵就来向朱丽叶求婚。凯普莱特非常满意，命令朱丽叶下星期四就结婚。

朱丽叶去找神父想办法，神父给了她一种药，服下去后就像死了一样，但 42 个小时后就会苏醒过来。神父答应她派人叫罗密欧，会很快挖开墓穴，让她和罗密欧远走高飞。朱丽叶依计行事，在婚礼的头天晚上服了药，第二天婚礼自然就变成了葬礼。神父马上派人去通知罗密欧。可是，罗密欧在神父的送信人到来之前已经知道了消息。他在半夜来到朱丽叶的墓穴旁，杀死了阻拦他的帕里斯伯爵，掘开了墓穴，他吻了一下朱丽叶之后，就掏出随身带来的毒药一饮而尽，倒在朱丽叶身旁死去。等神父赶来时，罗密欧和帕里斯已经死了。这时，朱丽叶也醒过来了。人越来越多，神父还没来得及顾及朱丽叶，就逃走了。朱丽叶见到死去的罗密欧，拔出罗密欧的剑刺向自己，倒在罗密欧身上死去。

六 初恋：终身难以释怀

罗密欧与朱丽叶是一个典型的为了爱情叛逆家庭的故事。在青春期，由于各项生理机制趋向成熟，心理上想摆脱家庭的依赖，但客观上又必须依赖家庭，这个时候，家长往往形容孩子"翅膀硬了""父母说东，偏要向西"。我们把它叫作"心理断乳期"。这个时期的孩子强烈要求自我认同，但这个时候的家长往往还是把他们当作孩子看，于是孩子很容易产生矛盾对立的情绪。这种矛盾的情绪一经和对异性的爱慕之情结合，就会形成一种强大的对抗力量，加之神秘的距离感本身就是一种诱惑，而这种奇妙的距离体验，在以后的生活中难以再次感受。一位女生在日记中写道：

> 记得高一的时候，我们唯一的一次牵手，是在课堂上，我把手放在阳光里，他也把手放在阳光里，我们的影子牵手了。然而这个影子被生物老师看到了，生物老师投来了恶狠狠的目光。但是那个时刻，我是最开心的。

"罗密欧与朱丽叶效应"意在说明当出现干扰恋爱双方爱情关系的外在力量时，恋爱双方的情感反而会加强，恋爱关系也因此更加牢固。心理学家曾做过一些有趣的研究：1972 年德瑞斯考等人调查了 91 对已婚夫妇和相恋已达 8 个月以上的 49 对恋人。研究的一项重要内容，是考察被研究夫妇与恋人的彼此相爱程度与他们父母干涉程度之间的关系。结果发现，在一定范围内，父母干涉程度越高，有情人之间相爱也越深。研究后的 6 至 10 个月期间，德瑞斯考等人对这些被研究者又作了调查，试图了解他们父母的干涉是否改变了他们之间的关系和相爱的水平。结果证明，父母的干涉程度与恋人们的情感变化呈显著正相关，即父母的干涉越大，恋人们的感情也就越深。

在影片《初恋的回忆》中，男女主人公相爱的决心如此坚定，一方面来自男主人公同伴群体的阻挠，另一方面来自女主人公父亲的阻挠。两方面的阻挠增强了罗密欧与朱丽叶效应。无论是在电影中还是现实生活中，棒打鸳鸯，往往越打越亲密。所以，真正聪明的父母在这个时期不会明确地阻止孩子，因为越是阻止，只能越是适得其反。

爱情中的罗密欧与朱丽叶效应彰显了人类的一种本能：对于越难获得的事物，在人们的心目中地位越重要，价值也会越高。学者们尝试以阻抗理论（reactance theory）来解释这种现象，他们指出当人们的自由受到限制时，会产生不愉快的感觉，而从事被禁止的行为反而可以消除这种不悦。所以才会发生当别人命令我们不得做什么事时，我们却会反其道而行的现象。

初恋，因外力的阻抗而让人格外兴奋。

2. 印刻效应

德国行为学家海因罗特在实验中发现：小鹅破壳而出后，会本能地跟在它第一眼看到的自己的妈妈后面。但如果第一眼看到的是其他活动的物体，一只狗或一只会动的玩具，它一样会跟随其后。最重要的一点是，这小家伙一旦对某一物体形成了跟随反应，就不会再形成对其他物体的跟随反应了。也就是说，这种跟随反应是不可逆的。后来，另一位德国习性学家洛伦兹发现：这一现象不仅存在于低等动物，也是人类的一种习性。生物的这种只认第一不认第二的现象，被洛伦兹称为"印刻效应"。

人脑也有类似的现象，初恋是在人脑情感区域里的印刻，会对第一个钟爱的对象产生印刻效应。印刻效应，类似于自我催眠，这种印刻随着不断重复、暗示得到强化，当经过一段时间的强化形成印刻之后，本身的印刻效应已经启动，此后，人们会不自觉地经常性地回忆起他（她）。于是进入一个良性循环。印刻效应一旦形成，其实在心理感觉上来说是一种很美好的体验，让人难以拒绝。因为这时大脑的奖赏中心被激活。信息物质多巴胺活跃的大脑区域会加倍充血，这些区域包括黑质、纹状体以及部分的脑垂体，而这都是毒瘾发作时也会被激活的区域，人们在这个区域被激活时能体验到更多的愉悦感，导致上瘾。该区域也让人保持对初恋感情和对象的专一。

印刻效应的这种自我重复想起现象，大大提高了印刻的效力。然而，在印刻效应的消失过程中，通常的途径是这样的。当他（她）不再是那个理想中的他（她）的时候，当他（她）不能满足你对异性要求的时候，当你开始对这个人失望、绝望甚至厌恶的时候，心理防御机制自动开启，你会不自觉地对这个人产生贬低、抵触、反抗、失望等多种负面情绪，会不自觉地避开关于这个人的一切信息，虽然如此但是此时的印刻效应并没有消失，你还是会不自觉地想起这个人，于是，这两种心理现象就展开了激烈的争夺战，谁都不想失败。纠结由此而来，这也是为什么人在失去最爱的人之后，是非常痛苦的。这时候，印刻有着感性以及情感这一有力武器，而心理防御机制有着理性和理智的支持。

美国加利福尼亚州立大学心理学家南希卡利什通过一项1993年以来的长期研究得出结论：通过互联网恢复旧日恋情渐成时尚。研究中有很大一部分人是婚后走在一起的。原因在于，两人一起长大，多年以来保持着相同的价值观，拥有共同的朋友，这一切都和旧日恋情一道，深埋在两人的情感记忆之中了。可见，青少年时期的经历已深深印刻在我们的头脑里。初恋的印刻效应如此强大，历史上很多有名的人都没有跳出被初恋催眠的怪圈，而发生在普通百姓中的类似故事更是数不胜数，分析这些令人费解的事实的心理原因，便可以理解这些痴男怨女了。

第一眼见到了谁，就爱上了谁。现实生活中，我们很多人也都被这种无意识的力量操控着。有一位很有表演天分的女生，被某著名的歌舞团选中，为其提供进京学习的机会，但是这名女生断然拒绝了，原因是离不开自己的男朋友。她的男朋友是高中时的同学，没有考上大学，这些年一直是无业游民，经常在网吧包夜，发展前途渺茫。在老师、家长的不断劝说下，这名女生终于同意去北京了，但是去了没有一个月的时间，再一次提出放弃学习的机会，回家和男友相聚。学校只好同意她退学，她悄悄地回到他们同居的小屋，幻想着自己的回来给男友带来的惊喜，哪知刚一到家，就看见他与另一个女人缠绵……

事后在问及为什么会放不下这个男人的时候，她的回答是：刚上高中时，他是第一个和我说话的男生，他每天中午送一个苹果给我。他是我的初恋，我无法再接受其他的男生了。

如果说爱不是件容易的事，那么初恋是轻而易举的一件事，因为它大部分是潜意识的作用，无须太多的意志努力。因此第一眼见了谁便认定了谁，可以省去日后更多的判断选择和思考的精力，减少认知的冲突，可以不再有跳出和突破，但是为了这种省力气的刻板印象的维护，我们往往付出了更大的代价。

心理学表明，初恋将决定一个人的恋爱模式，并使他重复这种恋爱模式。人的潜意识有这种重复的能力。如果初恋带来了心理的伤害，无意识中的下一次恋爱会爱上重复这种伤害的人，在一次又一次的恋爱中与自己的初恋情人重逢。如果初恋不成功，马上使用突破那种模式的能力就可以。但是，由于印刻效应的存在，大多数人一直是被初恋催眠的，很难突破原有的模式。很多人寻寻觅觅，磕磕绊绊，最后回过头来还是觉得第一个好。

很多人认为，初恋才是最完美的恋爱，接下来的恋爱，往往都不如初恋那般炽热了。其实，初恋的完美，不是真的完美，无可挑剔，而是你为自己构建了一个完美的理想模型。从出生起，我们就开始在自己的潜意识中塑造着理想的模型，这种塑造的过程是无意识的，我们创造一个抽象的理想对象，作为我们择偶的标准。这个模型可能是很具体的，可能是虚构的，也可能是从电视上受到的熏陶。有时是把几个人凑在一起。比如看着《新白娘子传奇》长大的女孩，在潜意识里往往会为自己构建一个像许仙一样傻傻的认真的男人的理想模型。又如听周杰伦的歌长大的女孩，就会在潜意识里寻找一个酷酷的男孩作为理想的恋人模型。还有很多人的初恋理想模型其实是理想父母的化身，比如有的父母很小气刻薄，他们的子女往往会爱上和父母相反，宽容大度的异性。虽然是恋爱，其实是在无意识中与父母团圆。

每一个少男少女在潜意识中，都有一个"白雪公主"和"白马王子"梦。他们一直都会按照这个"完美的异性模型"，在生活中去寻觅、在人群中去探索。不知不觉，终于有那么一天，那个朝思暮想的时刻到来了，在茫茫人海中发现了一张似曾相识的面孔，你会情不自禁地惊叹："好面熟啊！"眼前的她（他）同自己心目中的审美理想发生了奇妙的吻合。初恋便是异性爱由抽象的意识转变为现实的开始。

《红楼梦》中，贾宝玉与林黛玉初次相遇时，觉得黛玉有种

熟识感，便说了一句："这个妹妹见过了。"众人对他的话疑惑不解，宝玉本人也十分纳闷他对林黛玉的熟悉感，其实，林黛玉也就是与贾宝玉心中的理想模型相吻合了。只是这种作用是无意识的，很难被我们自己所察觉。对方越是符合我们心中所勾勒出的理想模型，那么这种熟悉感就会越强烈，越容易引起自己的好感，促进初恋的发生。所以，一见钟情的对方，相互催眠只需要一瞬间。而这一瞬间，早已在潜意识中酝酿已久。

即使是初恋无果而终，关于这个人的记忆也会像"神"一样在我们的心中永垂不朽，成为日后和其他人比较的标准，仿佛是不可替代的神像，供奉在我们非理智的感情圣殿中。其实，这个人并非是一个真的很完美的人，那只不过是我们自己在潜意识里修修补补创造出来的一个完美的偶像。

3. 契可尼效应

西方心理学家契可尼通过一系列心理学实验发现：人们对已完成了的、已有结果的事情极易忘怀，而对中断了的、未完成的、未达目标的事情却总是记忆犹新。这种现象被称为"契可尼效应"。

这样的例证可以举出许多。例如，你在数学考试中要答100 道题，其中 99 道题都完成得很好，就是那一道题把你难住了，没完成，未得出答案。下课铃响了，你交卷后走出考场，与同学们对答案，那99道题都有正确的结果，而那未完成的一道题，同学告诉了你答案。从此以后，那未完成的一道题被你深刻而长久地记住了，而那99道题却被你抛到九霄云外。今后再考试时，若出现当初你未完成的那一道题，你就再也不会做错，因为它被你牢牢地刻在脑海中了。

未获成果的初恋是一种"未能完成的""不成功的"事件。初恋中的美好时辰和景象，大多深深地印入恋人的脑海，使他们在一生中都难以忘却。因而未果性是我们对初恋念念不忘的一个重要原因。

其实，人们留恋初恋，往往不是留恋初恋的情人，而是留恋初恋本身的新奇；不能忘怀的不是初恋情人，而是初恋的情感体验。最后，初恋本身已经渐渐失去了若干具体内容，而变成了美好的永远的记忆。

每个人在青春期都会有爱慕的对象，有些人始终存留在心，成为秘密。有的人经历了反复的挣扎后终于表白，但惨遭拒绝，遭受巨大的精神打击。有些人从此一蹶不振，有些人将痛苦升华为奋斗的动力。德国诗人海涅在年轻时爱上了自己的堂妹太莱斯，但由于自己当时的贫寒而追求无果。他痛不欲生，写下了许多的诗篇，其中最有名的一首叫《你好像一朵花》。

你好像一朵花

这样温情、美丽、纯洁；

我凝视着你，我的心中

不由涌起一阵悲切。

我觉得，我仿佛应该

用手按住你的头顶

祷告上帝永远保你，

这样纯洁、美丽、温情。

这是海涅一生中最投入的一次爱恋，最后无果而终。海涅的心跌入谷底，从此疯狂地创作。直到日后因这些创作红遍欧洲。

老年海涅又见到这位当年求之不得的美人儿，当年的美人儿已经成了眼前的老妇。海涅为这位老妇写了一首诗，名叫《老蔷薇》。

我的心儿热恋她的时候，

她正是一朵蔷薇蓓蕾；

可是她渐渐成长，

奇妙地吐蕊盛开。

她是国中最美的蔷薇，

我曾想把这朵蔷薇采下，

可是她懂得用她的刺，

给我狠毒地刺了一下。

现在，经过雨打风吹，

她已枯萎、飘零而憔悴——

我现在是有名的亨利，

她向我走来，无限依依。

前面叫亨利，后面叫亨利，

现在她的话音带着优美的调子：

现在还有什么刺刺我的话，

那是美人下巴上的黑痣。

在她下巴上有一颗黑痣，

黑痣上的毛坚硬非常——

可爱的孩子，请往修道院去，

或者去用剃刀刮一刮光。

　　这两首诗形成了鲜明的对比。青年时期的初恋强烈、丰富、波动，充满着夸大和幻想的自我体验。年少的海涅看到了她的温情、纯洁、美丽，看到了她是花。而年老的海涅笔锋陡转，不再有年少时的激情。看到了她的刺，看到了她下巴上的黑痣，甚至是黑痣上的毛。其实，这颗黑痣在姑娘还年轻的时候脸上就是有的，可是正值青春的当年，他只看见了温情、纯洁和美丽，并不断地歌颂感叹。年老时经历了一生的风霜，在昔日的初恋情人前，彻底地恢复了理智。

　　李敖也曾说过这样一个故事。多年前他的一位朋友来大陆探亲，行前和李敖说，他想借此机会会会自己的初恋情人。李敖给他的朋友的建议是千万别见，见了一定会后悔，但他的这个朋友终于克制不住想见一面的冲动。他按时到了他们当年分手的那个桥头，在桥的那边，颤巍巍地走过一个拄着拐杖的老太婆来，他吓得夺路而逃。他把当时的感觉说给李敖听，李敖听了哈哈大笑，并且告诉他，对于初恋情人最好的态度是"只愿来世再见，不愿今生重逢"。

李敖的这个故事平淡却也深刻，向我们提出了一个问题：究竟难忘的是初恋中的那个人，还是初恋的那份酸酸甜甜的感觉呢？其实，人们留恋初恋，往往不是留恋初恋的情人，而是留恋初恋本身的新奇；不能忘怀的不是初恋情人，而是初恋的情感体验。最后，初恋本身已经渐渐失去了若干具体内容，而变成了美好的永远的记忆。真正让人难忘的是那一种情窦初开的感觉，难忘的是初恋的心情。就像是一朵风干的玫瑰，即使只剩下一堆枯枝，我们也会想起它最初鲜艳欲滴的娇羞之态。

作家黄蓓佳曾说："记忆有时非常脆弱，它仅仅存活在虚幻的记忆之中，一旦帷幕拉起，裸露出真实，心里的某种渴念便会轰然坍塌，连带着全部生活都变得不可收拾。说得严重一点，那真是整个世界的倾覆。"记忆既然如此弱不禁风，不如把它尘封，像尘封一坛老酒，独自享受吧，要知遗憾也是一种美，否则，就要如李敖的那位朋友一样，重逢之际，记忆中那个 17 岁的小仙子早已没有当初的那种美好，这样一来，连遗憾之美也不可得了。

初恋是盲目的，初恋是闭着眼睛的自我催眠。老诗人的语言的确有些无情和残忍，与其说他变了心，不如说多年以后，他已从这种迷人的催眠状态中苏醒过来。初恋时，我们被催眠了；多少年后我们回想起初恋时分，我们又进入了催眠状态。重逢，则可能返回到清醒状态。所以，为了永葆青春时"最美"的形象，还是像很多人提倡的那样："相见不如怀念。"然而，很多人用了一生的时间，才从迷梦中苏醒过来。有的人，甚至一辈子不会苏醒。比如，《了不起的盖茨比》中，盖茨比为了自己的初恋倾家荡产、中了对方的圈套快丢失性命的时候，还是念念不忘初恋。

　　我们虽然知道了初恋的这些心理原因，但初恋的心理原因不仅仅是这些，更多的原因有待于我们在成长和生活中继续探索。最重要的是，了解了原因，我们能开始正视现实，不必对过去耿耿于怀，也不必拿初恋和现在的恋人做比较，用现实的理性思维去面对生活，同时保留着一份幻想和回忆，也不失为一种美好。

七 网恋：在虚幻中满足

宁愿网与网的"幸福"，

不要面对面的"痛苦"。

——网恋，"月老"无形的红线

网恋，即网络恋爱，指男女双方通过现代社会先进的网络媒介进行交往并恋爱。网聊和网恋，几乎成为当代的一种文化时尚。2005 年 2 月 23 日，心理学家就在 *Science Daily* 杂志上发表文章讨论了网恋的问题，并论证了网恋成功的可能性。百度词条上是这样通俗地形容网恋的：所谓网恋，就是一根电话线，两颗寂寞心，三更半夜里，四目不相见，十指来传情。网恋有两种形态：一种是人们在网上认识，在网上恋爱，甚至在网上结婚组成网上家庭，而在现实中双方完全不接触。另一种是人们在网上认识，在网上恋爱，最后决定见面，然后过渡到传统恋爱。

不同于其他自古以来就有的爱情模式，网恋是高科技条件下的特殊产物。进入 20 世纪 90 年代以来，现代信息网络技术的高速发展特别是互联网日益普及，使得现代人进入网络时代，网络生活开始成为人类以往从未体验过的一种新的生存模式。过去人们说，不会认字、不会写字被称作"文盲"，现在，不会上网即新时代的"文盲"。现在的年轻人，如果有不上网的，简直就是"文物"了。说白了，网络就是一个获取信息、进行交流的工具，工具是拿来利用的，谈情说爱是人类的本能，所以人们就很自然地利用网络作为恋爱的手段。于是，一种崭新的恋爱模式也就应运而生了。

从封建时代的父母之命、媒妁之言，到"缠缠绵绵到天涯"的自由恋爱，再到现在互联网上的"一场游戏一场梦"，不禁令人惊讶，当年的恋爱形式，从最开始的"掀起盖头才见真人"，到现在"关上电脑去见真人"，还多少有些异曲同工的味道。两者不同的是，封建时代的爱情，双方在见面前并不了解对方，而现在的"网恋"后见面，是对对方的情况有了了解和爱慕之后，才去见面的，后者的爱情成分更多，也就更为痴迷、疯狂。

南方网报道，一位母亲本来管教孩子上网，不料这位母亲却与网上恋人私奔。14 岁的女孩姜娜（化名）给《重庆商报》热线打电话：说妈妈出走的教训让她彻底醒悟了。以前她是垫江县某中学初二学生，初一时成绩在班上是第五名，初二时因为上网在班上已经是倒数第二。2007 年 11 月中旬的一天，正当她在网吧里偷偷聊 QQ 时，母亲突然闯进了屋子，吓得她连忙关掉电源。"网络究竟有多大的魔力，把你迷成这样？"母亲十分气愤地指责她。待妈妈气消些后，她给妈妈灌输了一些网络知识。在姜娜的示范下，她的妈妈便学着上网聊天。令姜娜万万没有想到的是，母亲从此迷上了上网，还经常向她请教，在网上一泡就是半天，有时还通宵达旦。到后来，母亲竟然告诉她，她在网上认识了一个叫"风"的人，很有个性，还说要去见面。1 月 18 日，母亲真的和那个叫"风"的男子见面去了，再也没有回家。

这个消息公开后，社会上一片哗然。身为人母，放弃家庭去寻找爱情，这在道德上无论如何是说不通的，但从向爱情朝圣的角度看，这位母亲的确可以称作"情种"级的"楷模"。"天网恢恢，疏而不漏。"这句话似乎成了真。有了网络，无数根无形的月老红线迅速建起，不论你身在何处，不论你在社会或家庭中扮演怎样的角色，都会被这个网络笼罩，甚至，为网络另一端那不知名不知姓的所谓"心上人"放弃自己现有的一切，如此爱情，超越时空，义无反顾。如此之网，真是魅力无限，引力巨大。

越来越多的"网络移民"，将爱情构建在小小的虚拟空间之中。《中国青年报》曾报道，上海一家酒店推出网上的"爱情公寓"，仅仅一个月左右，入住用户达 10 万人左右，其中以 20 ～ 25 岁的女性居多，最小的只有 16 岁。越来越多的美国妇女开始抱怨她们的丈夫花大量的时间在网上和陌生女人聊天，使她们感到前所未有的家庭危机。私家调查人员丹·格雷特说，他接手的案例中有 15% 的"桃色事件"祸起互联网；很多人沉溺于一个陌生人夜深人寂时的甜言蜜语，对身边那个为自己做一日三餐并将碗筷洗干净的男人或女人视若无睹。网恋，对我们传统的爱情、家庭观念和模式已经带来了颇具杀伤力的强烈冲击。

自从王菲那张《只爱陌生人》的专辑热卖，"只爱陌生人"成了网上最流行的话语之一。网恋尤其在大学校园十分流行，据某高校调查，一个宿舍有 7 个人，6 个人在网恋。有的同学甚至断言："凡是上网者都得经历一次网恋。"为什么网恋如此深入人心？让我们从心理学的角度，来谈谈为什么宁要"网与网"的幸福，不要"面对面"的痛苦，是什么让我们如此爱那"熟悉的陌生人"。

网恋，看上去是那样的虚幻、不着调，为何竟如此之普及且让人着迷，它那勾魂摄魄的魅力到底在哪里？且听我们一一道来。

1. 乌托邦：这里众生平等

有人说，互联网是座不设防的城市。任何人都可以走进它，从中获得自己想要的资源，也可以吐露心声，无所顾忌。当催眠师对被催眠者进行催眠时，为了让被催眠者完全信任催眠师，会进行诱导，以使被催眠者认为自己是无条件被爱、被接受的。在这样一个条件下，被催眠者才会将自己内心压抑的秘密和情感表露出来。可见，无条件的关注和尊重是表达真实自我的一个必要条件。

美国达拉斯"浪漫派对"婚介网络公司曾是世界上最大的网上约会网站，仅仅在两年的时间里利润就翻了一倍。该公司的副总裁特里希麦克得莫特认为，"现代人已经转向新型流动的生活方式，因为人们工作的时间太长，没有很多机会与别人交谈，相当一部分人上网是为了寻求建立某种在现实中得不到的人际关系。各种各样的人都可以无所顾忌地谈天说地，谈得好可以'掏心窝子'，谈得不对路，鼠标一点就走人，完全不用顾及对方的脸面。在虚拟社区里，创造一个从来没有过的生活环境，过一过他们从来没有经历过的生活。由于不用面对彼此，一向含蓄内向的人可以更加大胆热烈地表达爱情。更重要的是，互联网提供了一个最公平的交流场所，在这里，相貌、包装、社会角色与社会地位这些对人与人相处、相爱起到至关重要作用的因素统统略去。人们在一个非以貌取人、非以表取人的环境下相互认识、相互了解、互吐衷肠，这是一种绝对的公平"。

在现实生活中，人因为社会地位、长相、着装而被分出三六九等。《圣经》早有言，当人赤裸裸地站在上帝面前的时候，无论是高贵的王子还是街头的贫儿，我们都是平等的。人人平等，资源共享，这是有些经济学家、哲学家、社会学家早有的美梦，可称之为乌托邦。网络的出现让这一不可能的乌托邦成为现实。

现代社会人的心理压力日益加重，人们渴望宣泄自己的感情，网络恰恰提供了一个宽松的环境。像被催眠者对催眠师的信任的依赖和被催眠的环境的依赖一样，从整体设计上空间比较封闭，有助于帮助来访者放松自己，倾吐心声。现在，人们把对物理空间的依赖转向对网络空间的依赖，希望在那里找到真正的爱的表达和交流，以全身心投入一种纯粹爱情的状态之中。你瞧，坐在电脑屏幕前，敲着键盘，通过网络，我们好像来到一个良好的避难、攻击、发泄的场所。现实生活离我们越来越远，而一个理想中的乌托邦城堡近在眼前。

在网上交流时，不会因世俗意义的缺陷而自卑，不存在面谈时可能遇到的尴尬，这种独特的交流方式，将人们的心理空间压缩在键盘和屏幕之间，给人一种传统方式难以提供的亲密感和信任感，给人提供深层交流的机会。在网上的恋人彼此间少了生活的各种磕磕碰碰，多了不少随意和自由，尽享相爱，不受限制。犹如进入了全身心放松的催眠状态，类似于大学校园里的唯美爱情，体会一种远离世俗的高雅氛围。由于缺乏任何实际的接触，恋人们往往只靠网上谈天的直觉和自己希望的形象来描绘、想象对方，潜意识中为对方赋予了许多美好的特点，像是被催眠之后的意识状态，潜意识中过滤了金钱、容貌、身份、家世等外在条件。这是一种多么"纯洁而高尚"的爱情！尽管一直为虚幻所伴随。

再则，"网恋"没有国界、地域的限制。同时又能让人们被压迫的情感既得到宣泄又不暴露出自己的真实身份。有位作家说，在最内在的精神生活中，我们每个人都是孤独的。一方面我们害怕孤独，另一方面我们又借重这种孤独作为自我保护。在网络中，可以两全其美，正因为如此，网络给人以一种无可比拟的归属感。平常的恋爱是双方先见面，看着顺眼就继续交往，这叫由表及里；网恋则是由里及表，网上交流投机了，心灵有了感应才有进一步的发展余地。在这里，无论美丑，都有一样的机会，因此很多宅男宅女们选择了在网上放松，形容这里是最好的情感流露的挪亚方舟。因为它更坦率、更虔诚，也更放松。很多网恋者期望在"网络爱情"的虚幻世界中找到一位理想的白马王子或白雪公主，将自己从现实的生活压力中解救出来。现实中的恋爱往往不能摆脱恋爱所附加的各种社会因素，而"网恋"可以借助网络的虚拟性，充分利用网络通信的各种方式来表达感情，于是，本来我们只有一个生活在其中的真实社会，但网络带来了一个虚拟的社会，社会学家称之为"一种社会的裂变"。

然而，就像物理学家说的，绝对光滑的表面是不存在的，所以没有真正一直在匀速运行的铁球，但是在一段特殊的路段或时间内，通过外在的干预是可以匀速直线运动的。绝对完美的世界是不存在的，但是在特定的时间和空间内可以被人为地创造出来。网上的恋情不食人间烟火，很美很美，但禁不起现

实的摧残。在沉湎于网络之后，人们开始将幻想寄托在网络世界中虚幻的真实人物身上，这种精神寄托在现实生活中已经很难找。归根结底，这是一个乌托邦！不过，人在某些时候，需要进入一种全身放松的催眠状态，来缓解生存的压力。这个虚幻的乌托邦，在一定程度上，对我们饱经风霜的心灵是一种慰藉。

2. 网络才是我人生的后台

这是一个真实的故事：两夫妻不和，两人分房睡，各自上网并有了网恋的对象，谈得非常火热，终于在某天约定开房，到了开房地点的时候，才发现对方原来就是自己的另一半。两人不仅都恶心得够呛，而且哭笑不得。这个故事也让人啼笑皆非。从前是夫妻"床头吵""床尾和"，现在是夫妻"生活中吵""网上和"。为什么会这样呢？

网络上会演绎出三种人格。第一种是在网络中突出他的次要人格。比如说一个人由于性格和环境等原因，在平时可能是一个相对严肃的人，但是在网上却是一派诙谐，其生活中的表现和网上的表现让人很难对上号。第二种是在网络上变成他所希望成为的那种人。比如一个人的长相一般，身材很胖，在内心希望自己是一个窈窕淑女的形象，于是给自己起一个"纤纤草"的网名；有些人在生活中八面玲珑地周旋于各种场合，实则内心非常孤独，于是给自己起了一个"寂寞的角落"这样的网名。第三种是在网络上变成他不可能成为的那种人。有的人在现实中可能是积极、友好、顺应社会和有规可循的人格，但在网络中却可能是被动的、充满攻击性的，让人完全不敢相信生活中和网上的是同一人。网络给了人们一个表达自己其他人格的空间，像是咖啡馆里的涂鸦墙。有人这样形容网络："生活中的戏份被安排得太满，网上才是我人生的后台。"

现实生活就像是一个舞台的前台，在前台，我们按着某种社会规则和自己所需要的台词来进行表演，使得我们的表演与社会期望相符合，这是一种"理想化"的表演。当在他人面前呈现自己时，个体的表演往往遵从社会公认的规则，掩饰与社会公认的标准、价值和规范不一致的行为，因此心理学界有"人格面具"这一说。"人格面具"对适应社会、适应生活的确有帮助，但戴着它很累很累。

那份被隐藏的情感内容，都会在"后台"卸下妆后表现出来。于是，人们需要一个后台，展示那些在前台不被允许的自我冲动和被压抑的本我成分。而网络给人们一个充分展示另一面自我的机会，人们可以在网络中自由表现本我，在网络中不仅可以展示被隐藏的自我，而且还可以对自己的不满进行加工和修饰，塑造一个更满意的"虚拟的自我"。因此很多网恋者是属于自我表现型的。在生活中，人们都会在表达自己的过程中，采取我们认为与环境相符的策略，经营自己在他人心中的形象。而网恋者会投入大量的精力去经营网上那个"更完美的自我"。在网上经营自己认为更为完美的形象，这种经营不仅比在生活中的形象经营轻松、所需的成本更低，而且网络本身就具有一种遮蔽和再造的功能，也不会害怕"人格面具"的脱落，这就是为什么人们会选择一个自己希望成为的样子作为网名。在网上既可以展示自己在生活中的人格，又可以展示自己的虚拟人格。在网上虚设了一个自我，想以这个虚设的自我，获得在日常生活中没有获得的爱情或一种自我满足。

心理学中有一个螺旋法则，在网恋中的表现是这样的：在网上聊天的初期，有人赞扬你并通过电子邮件与你交流，表现出对你的兴趣，你会同样有被喜爱并受尊重的感觉。即使你从未与他谋面，只要能感觉到他喜欢你，你感受到了一种不可言喻的温暖，并给予同样的回报，下次交往时你会更加友好、更加热情，而那个人会觉察到这一点，因此更喜欢你，也会对你更好。也许你在生活中没有表现出来的人格，在网上得到了对方的赞扬，因此你感觉到了自己被接纳，被接纳的幸福让你也开始接纳对方，如此渐渐发展成了在生活中不可多得的默契。

在电影《电子情书》中，两人在网上第一次聊天的时候就彼此欣赏，后来越来越觉得彼此就是自己的知己。但是现实生活中，两个人却是商业上的死对头。后来经过一次见面，这对网上的知己发现对方竟然是生活中那个自己最不想见到的人。总之，网恋双方不见面的游戏规则会使人产生朦胧感，朦胧感为想象提供了无限的空间，因为人总是会不知不觉地将好的预期加在一件事物上，无法做出客观的评价。很多网恋者将所有的希望、幻想和期待都移植在网络的空间，对网络产生了深度的依赖，情感卷入程度深，无法将网上人格与现实生活中的人格灵活地转换，渐渐形成了自己的人格分裂或其他障碍，或者是网络孤独症。而且，网恋脱离现实，没有人与人之间那种真实的互动感觉，仿佛进入深度催眠状态而无法走出来，无法面对现实中人与人的交往，沉浸在网络中而不能自拔。

2000 年 3 月 7 日因迷恋网络爱情而投江自尽的福州女孩吴某在福州火化。吴某年仅 23 岁，生前系邮电系统一名员工。早在 1997 年即上网，并在"泉州 BBS"和"联众 BBS"上注册"小猫"和"小蓝猫"的网名（ID）。后来吴某与网友在网上发生争执，吴某负气出走，并在 BBS 上留下遗书托网友转交其父母，这之后经警方和网友等多方寻找未果，直至 3 月 4 日其尸体在闽江岸边被人发现，证实吴某已出走并于当夜投闽江自尽。事发后，各地网友反应十分强烈，全国各大 BBS 站点贴满了"小猫"的相关消息，福建网友还专门设立了纪念"小猫"的网站。"小猫永别了！"在殡仪馆的吊唁厅里，摆满了全国网友代表送来的花圈。

上网成瘾，像毒瘾一样，难以戒掉。网络中，网恋的双方互相展示个人的优点，而潜意识地将缺点掩盖。也将自己所认为美好的品质强加在对方身上，造成了对方十分完美的假象。实际上他们是被自己的想象催眠了，现实社会中本就没有完美的人，而在催眠状态中的人们，总归要从催眠中醒来，回到现实的生活中去。一味地沉浸在想象的世界里，过多的情感卷入，也未必是件好事。

3. 匿名：我们可以放肆

大多数人在生活中都是日久生情的，因而选择的恋人多是自己的同学、朋友、同事或邻居，选择的范围相对狭小。互联网可以让五湖四海的人们通过一根网线联系起来，扩大了人们的交友范围，因而选择的圈子也相对较大。将网络作为工具，首先在网络上认识，双方都有了进一步了解的愿望，这种交流了解慢慢发展成恋情，然后再通过见面形式，从网络走下来开始传统的恋爱过程，这是一般的网恋过程。

从事心理教育研究的专家发现网恋中的一些人抱着现实的目标，很认真地将网恋作为一种现实的手段，并会主动向网上的恋人说明自己的条件和要求。不愿浪费时间，通常沉浸在网恋阶段的时间非常短，更注重实际，很快见面，转为现实恋爱。因此这不在我们讨论的"纯粹网恋"范围内。

更多的网恋者是游戏型和追求浪漫型的。追求浪漫型的网恋者，在网上与恋人互诉衷肠，谈人生，谈理想，倾向追求唯美，思想独特。但关系仅仅保持在网上。除了在网上相恋，平时不写信不见面，不需要任何的物质条件，但可以给予对方精神上的抚慰，这样的爱情不受空间、时间、年龄、地位身份、社会舆论、身体健康状况的影响。游戏型的网恋者们只想在网络上体验一下好玩的感觉，对自己的言行不负责任。想说什么就说什么，有的人才聊几句就开始说"我爱你"之类的表白情话。还有一些追求时尚型和随波逐流型的网恋者，通过网恋来标榜自己的时尚意识，显示自己的时尚。对网恋的对方并没有真正的了解，只是暂时找到了一个倾慕的对象，聊着好玩，也没有进一步相处的心理。

这几种类型的网恋者几乎都具有一个共同特点：把网恋视为一种网络游戏。认为不必认真，不必对自己的言行负责。有人称，在网上进行网络情感交流，"不仅可以把现实社会的种种规则完全抛开，而且可以模糊性别和身份，把所有的事情都当作游戏"。有人还戏称，"网上聊天就像是西方万圣节那天举行假面舞会，每个人戴上面具，装扮成希望扮演的角色，频繁地与一个个心仪对象相遇，也许不是为了认识和熟悉他们，而只是为了交流一些我和他碰巧感兴趣的话题，这些话题不深不浅，保持着一种矜持和彬彬有礼，这种安全、新奇但没有深度的交流，像是美式的快餐文化"。

进入网络空间，每个人不再是他自己，而只是一个符号，只是一个 IP 地址，他在网上的身份可以有许多种，所表达的观点也不一定代表现实中的真我。不需要为自己的网上行为负什么责任，这实际上是人们社会责任感淡化的表现。网络的开放性为人们提供了无限的交往机会，但这种开放性的交往方式十分偶然，不必要建立一种长久的友谊。有些网恋者不仅周旋于和多个网络情人的游戏之间，更有甚者，骗网友出来见面，谋财的谋财，害命的害命。27 岁的小何说，这几天他遇到的事就像演电影，先是莫名其妙地在 QQ 上遇上个"外企女白领"，聊了 3 天后两人见面。见面 3 小时后，小何吓蒙了：这名女网友跟一起出场的另一个朋友，以喝酒像喝水的豪爽"海量"，把他看得目瞪口呆。短短 3 小时，那两人喝了 12 瓶红酒，其中 11 瓶由他埋单，火速花掉了 2.6 万元。澳洲新闻快讯上报道，一名 21 岁的男孩相继谋杀了好几名在网上以虚假身份骗来的女网友，这些被害的女孩都只有 18 岁。在被警察审问时，这个男孩竟然说，反正又不认识，杀陌生人好玩。

网恋中的超乎寻常的直率，视爱情为游戏而恶搞爱情，模糊性别和身份等行为之所以产生，共同的原因就是一个：匿名。心理学家对匿名现象有着深厚的研究兴趣，认为这是出现"去个性化"（丧失个性）的最重要的原因。请看美国心理学家津巴尔多的一项实验研究：

津巴尔多组织了一些小组，每组由四名女学生组成。他告诉她们说，她们正在参加一项关于人类移情作用的研究，要求她们对隔壁房间的一个女学生进行电击。学生们可以从一面单向镜里看到实验目标。实际上，被试目标并未受到电击，但她的哭喊、痉挛和痛苦的面部表情看起来却十分真实，以至于使折磨她的人认为，她们的电击正使她遭受极大的痛苦。津巴尔多的实验安排由四个女学生组成的各个小组在两种条件下实施电击。第一种条件，女学生穿上宽大的实验室工作服，用头巾包住面孔，相互之间不作介绍，在实验人员对她们解释这项实验的程序时，也不称呼她们的名字。此外，这种实验是在半黑暗中进行，这种环境叫"去个性化环境"。这显然是为了降低个性与责任感。

另一种条件与之相反。由四名女学生组成的小组都穿着她们平时的服装，挂上写有她们名字的标签。在给她们讲解要领时，研究人员有礼貌地用她们的名字称呼她们。房间里开着灯，照得很亮，小组成员互相看得很清楚。

实验结果表明：在第一种条件下对受害者电击的时间几乎是第二种情况下的两倍。

匿名，让人更放肆、更疯狂！

网络最大的特点就是匿名，所以在那里什么事都可以做，这也是让人对网络、对网恋着迷的重要原因之一。

4. 距离产生美

上海市某网络公司做了一项网恋情况调查，结果显示：网上恋爱成功率仅为 0.1%。虽然在网上海誓山盟，磐石不转的爱情似乎坚定，但是从网络真正走向现实生活婚姻的网恋少之又少。"网"事成真，固然不错。但是多数人在网上谈得火热，一旦俩人见了面或者一起生活就对对方大失所望。俗称"见光死"。为什么会有"见光死"呢？为什么"相见"不如"留言"呢？

在网恋中有很多人是受好奇心理的驱使，想试一试网恋的感觉。网上的恋人一般相距遥远，有的处在两个城市甚至两个国家，有的极可能就在隔壁。但由于不知道对方所在，心理距离仍是遥远的。那种心理上的距离产生了一种特有的安全感。就像我们所说的，距离产生美，距离也产生恋。当催眠师问处在催眠状态下的来访者，当下最想做什么的时候，很多处在现实压力下的来访者选择了远行，与现实所处在的地点拉开距离。很多人在网络的暗箱中爱得热烈，但是一到现实的阳光下就没那么好过了。

小张与女友网恋6年，在这6年间，两人身处不同的城市，互相思念。终于经过种种努力，两人走到了一起。立刻买房结婚，但是婚后没有1个月，两人都说被对方骗了，闹着要离婚。6年的恋情如纸上谈兵，到了真枪实战的时候，连1个月都不能挺住。两个人都令人出乎意料地表示：平时一下班就上网，在网上和你亲密，现在你就在身边，回家还要洗菜做饭，吃的口味又吃不到一块去，把我的生物钟都打乱了，还不如回到网上的时光呢。

七　网恋：在虚幻中满足

有人疑问，人们去恋爱，是因为有所期待，单凭网上的激情对白怎样实实在在地解决网恋者的"生理需求"？

商业社会最大的好处是，你有什么需求，就会有人提供什么样的服务。

现在欧美等国家开设了很多视频性爱网站，其内容是为网上的双方提供视频性爱的对象选择。在中国，这样的网络服务也发展迅速。它的构成是一个简单的数学公式：电脑＋网络＋摄像头＝视频性爱。这些视频网站非常受欢迎，甚至有的网站还推出了不同的主题，譬如"受虐吧""姐妹花"等。视频活动成为欧美国家网速缓慢的主要原因之一。对于视频性爱，存在颇多的争议，有人认为这样的网站破坏了互联网的生态环境。在国内有关的采访中报道，现实中有过性爱经历的一位先生，他认为，这就好比去一个地方，可以选择多种交通工具，现实中的性爱和网络中的性爱都是为人类的性活动提供的不同选择，虽然它们最终的目的都是能够带来令人愉悦的性高潮，而过程不同也让高潮体验不尽相同。

一位对视频性爱已经轻车熟路的女士说："很奇怪，现实中我从来没有与自己的性伴侣同时达到高潮，但是在视频性爱中，我做到了。"中国社会学界一位不愿透露姓名的人说道，对于那些暂无性伴侣的成年人群（如民工）而言，如何进行性的发泄肯定为他们所苦恼，性欲应该以疏导为主，不然就会产生一系列的个人和社会问题。因此，尽管此事还存在颇多的争议，但是它的出现就和安全套的发明一样，还是有一定的现实意义的。从某种意义上说，网恋还是一种低污染、高效能的生态文化和绿色文化。在网络中，人们更加合理地进行爱情资源配置利用，成本低，占用的只是电脑中的内存而不是现实的空间，也不失为一种环保的、低耗能的健康产业。

《心理月刊》上有篇文章说：爱是人类生活中最精致的东西，也最值得追求。精致的东西，自然要依靠稳定的系统才能完成。互联网作为承载爱情的一个新的载体和系统，其中存在很多虚幻的因素，但也不乏靠谱的爱情。有人认为，网恋者的眼里容易出"西施"，但西施养起来也贵，不如留着看看就罢了。一根网线，省去了鸿雁传书、柴米油盐，也是不错的选择。网络这个红娘，看不见、摸不着，却在你身边无处不在，一旦哪天被你遇上了，心理学家建议，一定要把过程看得比结果更重要。

八 闪恋：爱在一念之间

一见钟情，再而衰，三而竭。

——网络恶搞

闪恋，又称一见钟情。这是一个美丽的话题，这个话题总会引起很激烈的争论。有人认为那是浪漫的，一生可遇不可求的，是自己向往的获得爱情的方式；有人认为一见钟情并不可靠，不可能见了第一面就会爱一辈子，只有短暂的激情不会有长久的幸福。不管你持什么样的观点，一见钟情的场面不仅出现在荧屏上，而且也总是在我们的生活中一段一段地上演，已经客观地成为爱情方式的一种。

　　23岁的女孩晓晓，在一次朋友的聚会上遇见大她6岁的男孩才伟，顿时心生爱慕，平时大大咧咧的晓晓突然变得淑女起来，平时的大嗓门不见了，开始小声小气地说话，举手投足都仿佛变成了另外一个人。两人互留手机号码后，频繁短信联系，晓晓无论在做什么总是感觉手机在响，不停地掏出手机看。不知情的朋友以为她出现了神经问题，知道的朋友感叹目睹了一场一见钟情式的爱情催眠。

　　一见钟情，出自清末时期墨浪子的《西湖佳话》："乃蒙郎君一见钟情，故贱妾有感于心。"一见到你就爱上了你，在心中感慨无限。指男女一见面就产生爱情，比普通爱情来得更迅速，爱得更深刻，时间更持久。在电视剧《还珠格格》最后一集中，萧剑见到晴儿的一瞬间，发出了这样的感慨："众里寻他千百度，蓦然回首，那人却在灯火阑珊处。"不仅仅在影视作品中，现实生活中也总会出现这样的情景：扫过人群，喧喧闹闹，看见了那一张脸庞，从此便目光黏住，心中豁然开朗，然后迸发出爱情的火花。一见钟情是一种奇妙的感受和激情，会让人感到前所未有的狂喜和欢愉，一见钟情的人总是认为自己是世界上最幸福的人，尤其是在一见的那一刹那。在电影《非诚勿扰》里，舒淇和葛优第一次约会。舒淇对葛优说："一见钟情不是看，不是你一眼看上了我，我一眼看上了你。而是味道。彼此被对方的气味吸引了、迷住了。气味相投，你懂吗？"葛优的回答很搞笑："两个陌生人，萍水相逢，凑上去一顿乱闻，可能吗？"舒淇对此作出了精确的回答："不用凑上去，相同的味道隔八丈远，你都可以闻得到。不只是吸引，更是一种迷恋。其他的都排斥。"

可见，"一见钟情"不仅仅用眼睛看，还要有多种知觉通道的感受。一见钟情和普通爱情是有差别的。首先是时间之差。"一见"，即刚一看见之意，快到"瞬间、即刻"。对方的相貌一进入大脑，立刻产生反应。爱神丘比特的箭速有多快？答案是要多快有多快。美国心理学家研究发现，一见钟情只需3秒钟。普通的爱情要仔细观察，端详，试探，权衡，这工夫恐怕是3个星期甚至3个月都不能完成的。

其次是爱的程度不同。一见钟情后的人，马上便一心一意、非常明确、单向表达爱慕。这种钟情是深情的，尤其是当知道对方也钟情于自己的时候，便更全身心地投入，进入一种如痴如醉的状态，对方的一举一动、一言一行，对自己有震撼性的影响，情感波动很大，投入的理智成分较少。普通的谈恋爱投入理智成分相对要多一些：首先是"谈"，这得花上一段时间，谈得还不错便进入"恋"的阶段，然后恋到了一定程度才开始"爱"的阶段。一见钟情不一定会带来幸福，但却在生活中经常出现，而且很多人一直在追求着这样的爱情方式。很多人也通过这样的一见钟情得到了真爱。

心理学家指出，由一见钟情过渡到持久的钟情，是婚姻最牢固、最持久的匹配。

　　著名作家钱锺书的妻子杨绛在到清华大学借读的时候，刚到北京的当晚，就遇见钱锺书。两个人只是打了个招呼，便各自走开，一句话也没说，但是从此却彼此难忘。钱锺书表弟的好友费孝通一直在追求杨绛，表弟看出两个人的心思，所以告诉钱锺书杨绛有男朋友，又和杨绛说他的表兄已经订婚。但是钱锺书还是有意要和杨绛交往，写信把她约出来。见面后，钱锺书的第一句话就是："我没有订婚。"杨绛的第一句话是："我也没有男朋友。"后来两人终于走到了一起，开始了长达60年的爱情生涯，是中国文坛的一段佳话。

1. 丘比特与月下老人

　　所有进行闪恋或者崇拜闪恋的人，心中几乎都有一个信念：我们的婚姻冥冥中有神做主。西方有丘比特，本土有月下老人。信奉土的或者信奉洋的均可，反正他们都是神。这些神定下我们该和谁恋爱，该和谁结婚，因此时间长短不重要，了解程度也不重要。有人形容一见钟情的人们是被丘比特的箭射中了，因此才会发展得如此之快。因此才会有很多人在形容自己陷入爱情的那一刻时，用上这样的句子："丘比特的箭射中了我的心。"

　　既然闪恋者都崇拜这两尊神，我们还是来介绍一下他们吧。

　　厄洛斯是战神阿瑞斯和爱神阿弗洛狄忒（维纳斯）所生的儿子，罗马名字叫丘比特（Cupid）。奥林匹斯山的众神中，最叫人无可奈何的，就是小爱神丘比特。丘比特一直被人们喻为爱情的象征。相传他有一头非常美丽的金发，一张雪白娇嫩的脸蛋，还有一对可以自由自在飞翔的翅膀，丘比特和他母亲爱神一起主管神、人的爱情和婚姻。他有一张金弓、一支金箭和一支铅箭，被他的金箭射中，便会产生爱情，即使是冤家也会成佳偶，而且爱情一定甜蜜、快乐；相反，被他的铅箭射中，便会拒绝爱情，就是佳偶也会变成冤家，恋爱变成痛苦，妒恨掺杂而来。据说丘比特射箭时眼睛是蒙起来射，因此人们说爱情靠缘分。小爱神的箭无论神和人都抵挡不住，他曾经用金箭射向阿波罗，用铅箭射向达芙妮，结果令阿波罗闹失恋。很多的爱情故事都是因他而起的。他每天背着他的箭袋飞来飞去，一会儿把金色的箭射向这个，一会儿又把铅色的箭射向那个，搞得众神晕乎乎的，一出出爱情的悲喜剧就不断地出现。

　　本土的爱神是月下老人，简称月老。我们中国的爱神月老，便没有那么暴力，他是用红线牵住有情人，月老的红线将哪两个人搭上，哪两个人便相爱。月老的由来，还有一个美丽的传说。

　　唐代有一位少年叫韦固，一天他外出郊游，当晚在城南的一家旅店住下。晚上，韦固乘月散步来到后花园，见一位老人背着锦囊正在月下看书，忙上前施礼，问看什么书。老人笑道：《婚牍》也。韦固心想《婚牍》定是记载人间姻缘的书，又见那锦囊胀鼓且发红光，便叩问其中装了什么。老人微笑道："红绳子也。"韦固又问：红绳子何用？老人从囊中掏出一根红绳，当空一晃，只见一道红光在韦固的脚下绕了一圈，然后朝北而去。老人告诉韦固，此绳以系夫妇之足，虽仇敌之家，贫贱悬隔，天涯异域，此绳一系之亦必好和，终不可违也。韦固见自己的婚事已定，赶紧问自己婚配何人。老人答曰："店北卖菜老妪之女也。"说完就不见了。

第二天，韦固起早梳洗打扮一番，赶紧找到店北卖菜老妪，特意询问她的女儿，见到的却是一个蓬头垢面、面黄肌瘦、相貌丑陋的三岁女孩，不禁火起，竟拔剑刺去，女孩惊呼，老妪高叫，韦固弃剑而逃。

十几年过去了，韦固已成为一名武将，娶相州刺史王泰之女香娘为妻。洞房之夜韦固揭开香娘的红头盖，见妻子貌美非凡，又见眉心贴着一朵红纸剪的小花，问其缘故。听香娘叙说，方知香娘就是当年卖菜老妪之女。夫妻如梦初醒，从此恩爱有加，后子孙满堂，白头偕老至终。以后，民间就把"月下老人"当成司婚之神来膜拜（事见唐朝李复言的志怪小说《续幽怪录》）。

你看，人家月老说：此绳以系夫妇之足，虽仇敌之家，贫贱悬隔，天涯异域，此绳一系之亦必好和，终不可违也。这个绳子连起来的就是结婚的两个人，即使两家是仇家，贫富差距大，或是相距甚远的两个人，最终都会走到一起，这是不可违抗的天意。这话说得多有力量，让那些一见钟情的人可以毫无顾忌地去引用。

神是由人造的，是出自人的某种愿望而造的。陷入爱情的人们被美好的感觉所包围，无法用理性的思维去解释这样的感觉，于是宁愿相信有神灵的存在，将自己和心爱的人以某种方式绑定在一起。

并不是所有的一见钟情都能过渡到持久的婚姻。不然婚姻登记处那里，也不会有一半是去结婚，一半是去离婚的了。这些被丘比特的箭一箭射中的人们，有的是得到了祝福，有的似乎得到了诅咒，而月老的红线也往往有搭错的时候。被爱情催眠的我们，宁愿相信一见钟情的刹那是月老或丘比特的撮合，而随着恋爱的告终，又宁愿怪罪月老或丘比特乱点了鸳鸯，鸳鸯成了"怨""殃"，或是自己遭到了命运的齿轮的报复，也不愿意相信是自己的原因，尤其是当自己处于恋爱的催眠状态下，连自己是怎么想的都不知道了。下面我们就来分析一下让人又爱又恨的一见钟情的种种成因吧。

2. 生物学的原因

一见钟情，从生物学原因上看，是体内化学物质的迅速分泌所致。心理分析学家迈克尔·利博维茨在《爱的化学》中写道，人们常说"坠入情网"，我们这个物种从化学物质中所得到的奖赏，也许正是对这种说法的诠释。因为在这种状态中获得的巨大快乐，以及在性爱中的巨大快乐，似乎与某种化学物质的增多有关，这种化学物质可能是苯乙胺，一种类似于苯异丙胺的物质。这种化学奖励很可能就是使父母和其他成年人在照料婴儿时感到快乐的因素，也是相爱的人感到满足、快乐的原因。

在电影《女人不坏》里，介绍了一种化学物质费洛蒙，这种物质既可以通过在身上加入化学物质产生，也可以直接通过自身产生。正如《心理月刊》中某篇文章所说的：初次相遇，你和对方的身体就已经交换了很多信息。这就是信息素的作用。这是人类从爬行动物阶段继承下来的动物特质，一般分布在腋窝下、生殖器和乳头的周围，它所传递的信息会完全被对方一种腺素感知。另一种生理表现就是，当我们处在愉快的心情中时，会容易爱上你遇见的那个人，因为你会将这种美好的体验转嫁给那个人，认为是那个人带给你美好的感觉。心理学家巴甫洛夫认为，如果一种刺激必然会产生一种反应，那么可以将另外一种刺激和这种刺激建立联系，一旦建立牢固的链接，当另外一种刺激出现时，这种同样的反应也会出现。当在你的神经系统里已经建立了"这个人给我带来美好的感觉"这样一个反射时，这个人第二次出现的时候也会给你带来美好的感觉。以后的每一次出现，都会给你带来美好的感觉。

3. 非汝之美，美人之贻

　　哲学家亚里士多德说：美是比任何推荐信都有力的证据。外貌的美仅仅使人悦目，神态和风度的美震撼着人的灵魂。以此可见，容貌之美在第一印象中有如此重要的作用，无论是影视作品还是现实生活，一见钟情往往发生在俊男靓女之中。那些容貌平常者往往是因为风度、学识、才华等日久生情。古希腊名妓弗里尼被指控犯有不敬神之罪，审判时，律师解开她的内衣，法官们看见她美丽的胸脯，便宣告她无罪。或许这个故事有些极端，但是在遥远的古希腊，人们是尊重美、热爱美、欣赏美的。爱美是人类的天性，人们在美丽的事物面前往往是束手无策的。这个古代故事也告诉了我们，爱美之心，人皆有之，可见美丽的催眠作用是多么强大。

　　有些人因为拥有美丽的外貌，一下子便得到了对方的爱。在这里，首因效应的催眠作用必不可少。首因效应也叫首次效应、优先效应或"第一印象"效应。它是指当人们第一次与某物或某人相接触时留下的深刻印象。第一印象作用最强，持续的时间也长，比以后得到的信息对于事物整个印象产生的作用更强。人与人第一次交往中给人留下的印象，在对方的头脑中形成并占据着主导地位。我们对遇见的每个人，都会有一个第一印象，你会对有些人的第一印象非常好，觉得她怎么看怎么顺眼，总想留下联系方式日后继续交往。对另一些人的第一印象很差，觉得这个人"一看就不是什么好东西""一见就心烦"。对一些人可能没有任何感觉，见面之后很快就忘记了。第一印象在头脑中占有很大的分量。那些你看着顺眼的人，会一直交往下去。那些一见就烦的人，你会有意无意地躲着他（她）。那些没有留下多少印象的人，也不会在日后注意他（她）。

一个很有意思的例子是，著名台湾歌手伊能静在某电视节目中爆料自己的一段难忘的经历，小的时候家庭贫困，母亲把她交给养母抚养，由于很小的时候第一印象里的妈妈是自己的养母，在她稍微长大后母亲到养母家里看她，买很多的零食给她吃。她根本不认为自己的亲生母亲和自己有任何关系，心中还很纳闷："这个阿姨怎么总来我们家呀？"在母亲后来将她接回家里住之后，她还一个人走了 5 个小时，终于走回了养母的家里。在伊能静幼年很长一段时间里，她都坚信她的养母才是她的母亲。

在谈恋爱的过程中，两人初次相会，无论是相亲也好，邂逅也罢，最初的交往印象关乎着全局，最初的"印象"在一定程度上决定着两个人是否还会在第一次之后有第二次，是否还会有接下来的无数次。一般来说，对于男性来讲，风度和衣着会成为女性首因效应的重要因素，而对于女性，容貌和身材则占很大的比例。有人说，美是一张最好的名片。美丽的外表，成为一见钟情的撒手锏。但并不是所有人都是"表里如一"的。很多一见钟情的人后来抱怨"当初都是被你的美貌迷惑的"。

"唉，你这个妖精，用你的外表欺骗了我的感情！"无辜也好，有意也罢，为什么人们来不及关注对方的内涵，却对美貌如此的青睐？这是晕轮效应催眠了我们。

晕轮效应前面已有所介绍，是一种扩大化了的心理倾向。所以，尽管我们总是在强调，不要以貌取人，但是在潜意识中，我们已经有了这样一个秘密的概念：美丽的人是好的，丑陋的人是坏的。长相好的人各方面都应该顺利，丑陋的人身遭厄运也是情有可原，长大后我们用许多微妙的方式重复这样的信息，当一个潜意识中的信息被不断地重复的时候，我们的思想是在一定程度上被催眠的。因此当我们看见一个相貌很好的人，就会很自然地认为这个人的一切都是好的，爱屋及乌，也会喜欢他的一切。正如《诗经》所言："非汝之美，美人之贻。"并不是礼物有多美好，而是因为美人赠送我这礼物的缘故，可见，光环无处不在，并被附在事物上，这也是很多产品请俊男靓女来代言的原因。

另一种心理学效应是马赫带现象，马赫带现象是一种视觉现象，它是指人们在明暗变化的边界，常常在亮区看到一条更亮的光带，而在暗区看到一条更暗的线条。这就是马赫带现象。马赫带不是由于刺激能量的分布，而是神经网络对视觉信息进行加工的结果。同样，当人们量化爱情的时候，也不自觉地对爱情信息进行了主观上的加工。在有对比的情况下，优点可能会被无限放大，缺点也会被无限放大；而在没有对比的情况下，优点可能会被忽视，缺点也可能会被忽视。这和催眠状态没有什么两样，对爱情、对一个人的考察因此而偏差很大。

4. 谁触动了你无意识中的原型

弗洛伊德把人的精神活动比喻成海洋中的冰山，意识只不过是海洋上露出水面的冰山之巅，而在水下还有一个看不见的巨大的冰山的底部，它就是我们的潜意识。冰山在水下巨大的部分，就是当年享誉世界的豪华邮轮泰坦尼克号沉船的原因。泰坦尼克号的沉船让我们开始反思，不再完全相信我们的眼睛和我们的意识。当我们处于意识状态时，便能察觉我们内心的意识感知，能察觉我们内心的体验和感受。当我们处于无意识状态时，就无法真实感知那些被压抑的却真实存在的渴求和欲望。一见钟情，我们钟情的对象其实是我们潜意识中理想对象的一种外化。这个对象的轮廓早已存在于我们的潜意识中了，只是我们没有觉察到而已。弗洛伊德指出，我们只会遇见自己潜意识中已经存在的那个人。他认为，人们先是想象出未来伴侣的形象，然后才遇见他（她）。实际上，我们从小就开始在心里描绘对方的形象，甚至会具体到那个人的身高、体重、相貌、性格等细节性的东西。就好像一个导航仪，当我们第一眼看见他（她）的时候，他（她）的形象与我们脑海中不停浮现的形象相重合的时候，大脑马上兴奋了，而且我们也知道，我们终于遇见他（她）了。

心理学家指出，一见钟情式的爱情中埋藏着很多陷阱。一见钟情可能是两个人面对面的自恋，两个人被自己潜意识中的画面催眠，以为彼此就是真命天子，其实爱上的是自己头脑中的想象。所以很多人在分手之际，会说"当初我真是有眼无珠"之类的话。也许，对方从一开始就不是你想象的样子，只是我们自己在头脑中不断地把这个形象美化了，潜意识有修改信息的能量，我们在头脑中修改了这个形象然后再将它完美化，就像在电脑上进行photoshop 或光影魔术手之类的程序一样，将原来的照片加工修改，直至完美的影像呈现。我们将我们的恋人形象修改加工后，便与这个理想中的形象相恋，而不是对方本来的样子和性格。

荣格认为人的感觉分为两部分：意识和潜意识。意识是一种表层感觉，是自己可以明显感受到的。潜意识是一种深层感觉，是不知不觉的，自己不能感受到的意识。人格由意识、个人潜意识、集体潜意识组成，集体潜意识的主要内容是原型。在所有的原型中，最主要的是阿尼玛和阿尼姆斯。异性原型为我们建立起了一种无意识的标准，影响我们对异性的选择和反应。这一原始意象的基本功能就是引导人们去选择一个浪漫伙伴并建立一定的关系。我们在寻找爱情伙伴的过程中，是把我们的女性原始意象或男性原始意象投射到一个潜在的对象身上。"一个男人，在对爱情的选择上，受到与他本身无意识的女性原始意象最吻合的女性，即一个能够立刻接受他的灵魂投射的女性的强烈诱惑。"每个人对正在寻找的男人或女人都有一种无意识的意象。一个人越是和他（她）的投射标准匹配，他（她）就越愿意与这个人发展起亲密的关系。

在《红楼梦》中，贾宝玉和林黛玉总是对彼此有"眼前分明外来客，心底却似旧时友"的感觉。两个一见钟情的人，总是觉得自己从前在哪里遇见过对方，然而在各自显意识世界中从来没有见过对方，不了解对方。可是第一次见面，似曾相识、一见如故，认定彼此就是自己寻找的另一半，这是因为彼此的潜意识有足够的相似和相容。意识有停止的时候，可是潜意识总是不会停止，不断地为我们分析所接收到的信息，与相同的信息相容，与不同的信息相斥。对贾宝玉来说，林黛玉完全满足了他心中的女性原型特征。如果在彼此的潜意识中有许多交合的区域，他们就觉得彼此已经在自己的记忆中，有很多可以相互交流的信息，也许是过去有相似的成长经历，有相似的人生境遇，觉得心有灵犀，并称此为缘分；如果潜意识层面包含得少，即使意识中有彼此的存在，也很难有很多可以交流的信息，这就是我们所说的"没有缘分"。因此，酒逢知己千杯少，话不投机半句多。一见钟情是带有潜能的强烈欲望，是以本我为主导的吸引，一见钟情的人往往被一种莫名的、无法控制的力量所左右。人被这种动力催眠了，便不知身在何处。

5. 你正是我心中的爱之图

在心理学家看来，图式是从过去经验中得到的，对自我的认知发现，并组织自我和有关信息的认知加工。一个人的图式是由行为中最重要的方面组成的。当人们在某方面有足够的图式时，更容易在记忆中提取出有关信息。人们把各自梦想的对象储存在大脑之中，就像数据储存于软盘中一样，可称之为"爱之图"。人们在一生中，会遇到一些人符合自己的"爱之图"，于是迅速产生爱情，这是一见钟情的另外一个原因。这就是事实上甲比乙更适合你，而你却偏爱乙而讨厌甲的原因，因为乙更符合你头脑中的"爱之图"。婚后仍然有许多人和与自己"爱之图"有不同程度相似的对象相遇，并产生各种程度的婚外恋情。人将注意力集中在催眠视觉图上，很快就会进入催眠状态。将注意力集中在自己的"爱之图"上的时候，恰巧又遇到了一个与"爱之图"相似的个体，其被爱情催眠的速度就可想而知了。

爱之图有好几种类型，其中之一是亲原型爱之图，即恋人是亲人的替身，和这个人谈恋爱像是自己的某个亲人在身边，回到童年被关照的满足感中。这就是为什么有些20多岁女学生爱上60多岁的老教授，这个老教授一定符合她心中的父亲爱之图。拿破仑爱上比自己大6岁的有2个孩子的寡妇约瑟芬，因为她实在太像他的妈妈。

还有一种就是偶像型爱之图，这种情况经常在青年人群中发生。眼前这个人好像刘德华，天啊，我一下子爱上他了！这个人好像大S啊，我非追她到手不可。另外，兄弟姐妹爱之图在中国也是常见的，中国常见的婚配是男大女2岁左右，尤其在过去，总是称兄道妹，所以，在朋友或同事圈里听见两个人已经开始

"哥哥""妹妹"地称呼了，这就说明他俩已经离恋爱不远了。这在西方是不被理解的现象，人们会觉得这样的称呼是恶心的。但是由于我们特有的含蓄的文化，自由恋爱刚刚开始不久，在此之前恋情都是隐藏在"兄妹"的关系之中的，情侣之间也没有什么昵称，也不说什么亲爱的、我爱你之类的。在一个羞于表达爱的民族，兄妹是一个比较安全的称呼。因此称兄道妹后来结为夫妻的大有人在，有的人在婚后仍然以兄妹相称。

最后，还有一种是复合型爱之图，这种情况很多，比如有些人觉得这个人更像是自己的爸爸或妈妈，又像某个明星，在性格上又有自己外婆在世时的影子。在《国学堂》的一期节目中，梁冬说，每个人的内心都住着爸爸妈妈，爸爸妈妈的身上又分别住着爷爷奶奶、外公外婆。所以每个人的身上至少有 7 个人。看着一个人走在大街上没什么问题，但是很多人的问题都是这 7 个人不停纠结的结果。也可以说，很多爱情也是这 7 个人互相作用的结果。

6. 封建社会对生理欲望的压抑

在西方的小说中，一见钟情经常被作家无意识地否定。在《安娜·卡列尼娜》中，安娜与沃伦斯基一见钟情，却最后命丧铁轨；在《茶花女》中，玛格丽特与阿尔芒一见钟情，却最终郁郁而死。反观中国古代小说，一见钟情是被传为佳话的，而西方却相对采取了中立甚至批判的态度。为什么中国古代的小说里全是

一见钟情的例子呢？因为在自由恋爱不被允许的时代，男女没有多少机会单独接触，甚至见面的机会也很少，所以好不容易逮着个机会见到了一个相貌举止还可以的，就很容易发生恋情。人的本我被压抑久了，一旦有相应的导火索，就会使能量爆发出来。

赵宋以前，封建礼教对妇女的控制相对宽松，赵宋以后，存天理，灭人欲。这正是压抑人们本我的表现。人的行动虽被限制，但人的正常生理发育是不能被束缚的。长期受到抑制的本我能量很容易在一个相对允许的情况下突然爆发出来。所以，才子佳人的速配故事才不断地上演。有人说，现在的人们太物质化了，过去的女孩喜欢"才子"，现在的美女们都喜欢"财子"。你看过去女性倾向于有诗才的男子，而现在的女孩子们只关注男的开什么车，挣多少钱。其实不然，为什么过去女子重视诗才？因为几千年以来诗歌在中国有正统的地位，会作诗的人很快就会得到提拔，凡读过点书的都会写两首诗，朝野也到处弥漫着诗的气氛。隋唐以来，确立了以诗取士的科举制度，出类拔萃者都可以做官。才子金榜题名，佳人们也夫贵妻荣。因此，在不同的社会、不同的情景中，人们那颗脆弱的心灵会被不同的东西所吸引，被不同的事物催眠。

7. 小心情景催眠场

我们走在大街上，看似是一个人想怎么走就怎么走，想干嘛就干嘛，我行我素，其实，我们无时无刻不在催眠场之中。比如走到某些地方，我们不知不觉地会被吸引进某个店里，稀里糊涂地买了很多东西，回家一看有很多是自己不需要的，后悔莫及。相信很多人都有同样的经历。走在美国城市的大街上，我的一位朋友和我说："每次在逛街的时候我都觉得不买难受，但是回到家里又觉得买了难受。"为什么我们会不由自主地去买那些自己并不需要的东西呢？其实，我们生活之中到处都是催眠场。那些商店放着歌曲，做出宣传，营造出一种视觉、听觉和感觉的综合效果，即你的生活需要我们的产品，你购买我们的产品后会非常幸福，如果没有我们的这个产品，你的生活将是多么的荒芜可怜啊！许多并没有购买意向的过路人在潜意识里接受了这样的信息，像一个被催眠控制的人一样不由自主地将自己的钱包掏出来，购买这个感觉此生非要不可的商品。在"双十一"大购物期间，我的一位女友向我抱怨："唉，样样都半价，可是又没有我真喜欢的，但是因为是半价，总觉得想要买点什么。纠结啊。"这就是广告对人的催眠作用。把一个你并不需要的东西变成一个你迫切需要的东西，这是多么大的催眠力量啊。每个人小的时候都会有这样的经历，我们看电视广告上吃的什么好吃的，都会觉得馋，想一起跟着吃。这就是我们被电视催眠的结果，不知不觉地模仿他们的行为。因此广告才有它的意义，广告的催眠作用了不得，《中国好声音》热播，有多少人看了这个节目之后奔向小店去买其中做了广告的"加多宝"凉茶。这种无意识的信息会让你做出顺应这种信息的选择和行动。

看《白蛇传》，看《渴望》，人们就会更认可里面的人物，于是对白娘子这个形象就印象深刻，很多女孩子会爱上许仙式的人物。这就是偶像图式的作用。另外，人们常常沉溺于小说、电影中的场景，如果某些场景在脑海中反复出现，人们就会认为这种情况发生的可能性增大。于是这种反复出现的场景对我们产生了催眠般的作用。在我们的潜意识里，深深地印上了这些场景。因此社会上效仿电视剧、电影作品中一见钟情的青少年比比皆是。电影里总是不乏一见钟情的例子，因为电影里没有那么多的时间让主人公日久生情。而现实生活中却往往是一见钟情，再而衰，三而竭。

很多对一见钟情持反对意见的人是有理论依据的。一见钟情的最极致的表现是闪婚。英文 flash marriage，全称闪电结婚，是指情侣在恋爱后不久，甚至认识很短时间内就迅速结婚的婚姻，有些人戏称闪婚是"情感快餐"。在维基百科中称闪电结婚的对应词是闪电离婚。对于闪婚者，幸运的适合者会幸福相守一生；糟糕的不合者往往可能很快离婚，即闪离，最快的速度是认识一天之内闪婚闪离。据调查，闪婚的离婚率很高。美国著名舞蹈家邓肯与俄国著名诗人叶赛宁不顾家世、年龄差距而一见钟情，闪婚不久之后，因为各自性格等原因，相互厌倦，叶赛宁离家出走，不幸死亡；邓肯神志恍惚，在大街上围巾被卷进车轮，发生车祸而死。

一见钟情式的爱情有暴风雨般的疯狂，火一般的热烈，但不是日常化的，是身体和精神都处于高度催眠下的状态。如果人天天经历暴风雨，就会身心受损；天天起火，未免酿成火灾。因此很多一见钟情的男女无法经受平淡生活的考验，在日常琐碎中爱情衰竭了，并不是彼此不相爱了，而是从那种高度集中的催眠状态中退却出来，当年一见面所钟之情不再是那般猛烈。我们被一个人所吸引，我们把从儿时起就开始理想化的交融的关系投射到他（她）的身上：看到的不是这个人本来的样子，而是我们梦寐以求的一个人的样貌。一旦清醒过来，那些自以为和仙女同床的男人会发现身边躺着一个琐碎的悍妇，女人则会在她的白马王子身后看见一个不知廉耻的男人，这个时候就会开始披上受害者的外衣。梁咏琪在《康熙来了》节目中爆料自己的异国闪婚，说："到了我们这个年纪，知道自己要什么，所以一见钟情闪婚是合理的。但是要是回到二十几岁的时候，要是闪婚的话，不要说是家人，就连自己都要提醒自己要慎重才是。"

因此，一见"钟"情并不一定是一见"定"情。人的内心世界复杂多变，每个人的经历不同，成长环境和境遇不同，因此不管是受到丘比特之箭祝福的，还是遭受箭伤的，抑或是敞开心扉等待着丘比特之箭射中的人们，都要抱着理解的态度，从各式各样的催眠场中醒来，找到自己的真爱。

九　暗恋：秘密的美妙

　　这个世界上没有什么东西，可以比得上一个孩子暗中怀有的不为人觉察的爱情。因为这种爱情不抱希望，低声下气，曲意逢迎，热情奔放。这和成年女人那种欲火剧烈，不知不觉中贪求无厌的爱情完全不同。只有孤独的孩子，才能把全部的热情集聚起来。我毫无阅历，毫无准备，一头栽进自己的命运。

——《一个陌生女人的来信》

　　著名影星徐静蕾出演的电影《一个陌生女人的来信》，改编于奥地利著名作家茨威格的同名小说，人们看过之后，无不感叹这部作品印证了那句经典名言："我爱你，但与你无关。"
这是一个少女（徐静蕾饰）从小爱上一个中年男作家（姜文饰）
的故事。从 13 岁时第一次遇见这个男人，她就深深地爱上了
他，不知道怎样去表达爱慕的女孩一直暗恋着这个男人，对他
生活的细节记得一清二楚，对他出版的作品耳熟能详，买他的
每一本书就为了见到他的名字。恋了一辈子，始终没有勇气向
他表白，直到将死之际，才写了一封直到她死后他才会看到的
长信，告诉他，她一直恋着他的事实。她在信的开始就说："我
的一生，一直是属于你的。而你对我的一生，却一无所知。在
将死的时候，我不求你的爱，也不要求同情和慰藉，对你只有
一个要求，就是相信我写的一切。"这个男人读过信后，一声长
叹。这个电影以一丝遗憾的气氛告终。

其实，暗恋这个词，多少有些遗憾的意味包含在里面。暗
恋，即对另一个人心存爱意或好感，因为种种原因这种爱意没
法表白。通常所爱的对象并没有这样的爱意或好感，很少出现
双方互相暗恋的情况。暗恋是没有回报的爱。不表白的原因通
常不外乎胆怯、怕被拒绝、一方或双方已有伴侣，暗恋对象可
能意识到或没有意识到暗恋者的深情。暗恋现象在男性和女性
身上出现的概率相当，而在青少年中出现较多。英国心理学家
研究发现，在英国每年至少有 100 万人深陷单恋而痛苦不已。

也许，每个人或多或少会有一段暗恋的故事。也许是在情
窦初开的年纪，对某个异性产生羞涩的好感，或者甚至在早已
嫁娶的中年时期，对某个场合邂逅的异性甚至同性产生难以名

状却又无法表达的爱慕。英国心理学家研究指出，情感特别丰富的"情种"，甚至每年可能会单恋别人3到4次，60岁以上的老年人中也会有单恋者。英国有一位百岁老翁单恋上一名92岁的老太太而难以自拔，最后甚至计划与其"情敌"决斗。据统计，英国人每次单恋持续的时间长度平均为36天。

　　暗恋和恋爱不同的是，它是深藏在心底的一种爱，不想或不能让心中恋着的对方知道。不管未来有没有表白，有没有最终牵手，或是过去的爱恋，或者直到现在一直进行着，在我们的心里，这段恋情应该是特别值得回味的。有人说，暗恋是初恋的初恋，暗恋更多地发生在少年时期。成年之后由于社会性增强，人们逐渐开始表达自己的感情。但是对于我们来说，往往是那段没有表达的爱，像是回音一样，在我们的脑子里回荡，总是有一番特别的味道。中国是一个喜欢暗恋的民族，我们发达的诗歌散文，很多都是暗恋升华成文学作品的产物。下面是席慕蓉写的《一棵开花的树》。

　　　　如何让你遇见我

　　　　在我最美丽的时刻

　　　　为这

　　　　我已在佛前求了五百年

　　　　求佛让我们结一段尘缘

　　　　佛于是把我化做一棵树

　　　　长在你必经的路旁

九 暗恋：秘密的美妙

阳光下
慎重地开满了花
朵朵都是我前世的盼望

当你走近
请你细听
那颤抖的叶
是我等待的热情

而当你终于无视地走过
在你身后落了一地的
朋友啊
那不是花瓣
那是我凋零的心

成年人往往喜欢用性的眼光来看待恋情，往往忘记了少年时代的纯真。年少时纯真的爱情往往由于不能表达给对方而转化成文字或艺术中的哀伤之情。大作家歌德的成名之作《少年维特之烦恼》就起源于他自己的暗恋经历。每个人的心里，或多或少都有一支暗恋的歌。

为什么不表白爱呢？有的是因为自卑，怕受伤害；有的是因为一直是朋友，怕一旦表白就做不成朋友了；有的是因为生不逢时；有的是因为对方已经有了伴侣，于心不忍；有的是因为自己暗恋的人也正在暗恋着另一个人。唉，暗恋的原因包罗万象，宁愿留遗憾在心，也不愿说出那几个字来。这是何等的悲壮！马来西亚歌手品冠的歌里唱着：暗恋是一种礼貌。就连百度百科上也这样解释：暗恋是一种纯净古典的情感，古典的爱可以在寂寞中无声地生长，而洁净的爱可能会有盲目犹豫和创伤，但一定不会有任何的功利性和目的性。它无私心，仿佛为了信仰而存在。著名专栏作家连岳说：爱情是稀有物质。那么暗恋，可以被称作稀有的暗物质。暗恋的力量是一种聚集的能量，在一定条件下可以成为成功的动力。在英国心理学家的研究报告中披露，暗恋最重要的现实意义在于它可能会激发人的最大潜力。下面，我们就从心理学上看看为什么会有暗恋这种"甜蜜而忧伤"的力量存在。

1. 我爱你，你是我的影子

心理学家认为，暗恋是自恋的一种，是一种自我催眠。说到自恋，这里要讲一讲水仙花的故事：

自恋（narcissism）一词见于欧美文学作品中，直译成汉语是水仙花。这来自一个凄美的古希腊神话：美少年纳西斯在水中看到了自己的倒影，便爱上了自己，每天茶饭不思，憔悴而死，变成了一朵花，后人称之为水仙花。

　　精神病学家、临床心理学家借用这个词，用以描绘一个人爱上自己的现象。每个人都或多或少有自恋的情结，只是程度不同。那么自恋是怎么产生的呢？在出生之后 3 年左右，幼儿开始有了"我"这个概念。孩子出生之后，由身边的亲人尤其是妈妈照料着，妈妈会给孩子喂奶，爸爸会轻拍孩子，给孩子唱催眠曲。孩子在咬着妈妈的乳头吃奶时，不止是满足了生理需要，在吃奶的时候孩子看着妈妈，妈妈的眼睛看着孩子，其中的眼神交流让孩子感受到温暖和被呵护。这时，孩子虽然不知道自己是谁，但是，由于妈妈对孩子良好的照顾，孩子能够逐渐体会到"亲情"和"爱"。随着心理发育，孩子逐渐地能够区分出妈妈和自己是两个人，并在继续依恋妈妈的同时，在心里会出现这样的感受："妈妈是爱我的，因此我是可爱的。"即使妈妈不在身边的时候，也会有这样的意识："妈妈是爱我的"，因此"我很可爱"。这种由"妈妈爱孩子"的现实转化而来的"我很可爱"的感受，就构成人们心中最初的"自恋"情感。在整个童年的成长过程中，妈妈给孩子买好看的衣服，给孩子买好玩的玩具，陪在孩子身边玩，孩子一直可以体会到那份"我很可爱"的感觉。

　　尤其是独生子女的家庭，一个孩子可以体会到那种集万千宠爱于一身的感觉。由于周围的人在关注自己，自己也更加关注自己，滋长了"自恋"情感。在青春期时，由于身体的发育，心理上也逐渐与父母开始了分离的过程，我们生活的环境不再总是在父母和亲人的目光中了。我们开始对异性产生好奇和兴趣。看见某个异性在容貌或性格上与自己有相似之处时，就会产生类似于家人对自己的那种关注。比如一个女孩子喜欢画画，当她遇到一个画画很好的男孩子时，就会对这个男孩产生好感。又如一个男孩子喜欢打乒乓球，当他遇到一个乒乓球打得很好的女孩子时，就会产生共鸣，从而产生进一步的好感。这份与自己相似的经历或体验，就会让我们将"我很可爱"的那份情感投射到这个异性身上。潜意识中"郎才女貌"相配的情感油然而生。由于青春期心理的闭锁性，我们更倾向于将自己的感情藏在内心，因此这份"我很可爱"的情感转化成"他／她很可爱"。由于这种情感最初是指向自己的，因此我们无意识地将这份对"他／她"的情感也保留在内心。英国心理学家研究指出，很多暗恋他人的人是由于潜意识中"秘密地过分自信"。其实这是一种"自恋"的自我投射。

喝母乳长大的孩子，总要经过一段时间的断乳期。幼年时期，人们通过对父母和周围环境的评价产生一种"自我认识"，形成了一定的内在心理容貌。在青春期时，随着身体的发育，心理也过渡到了"断乳期"，他们渴望别人的爱，像刚刚断乳的幼儿还渴望母亲的乳房。这一阶段的渴望源于对自己的爱，于是人们会试图在爱情关系中找回这种缺失。很多人在确定了自己内心的恋爱对象时，这种对对方萌发的感情弥补了这种缺失，感觉对那个人的爱，让自己的心感觉更完整了，并没有与母亲真正分开。

　　另外，心理医生认为，12～16岁是孩子的"心理断乳期"，随着接触范围的扩大，知识面的增加，他们的内心世界丰富了，极易对父母产生"逆反心理"。他们认为自己已经长大了，对社会、人生有着与父母不同的看法，不要父母处处管自己，有一种离开父母远走高飞的想法。这是一种正常现象。即将独立的"我"和那个依赖着父母的"我"开始搏斗，在这个时期的潜意识里，找到一个理想的人，帮助自己和那个依赖父母的"我"搏斗，排除那些不好的"我"，留下那些好的"我"，最后形成稳定而同一的自我。有人形容暗恋是独角戏，其实并不需要暗恋对象的参与，只不过是"我"向外投射的结果。投射，顾名思义，就像是电影的投射仪把已有的内容投射到屏幕上，其实屏幕上是空的，什么都没有。但是我们看电影的时候，都会产生这样的错觉，即电影是从大屏幕上放映出来的。投射作用，是指个体依据其需要、情绪的主观指向，将自己的特征转移到他人身上的现象。投射作用的实质，是个体将自己身上所存在的心理行为特征推测成在他人身上也同样存在。所以，一个喜欢粉色的小女孩会将自己喜欢粉色这样一个概念，投射到自己喜欢的小男孩身上，认为他也一定是喜欢粉色的。心理投射是不理智的、不客观的，实际上，所暗恋的对象也许没有这样或那样的品质，它们只不过是暗恋者自己内心世界的产物，被暗恋的人暂时充当了电影的大屏幕，以供暗恋者可以时时关注到自己，产生一种类似于童年时期得到关注的满足感。英语国家有一句经典的爱情名言：I love you not because who you are，but who I am when I am with you。我爱你，并不是因为你，而是爱那个和你在一起时的我自己。这句经典名言恰恰证明了人们的自恋情结。

年少的时候，我们总是偷偷地喜欢上什么人，然后把这种细腻的心理感受写进日记里，在日记本上上锁，甚至有人写过之后撕掉烧掉。在很多情况下，写日记表达恋情可以记录当时的细腻的内心感觉，比如幻想彼此牵手相爱的样子，这可能是出于对恋人的爱。但从动机层面看，可能是为了满足自恋。因为以往那个依赖着父母的"我"，一直是家庭生活中的主角，有来自四面八方的关注。我们现在形容独生子女是家中的"小太阳"，所有的行星、卫星都夜以继日地围着这个"小太阳"转。因此，我们一直有这样的观念——"我很重要"。我们一旦来到学校，或者踏入社会，不再有人那么无条件地关注你，保护你，自己不再是那个主角，于是便将自己写进日记里，因为在日记里有各种各样的人物关系，作者却永远是主角。

美国洛杉矶的两位心理学家马克·扬和德鲁·平斯基曾经对2000名好莱坞明星做了《自恋性格问卷》的调查，从调查的结果来看，越是没有一技之长的人就越自恋。因为没有一技之长，但又想出名，迫使他们不遗余力地表现自己。同样地，如果一个人的实际生存技能越多，那么他的自恋倾向也就越少。这也可以间接说明为什么暗恋容易发生在青少年时期。随着日后的成长，我们的生存技能增多，表达自我感情的渠道也增多，因此减少了自恋发生的可能性。日本小说《伊豆的舞女》便是一个从头到尾贯串着暗恋的日记，主人公和心中暗恋的对象刚开始交往时，慌慌张张，词不达意。明明是想跟熏子聊上几句，却故意和别的女孩搭话，好不容易有勇气和她搭话了，却又不知从哪里冒出不该说的话。暗恋往往是单恋，而单恋大多是一场情感误会，将自己的感情投射在别人的身上，是人们"爱情错觉"的产物。如果仅仅将这份"自恋"记挂于心，也没什么大碍，一旦将感情过多地投射到自己暗恋的对象上，就可能做出不合理性的事。

　　大一女生婷婷在图书馆遇见一位帅哥，一下子被对方的帅气迷倒，但是一直没有和对方说话。由于经常坐在帅哥的座位附近，婷婷觉得这个帅哥似乎也在偷偷观察自己，经常趁翻书的时候偷偷瞄自己。后来觉得旁边所有男生都在偷偷瞄自己。由于受不了被众多人"暗恋"的目光，婷婷无法再去图书馆学习，平时必须戴上口罩，以防止自己的"美貌"外露。后来即使在夏天也戴着口罩，老师觉得异常，最后将其带入心理咨询室寻求帮助。

很显然，婷婷把这份暗恋投射到周围的人身上，产生了错误的自我暗示，在这种错误的自我暗示不断地重复夸大下，产生了错误的幻觉。这和被催眠者在催眠中根据暗示产生幻觉的状态是一样的。催眠中的幻觉分为正幻觉与负幻觉。所谓正幻觉就是被催眠者在催眠师暗示下听见、看见或感觉到本不存在的东西，很多被催眠后的人还会将这些眼前并不存在的东西描述得栩栩如生。负幻觉就是被催眠者在催眠师暗示下知觉不到现实存在的东西。在一次德国的催眠秀上，催眠师让被试者的爸爸站在儿子的对面，然后进行催眠，暗示被试者看不见他的爸爸，结果被试者在被催眠后睁开眼睛，真的看不见他的爸爸了，但是令人惊讶的是，他依然能读出父亲手腕上那块表的时间。

还有一种心理学现象是鸡尾酒会效应，这种效应指的是大脑对外界刺激的一种筛选功能，跟自己有关的，会迅速反应；无关的，不会进入。就好像是在鸡尾酒会上，在很嘈杂的环境中，人们谈论什么似乎都是听不见的，人们似乎是被这种嘈杂的环境催眠了，处在一种意识放松的状态。别人谈什么自己都不会去在意，但当别人喊自己的时候，自己会马上做出反应。当陷入暗恋的人将对自己的爱投射到暗恋的对象身上时，当有意无意地在人群中听到谈论关于他／她时，就会立即开始注意，表现出极大的兴趣。在电影《一封陌生女人的来信》中，江小姐（徐静蕾饰）人过中年，在嘈杂的社交场合上再次遇到她暗恋的徐先生，她虽然表面装作毫不在意，但是无时无刻不在观察着他的动静，并在适当的时候创造与他正面交谈的机会。

因此，无论在什么样的环境中，我们的潜意识会帮助我们只看到我们"想"看见的东西。社会心理学家认为，生活方式越开放的地区，暗恋和单恋会越少。生活在有多种生活方式的地区，人们更容易找到自己表达的渠道和出口，人们的交际面很广，更容易增加恋爱对象的选择机会。

2. 你是我心灵的救世主

据报道，2007年3月初，杨勤冀一家三口筹足旅费，申请到3月7日双程证赴港"个人游"。到香港后，杨勤冀和妻女到歌迷会约见偶像刘德华未遂，曾到特首办请求帮助。经特首办安排，又去文化中心查问，得悉3月25日晚刘德华会出席一名忠实歌迷的生日会。25日，一家三口及时赶到歌迷生日会现场，但因参加者达300多人，无法与偶像单独相处。会后，杨勤冀情绪激动地拦车要求刘德华稍作停留，与女儿单独相聚，但未能如愿。当晚，杨勤冀一家三口在尖沙咀一家通宵营业的麦当劳快餐店"借宿"。趁妻女睡着时，杨勤冀写下10页遗书后跳海，至27日天亮被人发现在海运码头溺死。杨勤冀跳海身亡后，痛失至亲的妻女身上仅剩下1000元，且双程证的时限也已到期，必须离港。3月27日，杨丽娟和母亲到湾仔入境处申请延期。因为始终未能与刘德华独处而感到莫大失落，又因为父亲跳海身亡，杨丽娟在当天接受媒体采访时悲从心起，突然冲上马路欲轻生，幸而被在场记者及时阻止。

事后据杨丽娟讲，她喜欢上刘德华，源于1994年2月一个晚上的梦。当晚，杨丽娟梦见自己的房子里有一张刘德华的照片，照片上左右分别写着：你这样走近我；你与我真情相遇。正是因为这个奇怪的梦，使得当时只有 16 岁、正处于花季年龄的杨丽娟喜欢上了刘德华。12 年后，杨丽娟回忆起当初的那个梦时，情景依旧那么清晰。在这 12 年里，刘德华的影子几乎出现在她的每一个梦中。杨丽娟昼思夜想，失眠、吃不下饭，甚至把自己关在房子里，不与任何人说话。每天除了欣赏刘德华的电视演唱会外，就是从各种娱乐杂志上剪贴刘德华的相片。12 年里她不仅荒废了学业，而且断绝和男女同学的联系。她的房间里到处都贴着刘德华的宣传画，所用的手机也是刘德华代言的品牌。不仅如此，在这 12 年里，杨丽娟多次给刘德华写信，甚至去北京通过文化部转交她写给刘德华的信，但她等到的却是失望。其实，杨丽娟最大的愿望就是能够和刘德华见一面，并得到他的签名。多次努力失败后，杨丽娟的精神处于近乎崩溃的境地，多次有过轻生的念头。

杨丽娟的母亲由于体弱多病一直没有工作，67 岁的父亲是中学退休教师，每个月 1900 元的退休工资，不仅要维持一家人的生活，还要还因女儿追星而欠下的账。提起女儿，心力交瘁的杨母几乎要瘫倒，她说，现在家中唯一值钱的东西就是用来看刘德华演唱会的 25 英寸彩电。起初，杨丽娟的父母对女儿的这种痴迷行为多次进行劝说，但他们的苦心不仅没有得到理解，反而被女儿误解，与女儿产生了很深的隔阂。看着每天精神恍惚的女儿，他们的心在滴血，于是他们不得不将对女儿的劝说变为支持。两位老人所承受的不仅仅是高额的债务，还有女儿后半生的生活压力。因为杨丽娟曾对父母说过："如果今生见不到刘德华，我决不嫁人，而且也没有活着的勇气和希望。"追星到如此地步，可以称得上古今奇观了。

从这一极端的例子中，我们多少可以看出明星效应在年轻人身上的作用。因为很遥远，所以根本就是不现实的事情，只有在心里默默地喜欢。这种暗恋的关系一开始就是不平等的。因为你只能仰望对方，不像两情相悦的情人，能时常一起接触，深入地去了解对方，了解对方的缺点，知道对方也不过是平常人，吃喝拉撒，和所有人一样，没有什么特异功能。可是当双方的地位不平等时，一方越是仰望，就越只看到优点，就越想和那个人在一起。很多暗恋的对象，就像爱情小说或言情剧中的男主角，只是你理想的对象，当你在现实中受到挫折，情感低落的时候，会希望暗恋的人像救世主一样来解救你，仿佛有了这个人，所有的困难都不会再有，以此来逃避现实中需要解决的问题。这种只有在虔诚的信徒身上才可以看见的狂热，往往会出现在某些追星族的身上。自己狂热恋上的对象对自己一点都不知道，甚至一辈子都不可能真正有交集，而自己执着地爱对方，追求对方。这种恋爱，是纯粹的单相思。这种近似于宗教的狂热般的暗恋，在潜意识深处其实是一种不劳而获的心理。在成长过程中每个人都会面临不同的问题，不去现实地面对问题，而渴望用暗恋中可望而不可即的偶像来将自己带离困境，这是不现实的。这是一种处在催眠中的意识扭曲状态。在潜意识里，他们也知道这样的恋情是不可能的，只不过用这种在不可能发生的事情上的情感投入来当作自己回避问题的借口。

3. 把萤火虫当作太阳

心理学家说，一个暗恋者，总是陷入他的情境中，不愿意走出来，这是一种纯粹的单向的愿望，是一种错觉在暗示鼓励自我，是一种逃避和害怕被遗弃的心理因素在暗示自己。自我暗示指的是通过主观想象某种特殊的人与事物的存在来进行自我刺激，达到改变行为和主观经验的目的。妄想型的自我暗示较多地出现在性格内向、敏感、富于幻想、自卑感强的人身上。首先是自己爱上了对方，并明确暗示自己已经恋爱了，于是希望得到对方的爱。由刚开始的希望，变成越来越希望，在这种具有弥散作用的心理支配下，就会把对方的亲切和蔼、热情大方当作爱的表示，并坚信不疑，常常独自幻想，用崇敬和想象来如痴如醉地编织关于和对方在一起的甜蜜而迷人的梦境。因此，一旦收到对方的一点点回馈，也许是礼貌的，也许是出于友谊的，也会将之放大，成为增强这种自我暗示的线索。由于觉得对方爱自己，就常常把对方的言谈举止按照自己所希望的那样去理解。对方的一句无意的话语、一个无意的眼神或表情，都牢记于心，长久地欢喜或激动。

　　台湾的一名女大学生某天到医院，说自己怀孕了。医生在反复检查之后，没有发现任何怀孕迹象。可是这名女生仍然坚信自己怀孕，并且说自己怀上了男老师的孩子。说自己最近一直恶心，腹部感觉和以前不一样。无奈之下，她只好去寻求心理医生的帮助。医生在征得这名女孩的同意下对其进行了催眠，引导出女孩内心的回忆……
　　女孩暗恋自己的男老师很久了，终于有一次去老师办公室，老师出于礼貌，请她坐下并给了她一杯茶，她立即觉得老师一定是对自己也有了意思。老师已经结婚，一直没有孩子，女孩认为如果自己能怀上孩子，老师一定会更加爱自己的，于是在喝了这杯茶之后，女孩认为和老师已经有了亲密接触。在不断的心理暗示之下，女孩仿佛被自己催眠了，之后就出现了身体的症状——恶心呕吐，腹部隆起。经过不断地重复和暗示，女孩更加坚信自己怀上了老师的孩子。

　　其实，这并不是这名女同学编造的谎言，因为她自己的身体也有了怀孕的相应反应。热恋老师，自认为对方对自己也有

光亮之处
你一定能看到
自己的影子

情，错认为这种恋情是"双向"的。催眠暗示在人类的生活中具有很大的作用。人在清醒状态下暗示也有作用，但在催眠状态下，暗示的内容进入潜意识领域具有更强大而持久的威力。催眠状态下的暗示，不仅能够改变身体的感觉、意识和行为，而且还可以影响内脏器官的功能。在深度催眠下，被催眠者出现的幻觉还会在生理上产生不可思议的结果。以正幻觉为例，最极端也是最常被人注意的例子就是皮肤灼伤试验。催眠师拿着一支粉笔，暗示说这是一支点着的烟头，然后去"烫"一下事主的手臂，之后事主的手臂会有烫伤。在此暗示下，被催眠者会在粉笔触碰到自己的手臂时，猛然躲避或惊叫，觉得确实被"烫"着了。更加令人惊异的是，一段时间后，被粉笔触到的地方真的会出现灼伤痕迹或水疱。

听起来不可思议，像是孙悟空的七十二变，人在催眠状态下，生理状况会改变，这就是"假性怀孕"会产生的原因。所谓"假性怀孕"是指女性出现一些类似怀孕的症状，如月经停止、恶心、呕吐等，甚至还会有自觉胎动及腹部胀大的情况出现，但事实上不是真正的怀孕，且在超音波下根本看不到任何子宫内或子宫外的妊娠。临床上发现，有些病人会在月经刚过没几天，就因为恶心、呕吐等现象前来门诊，这些病人已有好几次类似的就诊记录，而且并没有真正怀孕。此时，病患有可能是假性怀孕。假性怀孕是自我催眠的一个极端例子，但是，在一定强烈的重复暗示下，人的生理状况会发生改变，这样的例子屡见不鲜。

作为一个暗恋者，一厢情愿地想将这段关系维持下去。对自己的感情看得很重，认为自己是真心实意的，应得到对方的回报，并且非常投入自己想象的情景中。有时候，我们读一本小说，读着读着自己也变成了书中的人物，并且幻想着如果自己是书中的人物会怎么样。适当的想象可以让我们从疲劳的生活中走出来，缓解心理压力。但如果是过度的白日梦，就会造成幻想和现实世界的混淆，令人无法分清幻想和现实。极端的暗恋者在某种情况下和妄想狂无异。妄想是一种不理性、与现实不符且不可能实现的错误信念。它包括错误的判断与逻辑推理。即使把事实或已经被完全论证的理论摆在妄想者的面前，也很难动摇他的信念。妄想大都出现在精神病状态下，如精神分裂症。妄想的内容多种多样，有被害、物理影响、夸大、罪恶、嫉妒、钟情、疑病等。

一名大三女生某天说自己是亿万财产的继承人，说自己有一位远房表亲在国外，膝下无儿女，有亿万资产无人继承，当自己得知即将成为遗产继承人时，非常焦虑，觉得这是一笔意外之财，应该交给国家处理。由于逢人便讲此事，终于人尽皆知。后来人们才发现，此人家中其实很贫困，根本没有任何远房亲戚，所有的故事都是她一个人幻想的结果。其实，并不是这个女孩有意撒谎，而是她已经无法分清现实和幻想的区别，产生夸大妄想。在电影《美丽的心灵》里，那个创造出博弈理论的数学家，就存在被害妄想，总是怀疑有人在跟踪他，企图关押他，迫害他。欧洲曾经有这样一个冤案：某传教士到一个小村庄传教时，没过几天，全村的妇女都指控这个传教士强奸了自己，由于人数众多，当地政府不得不将牧师判处徒刑。十几年后，人们才知道事实，原来全村的妇女都被这个传教士的风采所迷住，于是暗暗希望与他发生点什么。当其中一个妇女开始指控时，其他妇女也纷纷觉得自己被强奸了，跟着指控这名传教士。其实，这名传教士什么都没有做。这件事情的发生，并不是全村的妇女有意陷害这名传教士。谁会陷害自己爱的人呢？这其实是一种情绪感染，也称群体性癔症，即癔症的集体发病或流行性癔症，它是癔症的一种特殊表现形式。这种情况大多发生于如学校、寺院、相对封闭或集中的工厂，以及其他公众场所中的人群。最初有一人出现癔症发作，周围目睹者的精神受到感应，相继发生类似症状。由于人们对这类疾病的性质不了解，这一群体常会有广泛的紧张恐惧情绪。在相互暗示和自我暗示的影响下，癔症在短期内暴发流行。

　　这些幻想恰恰发生在一些内向自卑的人身上，对暗恋的对象有着不能磨灭的敬畏和爱护之心，由于怕说出口之后被对方拒绝，于是他们潜意识里不停地为自己编造这样一个假象：对方也是同样热烈地爱着我的。

4. 爱在心头口难开

一双乌黑的眼睛朝我凝望

它们是我的天下，我的家，我的欢畅

那双眼睛热情洋溢

一派天真的宁静

在人间它们永远不会被遗忘

——安徒生

　　著名的童话大师安徒生，为世界各地的孩子营造了一个美丽的理想王国，每个人的童年都不能缺少安徒生，有很多孩子还盼望着："要是我有安徒生做爸爸多好啊！"但是鲜为人知的是，安徒生本人不仅没有孩子，而且终身未娶！安徒生一辈子喜欢过的女人不少，都以一直暗恋没有表白而告终！最长的暗恋竟长达14年！

　　安徒生暗恋的女人们也并不是对安徒生一点意思都没有，有的甚至天天见面，彼此稍露爱意。但安徒生内心自卑敏感，不敢表白，竟一次次地错过了，直至70岁还是单身一人，郁郁而终。安徒生已经是享誉世界的童话大师，以我们今天的眼光来看，他竟然不敢向女人表白，简直不可思议。

　　心理学中有一个成就动机理论，是由美国哈佛大学教授大卫·麦克利兰（David Mcclelland）通过对人的需求和动机进行研究，于20世纪50年代提出来的。麦克利兰把人的高层次需求归纳为对成就、权力和亲和的需求。他对这三种需求，特别是成就需求做了深入的研究。他指出，个人的成就动机可以分成两部分，其一是力求成功的意向，其二是避免失败的意向。

也就是说，成就动机涉及对成功的期望和对失败的担心两者之间的情绪冲突。比如，当追求成功的意向占上风时，人们往往会选择相对有挑战性的题目来挑战自己；当避免失败的意向占上风时，人们会更倾向于选择容易的题目。

　　此理论在恋爱界也适用：当你更多的是想追求成功时，就会大胆地向对方表达出你的爱慕；当你避免失败的念头占上风时，你更会将自己的爱慕藏之于心。当你对一个人有好感，怕这个人对你没感觉，最多只能做个朋友，做不成日夜相守的夫妻，所以不敢表白，害怕表白被拒后连朋友都做不成，所以只好默默守着一份不能公开的感情。即使在外人看来，这个被暗恋的对象不像当事人眼中那样完美，可是在暗恋者的心里，没有人能比得上这个人。这个被暗恋的对象在暗恋者心中是一道相对较难的题。回避失败的心理会导致他不去做这道较难的题。对于表达与不表达的选择，更多的是怕破坏内心的美好，与其冒这份险，不如留给幻想，永远生活在梦里。一旦表达遭拒，恐怕连做梦的机会都没有了。由于怕彻底地失去，宁愿不去冒险，尽管这种冒险可能促成一定的恋爱的进展。为什么有人成就动机高，有人成就动机低呢？阿特金森认为，最初的成就动机的高低与孩子生活在其中的家庭或文化群体密切相关，特别是受幼儿期的教育和训练的影响。

　　大鹏讲述了一件让自己一生都后悔的事。一次出差，在火车上遇到了一个美女，这个女孩不仅美丽，而且善解人意。两个人聊得非常投缘，但是直到那个女孩下车，大鹏都没好意思向她要电话，没好意思问姓名。后来回到家和朋友聊起此事，大鹏悔恨不已。朋友们对这个经典情节不但没有同情，反而说"你早干吗去啦？""活该"。

爱是需要表达的。表达出来后，你自己就没有负担了。不然，你会带着负担过一辈子。在法国著名作家莫泊桑的小说《项链》中，小公务员的妻子玛蒂尔德为参加一次晚会，向朋友借了一串钻石项链，不料回家途中不慎丢失。她只得借钱买了新项链还给朋友。为了偿还债务，她节衣缩食，为别人打短工，整整劳苦了十年。最后得知所借的项链是一串假钻石项链。

小说戛然而止，读者的心头不免有一个疑问，假如她当时说出真相，情况又将是如何呢？她的生活还会是那么苦吗？所有人都在为玛蒂尔德惋惜。

暗恋者固然会体会到一种深刻的快乐，但更多的是体验到一种无边的痛苦，因为他们无法正常地向自己所热恋的他／她表达自己的爱意。这种爱意留在心底，是一去不复返的爱，总也没有回馈。但是，这并不能否定暗恋这一过程的美好。美好的暗恋像一杯茶，真正喝到嘴里了，也许会很苦，不如闻着香。其实，留着一缕茶香在心里，时不时地拿出来满足一下自己的嗅觉，何尝不是一件福至心灵的美事呢？

十　忘年恋：因相知而忘年

2004 年 11 月，82 岁的诺贝尔物理学奖获得者杨振宁突然宣布迎娶 28 岁的翁帆，引起了全国的轰动。

其实，忘年恋在名人的圈子里，不是什么稀奇之事。著名影星谢贤和他 23 岁的女友 CoCo 年龄相差 48 岁，年仅 23 岁的"跳水皇后"伏明霞嫁给了 50 余岁且腰缠万贯的香港财政司前司长梁锦松，63 岁的世界著名婚纱设计师王薇薇（Vera WANG）的新男友是 27 岁的美国花样滑冰奥运冠军雷萨切克。当年拥有巨额私人财产的美国传媒巨头默多克执意要与比自己小 38 岁的华裔女子邓文迪结婚，并愿意以 17 亿美元的代价和前妻离婚时，不仅他的前妻和孩子们难以理解，就连他的发言人霍华德也瞠目结舌地表示："我唯一要说的就是没什么可说的。"对于这些让当事人发疯、让旁观者感叹的忘年恋，众说纷纭，各种猜测蜂拥而至。有些人认为他们或是图钱，或是图利，或是有的人遭受家族的逼迫身不由己。多年以后人们对宋美龄和蒋介石的婚姻这样评价："权力和政治的完美结合，当然，还有爱情。"

忘年恋，是指年龄悬殊的男女之间所产生的恋情。或许是大女人爱上小男孩，或许是小男孩爱上大女人，或许是大男人爱上小女孩，或许是小女孩爱上大男人。当然，同性之间的忘年恋也是存在的，比如古希腊时期的智者与美少年。其实，忘年恋并不仅仅发生在名利场，在普通百姓的生活中，也屡见不鲜。某村33岁的小伙张某宣布非那位66岁的老太太杨某不娶，闹得家中邻里沸沸扬扬，经村长出面调解也没有用。人们只好依了他们的心意，风风光光地办了场"老少恋"的喜酒。老太太并没有多少积蓄，也不属于"风韵犹存"的老美人。小伙子也家境贫寒，长相一般。村民们说："看来让他们俩死活非要在一起的原因，也只有爱情了。"我们这里讨论的忘年恋，是除开那些带有目的性的、功利性的恋爱，我们只谈那些真正的忘年恋。看看到底是什么样的爱，可以令人们爱到忘记年龄的差异。

著名"秦淮八艳"之一柳如是，嫁给大她34岁的钱谦益，俩人你侬我侬时，年近60岁的钱谦益说："我爱你的黑发白面。"而24岁的柳如是说："我爱你的白发黑面。"这些对话一直传为令人心醉的佳话。从心理学的角度看，爱到"忘"的地步，其实也不失为一种幸福的状态。在电视剧《天若有情》中，从小被季叔叔领养的展颜，一直暗恋着季叔叔，到18岁的年纪，终于向季叔叔表白，结果被拒绝，她说："忘年恋到处都有，我们为什么不可以？"季叔叔对展颜说："忘年恋的第一个字，就是忘，我看着你从小长大，一点点长高，我怎么能忘呢？"因此，忘年恋应当从"忘"来说起。

忘的字面意义是：不记得，遗漏。这里的"忘"，并不是真的记忆无法提取，而是不在意，是爱情的力量跨越了年龄的界限。有一个有趣的真实故事，一个男孩爱上了自己的体育女教练，男孩向女教练表白的时候，女教练说："我的年纪都快和你妈妈一样大了。"这个男孩干脆地回答："不，你比我妈妈年龄还大。"可见，不是忘了，而是年龄的差距不再对恋爱构成问题，是人在意识中有意无意地遗漏掉对这个问题的考虑。这里，我们从心理学角度，看看这些让人"说不清"的忘年恋，看看在恋爱中，年龄是怎样被"忘记"的。

1. 恋父情结——在恋爱中和爸爸团聚

在传统社会中，男性被分配了更多的社会资源。由于社会的限制，女性在经济社会中处于劣势的地位。这种社会的配角的处境使女性需要寻找到一个强大的男人作为依靠，从而有更高的生活保障水平，拥有更多的生活资源，年龄倒成了一个次要的考虑因素，因此我们有时会看到年纪轻轻的女孩开开心心地做了有钱老头的老婆。这种功利性的结合，不在我们讨论的话题范围。

在当代社会，随着物质条件的丰富，人们越来越需要体现自我价值，展现自我内心，物质上的保障已经不再是唯一的目的。人们恋爱更多的是为了找到一个理想的对象，以满足内心的种种缺憾，享受精神上的共鸣，在更高的层面上满足自己心灵的需要。很多忘年恋的发生，正是这种需要的体现。

下面是一个心理咨询室来访者的真实陈述："我之所以爱上大我 25 岁的他，是因为他很善良，和别的男人不一样。有时候我觉得他的长相和身材很像我的爸爸，他看我的眼神也是那么的亲切。所以从我看见他的第一眼起我就爱上了他。"你一下子就会明白，"是因为他和别的男人不一样"，那些爱上和自己父亲有相似特征的大龄男人的女孩，都是由于内心的"恋父情结"在涌动。弗洛伊德指出这种情结是女孩在 2 ~ 3 岁时具有的一种无意识欲望，其内容是对父亲的爱，对母亲的轻视与敌视，并认为这一情结持续时间长，不易升华。恋父情结又称伊拉克特拉情结（Electra complex）。伊拉克特拉为希腊神话中的人物，曾经帮助弟弟杀母为父报仇。

这是一个希腊神话中有名的悲剧：

希腊神话中说，伊拉克特拉是迈锡尼王阿伽门农和克吕泰涅斯特拉的女儿。克吕泰涅斯特拉由于有了"外遇"，便把她的丈夫阿伽门农杀害了，伊拉克特拉在父亲被母亲杀害后，就把弟弟俄瑞斯忒斯托付给父亲的好友收留抚养，

待弟弟长大以后，她就同弟弟共同谋杀了母亲及其奸夫，
为父亲报了仇。伊拉克特拉之所以这样做，是出于对父亲
的爱。

从弗洛伊德开始，精神医学家就把这段女儿为了报父仇杀害
母亲的故事，比喻为女孩在心性发展上的恋父情结。那么，为什
么小女孩会爱上和自己父亲年龄或其他方面类似的老男人呢？

小红帽的故事大家一定都听说过，小红帽去看生病的外婆，
可是到了外婆家时，想吃掉小红帽的大灰狼身上穿着外婆的衣
服，小红帽却信以为真。其实，我们看似离开了父母，爱上了
别的男人或女人，其实，在无意识中仍是与父母团聚。就像是
小红帽爱大灰狼，因为狼模仿了外婆的模样。当一个人身上拥
有我们重要亲人的影子，我们就会失去防范意识，被那熟悉的
感觉催眠了，怎么看怎么像是我们童年时最亲近的脸庞。一个
女孩如果有严重的恋父情结，与她的成长环境有关，有的是父
女相依为命，有的是和爸爸的关系亲密，和妈妈的关系较为淡
漠。还有的恋父情结者性格内向，不希望改变，女儿无法与父
亲实现心理分离。不能和父亲实现心理分离，就只好和自己的
亲人"谈恋爱"，找一个和父亲相似的男人恋爱，重新体会回
到父亲身边的感觉。

除了这种在潜意识中寻找父亲复制品的意念，还有很多人
在选择伴侣时其实是在无意识地构建一个"理想父亲"。很多
人成年后的恋爱是为了固化童年的情感，而童年时的我们与父

母沟通无效而积压下来的情绪，成为我们潜意识中寻找这样或那样的伴侣的秘密的原因。我们自童年时期就创造出理想的父母形象，也许是因为对自己父母潜意识的不满。我们在童年时也暗地里默默地说："我的爸爸妈妈要是这样或是那样就好了。"有些女孩的父亲脾气暴躁，她也许会在心中暗暗期待："要是爸爸是个温和的、从来不发脾气的爸爸该有多好。"于是，她在内心便创造了一个温和的、从来不发脾气的爸爸的形象，并将之秘密地保存在潜意识中。这些被我们修改加工过的形象在成年后也一直伴随着我们，不知不觉地对我们的感情关系产生影响，这些潜意识中的感情会在一些时刻以微妙的方式催眠我们。如果一个人选择了和自己父亲年龄相似，但是在某一方面比父亲更优秀的伴侣，这种既与父亲相似又可以和父亲媲美的伴侣形象，符合了童年时被压抑在潜意识中的秘密的愿望："爸爸要是这样的就好了"，"这个人既像爸爸，脾气又好"。通过和这个老男人以恋爱的方式结合，满足了其潜意识中对理想父亲的渴望。

还有一种就是找一个各方面都比自己父亲差的老男人。有这样一个真实的案例，一个寻求心理帮助的20多岁的女孩，自述爱上了一个50多岁的大叔，大叔属于典型的"一无二有"：有老婆，有孩子，无工作。但是她却爱得死去活来，由于她家境富裕，她大把大把地为大叔花钱，买各种奢侈品送给大叔。更差劲的是，大叔并不是"老帅哥"型的，也不愿意与妻子离婚，和她结婚。于是这个女孩就每天跑到大叔家闹，闹到后半夜筋疲力尽了才肯回家，称她就是忘不了那个大叔，家人朋友多方面劝说无效，只好寻求心理帮助。

如果说是"恋父情结"在潜意识中作祟，这个女孩为什么要找一个各方面都比父亲差劲的老男人呢？经过了解，这个女孩的父亲非常优秀，是某企业老总，相貌堂堂，风度翩翩。父亲在她童年时对她呵护备至，后来她上初中之后，父亲工作繁忙，没有更多的时间照顾她。她在内心很担心父亲离开她。其实很多小女孩在童年时期也秘密地这样告诉过自己："我的爸爸是世界上最好的男人，没有别的男人可以和我爸爸相比。"这些话像是一个紧箍咒一样植入了她们的潜意识，在她们成年后以微妙的方式催眠了她们的头脑。她选择了一个各方面都不如父亲的男人，因为在她看来，这个人绝对不讨自己父母满意，这个人不会代替父亲在自己心中的位置，这也不失为一种不与父亲分离的方法，这样就更证明了父亲是世界上最好的男人，即使是我爱上的男人也是不如爸爸的，因此证明了那个从小植入自己潜意识中的魔咒，以此固化童年对爸爸的情感。心理学家黄维仁说："亲密关系的冲突，百分之九十是和原生家庭的老问题有关系，只有百分之十是现在的新问题。"因此，小女孩爱上老男人，这种爱情多是亲情大于爱情。

2. 不能忘却——老男人爱上小女孩

从生理上看，老男人对 20 岁出头的年轻姑娘，基本上是没有抵抗力的。有人恶毒地将中老年男人比喻成一条老狗，遇见漂亮的年轻女孩，总想挣脱拴着自己的缰绳扑上去，倘若够不到，哪怕伸出舌头舔一舔也是高兴的。更有网友戏谑，男人和女人谁更专一？其实男人最专一，为什么呢？你看，20 岁的男人爱 20 岁的女人，30 岁的男人爱 20 岁的女人，40 岁的男人爱 20 岁的女人，50 岁的男人还是爱 20 岁的女人，60 岁、70 岁、80 岁的男人照样爱着 20 岁的女人。一位老诗人在给自己喜欢的年轻女孩的情书中写道："亲爱的，你为我赎回时间。"老男人和年轻女孩在一起谈恋爱的时候，不单单是触摸着有更好手感的年轻的肌肤，在心灵上也仿佛回到了自己的青春时光，感觉自己又年轻了一次。有位作家说："人在年轻的时候可以不写诗，但是不能没有诗意。"老男人们与年轻女孩谈恋爱，以爱情作为载体，又回到了自己诗意的青春王国之中。在催眠中，当催眠师引导人们回忆自己的童年或是青少年时期时，很多人的脸上是带着微笑的。多数人在催眠之后都会描述自己在回溯童年的催眠中感觉是非常幸福的。同催眠所产生的时光回溯的效果一样，和年轻女孩肩并肩、手牵手的感觉，比催眠更加迅速地带你回到了年少的时光。在催眠中，没有人会拒绝回到自己回忆中最美好的时光。有时候，我们会有这样的经历，一首歌会迅速把我们带回某种记忆中，也许这件事、这些场景早已经忘记了，但是听到这首歌之后这一切又迅速回来了，我们会不断地反复地听这首歌，沉浸在这首歌带给我们的感觉中许久才回过神来。这个时候，你就是被这首歌催眠了。

音乐如同催眠师的话语一般，对你的潜意识有着很强的作用力。很多进入中年的男人，面对如诗如画如歌的年轻女孩，在多种感官的综合作用下，迅速进入回溯青春的催眠状态是不足为奇的。

这里我们要说一下美国著名电影导演伍迪·艾伦，对美国电影感兴趣的人都会知道他的赫赫大名，人们对他的关注不仅仅在他风格迥异的电影作品上，还有他的传奇的"忘年恋"经历。他娶了比自己小35岁的养女，闹得轰轰烈烈。这个养女宋宜原是朝鲜人，是他的前女友影星米亚·法萝的养女，在10岁时随着米亚·法萝来到伍迪·艾伦身边。前女友和伍迪·艾伦同居12年后，发现了早在3年前就发生的养父女之间的"不伦之恋"。两人因此分手，7年之后，这个养父娶了"养女"做太太，后来两人又生了两个女儿。

多数男人在45岁左右会进入第二个青春期，这时儿女长大成人，工作早已稳定，有些人还混迹在单位的中上游，他们在再一次审视自己的人生时会发出《钢铁是怎样炼成的》里保尔·柯察金的经典感慨："当回首往事时，不因虚度年华而悔恨，也不因碌碌无为而羞耻。"他们不再为生计而忧，开始对自己的人生意义进行深层次的思考。精神分析认为，幼年的经历制约着后续的生活。幼年时某些未满足的愿望会形成一个心结，让你无意识中总是有想实现它的需要，来弥补内心的缺憾。比如一个童年时遭受痛苦的男孩，一步步地爬上社会的上层，虽然人居高位，但是会被那些小孩似的女孩一下击中。她们的无助、娇弱、不安全感和渴望被保护的特征会让他联想到过去的自己。他对和自己有相近或相同经历的女孩有一种想要保护或挽救的本能冲动，这是一种未完成的情结，寄希望于完成它，这样既保护了女孩，也治疗了自己潜意识中的伤痛。

饱受争议的小说《洛丽塔》讲述了一个老男人疯狂病态地爱着一个小女孩洛丽塔的故事，男主人公说他确信他是最爱洛丽塔的，就像他确定自己必然会死一样。他之所以爱洛丽塔爱得如此疯狂，甚至后来因为争风吃醋开枪杀人，其实是与他少年时代的初恋有关。初恋情人的意外死亡在他心里成了一道永远无法抹去的伤疤，遇上洛丽塔时他从洛丽塔身上看见了藏在潜意识里的恋人的影子，因此才有了后来的一段畸形的"忘年恋"。忘年恋中的老男人，见到正处于青春期的女孩，仿佛是自己潜意识里那个与之年龄相仿的男孩子与她相遇了，于是对这个女孩发生恋情，其实是自己潜意识里的那个男孩子与这个女孩子发生恋情，从而完成了这个潜意识里的男孩子当初没有完成的愿望。其实，每个人的潜意识里都有一个没有完成愿望的孩子。国际影星章子怡在一次采访中说，小时候我回家的时候就是睡客厅里的，后来条件好了，我给自己买了一间大大的卧室，像女王住处一样的卧室，里面有好多东西。作家张晓风说："真正爱一个人，往往是在他的勋章功名的背后，看穿了他只是一个孩子，因此疼了这个孩子。"这些老男人的爱也许并非是指向性的，更多的是潜意识里的那个孩子催眠了自己，勾起了对被遗忘的青春的向往，和对现有生活秩序的反抗。这些恋情，是老

男人对自己岁月的孤注一掷，可见，忘年恋里的"忘"，最终还是因为"忘不了"。

3. 恋母情结——大媳妇与小男人

在传统的观点中，恋爱中双方年龄应是男性略年长于女性，但是有很多忘年恋，女性不但年龄上比男性大，而且大很多。有的女性可以做男性的姐姐、母亲，甚至可以做祖母。

著名婚纱设计师王薇薇63岁，与自己27岁的新男友恋情曝光之后，令世界震惊。当然年龄如此悬殊的姐弟恋不仅仅发生在现代社会。在中国古代，也有一位皇帝，迷恋一位比自己大19岁的女子，迷恋了一辈子。

万贞儿的父亲万贵因亲属犯罪而被谪居霸州，为了使日后有所依靠，他托付同乡把年仅4岁的女儿万贞儿带进皇宫当宫女。年幼的万贞儿十分懂事乖巧，深得明宣宗皇后孙氏的喜爱。到了明正统十四年（1449年），万贞儿已经成了21岁的妙龄少女，她没有如他父亲希望的那样得到皇上的宠爱而是被已成为太后的孙氏派去照顾年仅两岁的皇太子朱见深。幼小的太子从此以后与如同保姆的万贞儿形影不离。皇太子在不知不觉中爱上了万贞儿。天顺八年（1464年），明英宗驾崩，17岁的皇太子朱见深即位为帝，是为宪宗。当上皇帝的朱见深要做的第一件事就是册封心爱的万贞儿为皇后。但他的生母周太后强烈反对，万般无奈下宪宗只能屈服，立宗室女吴氏为皇后，改立万贞儿为贵妃。年轻美貌的皇后并没有打动宪宗，他依然与万贞儿如胶似漆，形影不离。两年后，已经38岁的贵妃万贞儿生下了宪宗的第一个儿子，狂喜的宪宗晋封万贞儿为皇贵妃，并许诺立其子为太子。然而万贞儿并没有高兴多久，一年后，她的儿子居然夭折了，这也是她一生中唯一的儿子。成化二十三年（1487年）正月，皇贵妃万贞儿去世，时年59岁。宪宗得知消息后，不禁号啕大哭，哀叹道："贞儿不在人世，我亦命不久矣。"就在这年的阴历八月，明宪宗朱见深驾崩，终年40岁。他是中国历史上少有的用情专一的皇帝。万贞儿由于妒忌，先后害死了很多嫔妃。皇帝看在眼里，但仍拿她没有办法。论美色，比皇帝年长19岁的万贞儿，当然无法与皇帝身边的女人相比。她对皇上的如此魔力，恐怕只能用"真爱"二字来解释了。

如果说传统女性的恋爱是为了生活的保障，那么男性的恋爱则以生殖为最终目的。丰乳、肥臀、漂亮的脸蛋——从进化心理学的角度来看，男性对这些部位的喜好和种种要求往往都来自生殖本能。既然如此，一位年龄偏大的女性按理说是不会激发起男性的追求欲望的。因此，只能从心理的角度去分析这种微妙的恋情。

心理学家指出，男性在生活中找到一个能够把自己带回到童年并享受其无微不至的关怀的女性，对这种女性的喜爱实际上是填补缺失的母爱、取悦自己的一种心理折射。心理学家弗洛伊德在《梦的解析》中分析《俄狄浦斯王》这部悲剧时，第一次提出了"俄狄浦斯情结"这一概念。"俄狄浦斯情结"又称"恋母情结"，意为儿子生来对母亲有种性爱，而对父亲则有着嫉妒心甚至仇恨。通俗地讲，它指的是男性的一种心理倾向，就是无论到什么年纪，都总是服从和依恋母亲，在心理上还没有断乳。所谓"情结"是指情感上的一种包袱。精神分析学说认为，男孩的初恋是对母亲的爱。过度依恋母亲的人往往会无意识地找到母亲的替身。

俄狄浦斯来源于希腊神话与传说。

传说底比斯国王拉伊俄斯受到神谕警告：如果他让新生儿长大，他的王位与生命就会发生危险。于是他让猎人把儿子带走并杀死。但猎人动了恻隐之心，只将婴儿丢弃。丢弃的婴儿被一个农民发现并送给其主人养大。多年以后，拉伊俄斯去朝圣，路遇一个青年并发生争执，他被青年杀死。这位青年就是俄狄浦斯。俄狄浦斯破解斯芬克斯之谜，被底比斯人民推举为王，并娶了王后伊俄卡斯特。后来底比斯发生瘟疫和饥荒，人们请教了神谕，才知道俄狄浦斯杀父娶母的罪行。俄狄浦斯自挖了双眼，离开底比斯，四处流浪。

一 十 忘年恋：因相知而忘年 一

与恋父情结相似，恋母情结表现的是一个小男孩对和母亲某些方面相似或相反的老女人的爱恋，以此来保持不和母亲心理分离的状态。因此有人说，一个女人在男人的生活中要扮演3个角色才会永远拴住男人的心，那就是"母亲、情人、女儿"。对3个角色的扮演，母亲排在角色之首，这正是"恋母情结"的结果。

小时候对母亲占有欲较强的孩子，长大后对爱人也有较强的占有欲。因此会有很多年轻的男孩在拥有了像母亲般慈祥的恋人之后，变得控制欲非常强，寸步不离。这正是儿时与母亲关系的连接在当下的恋爱中的复制。

人们在对王薇薇和27岁花样滑冰冠军小男友的恋情大为震惊的同时，也发现了身为"婚纱设计女王"的王薇薇，其实从8岁起也是一名花样滑冰运动员。她在自己年轻男友身上看见了自己年轻时的影子，通过这次恋爱填补了年轻时代的缺失或愿望，这种说法也不足为过。

据说妇女在生完小孩"坐月子"时留下来的疾病，在第二次生产时可以获得治愈。我们当下的恋爱，也会治愈我们童年时内心的创伤。人在恋爱时的状态和被催眠时的状态相似，在心理上会退化到童年甚至幼年时期，人在被催眠时，会用自己三四岁时的娃娃音来回答催眠师的问题，会写出如同自己童年时期一样的歪歪扭扭的字。恋人们之间的关系也像极了婴儿与父母之间的关系。心理学家黄维仁说，婚姻中的冲突，也常常是因为夫妻双方在不知不觉中回到了曾经在原生家庭中受伤的小孩的状态，两个受伤的小孩只能相互或继续撕咬，或继续逃避。但是如果两个受伤的小孩得到医治，变成两个健康的成年人，懂得互相疼爱对方心里面那个受伤的小孩，双方一起仔细地探讨冲突的根源，一定能找到解决的办法。因此，找一个相爱的人相互变回婴儿治疗自己心灵的创伤，也不失为一件幸福的事。

4. 师生恋——老师竟是催眠师

2007 年 9 月 27 日，孟超来到同班同学何小厉家，两人发生争执，孟超抽出 30 厘米长的刀将何小厉杀害。警方探查造成如此命案的原因。原来，他们共同和 45 岁的女班主任王永丽保持情人关系。这就是 2007 年发生在贵阳的"少年杀同学，引出女教师三角恋"，这一极端的"师生恋"命案将人们的视线再度拉回对"师生恋"的讨论。

师生恋，是老师与学生之间产生的恋情。师生恋源于学生对老师的幻想、崇拜和喜爱。师生恋这件事，和一般的恋情没有区别，只不过是发生在老师和学生之间。恋人双方一个是老师，另一个是学生。

并不是所有师生恋都会走到杀人的地步，但是人们提到"师生恋"的时候还是有很多争议的。美国大学明文禁止师生恋，理由是师生恋是不平等的上下级关系。作为老师，对学生的前途有决定性作用。老师与学生之间是强势与弱势的关系，处在这种不平等位置上的人是绝对不允许发生关系的。规定是人定的，还是有人"情不自禁"。美国电影《挽歌》里，作为大学教授和脱口秀电视节目嘉宾的大卫和他的学生康苏拉，两人在一次学校派对上就已经互表爱意。第二次约会就一起看歌剧，之后俩人就好上了，最后还爱得死去活来。不仅是美国，在世界各地，陷入师生恋甚至因此造成情杀的例子不在少数。

很多人在学生时代都或多或少有暗恋老师的情况。其实这种恋是被老师的知识和风度催眠了。被催眠之后就移情于老师。这里我们就介绍一下催眠中的移情。

在催眠师对来访者进行以催眠疗法为主体的治疗过程中，来访者对催眠师产生一种强烈的情感。原因是来访者将自己过去对生活中某些重要的人物的情感投射到咨询师身上。

形成移情的基础，是幼儿期在与双亲或其他人际关系中的关键人物之间存在的未能处理妥当的问题。这一转移分为正转移和负转移。正转移，如表白爱情及希望从治疗者身上获得爱恋情感的欲望。负转移，如对治疗者产生厌恶感、憎恨、敌意及想加以控诉的欲望等。显然，恋上催眠师，是一种移情的正转移。来访者会说"老师，我喜欢你"，"你也爱我吗"，"我想和你保持私人交往"等，这就是一种接近恋爱情感转移的例子。

移情在咨询中很普遍，催眠师经常会有这样的移情经历。催眠大师马维祥在讲课之后身边总有人黏着他，并不是有什么事情要问。黏着他的唯一原因就是："站在大师身边的感觉很舒服，很好。"当然，这只是浅度的移情。弗洛伊德之所以放弃催眠，也与一位女患者对他的移情有关。在使用催眠疗法之后，他的一位女患者认为弗洛伊德是她的情人，死缠不放，这名患者的移情程度就很深了。著名的催眠大案"海德堡事件"也是催眠师利用患者的移情进行犯罪的。催眠师让来访者移情于他，然后对他的话言听计从，骗财骗色。这样极端的例子在影视作品中也很常见，普通人一听到催眠便联想起了警匪片。当然，并不是所有的催眠都会产生移情，但是在课堂上，老师讲课后产生的催眠移情还是比较常见的。

由于课讲得很好，从喜欢老师的课到喜欢老师这个人，这是一个被老师催眠的过程。首先，老师这个角色有一定的权威性，就像催眠师在来访者面前有权威性一样。其次，老师向学生传授知识，学生的头脑处于接受知识的状态，因此意识和潜意识是开放的。学生对于老师的知识并没有心理防御，因此这个秘密的催眠过程比一般的催眠还要迅速、深入。

老师所讲的知识和学生潜意识中现有的内容契合度越高，越受学生的喜欢，越容易被学生吸纳接收。也许整个班的人都喜欢老师的课，但是由于喜欢的程度不同，被催眠的程度也不同。在大部分人都认为老师的课很好的时候，有的人被浅度催眠，对老师的爱也仅仅是对其学识和人品的喜爱，下课之后回到自己的生活中去，不再对老师有任何其他想法；有的人被严重催眠，发展成对老师的依恋，有着较深的情感投入，即使课程结束，也想尽办法去接近老师，期望与老师有更深的交往。不管被催眠深浅，对老师的爱，来源于对老师学识的崇拜，原则上是与性无关的。并不是所有的师生恋都往上床的方向发展，但所有的爱里都夹杂着异性爱的成分。有位作家说："任何男女的交往都有调情的成分。"感情是很复杂的，尤其面对自己崇敬的异性老师，不可能没有一点杂念。作为正常的人，应该区分各种不同的爱。但同时人又是非理性的，把所有的爱都分得那样泾渭分明也是不可能的。虽然说师生恋并不是完全指向性的，但是也并不完全是没有一点关于性的联想。先是师生，然后发展成为恋人或者是爱人的例子也比比皆是。鲁迅先生给女学生们上第一堂课，不只是给许广平一个人留下了深刻印象。一年后，许广平主动给鲁迅先生写了信，后来经过情书传情，鲁迅先生终于娶了小自己 18 岁的许广平为妻。由此可见，许广平就是被鲁迅的课堂催眠较深的一位。以至于一年之后仍念念不忘，仅凭书信便定了终身大事，此后终身相伴。

细数名人们的师生恋，也不在少数。著名作家余秋雨和他的学生马兰，沈从文和他的学生张兆和，都是师生恋的佳话。但是名人的师生恋是不可复制的。名人作为对社会有巨大贡献的人，他们的私生活在一定程度上是被大众宽容和原谅的。在多数人还只是普通人的时候，我们还是要更多地考虑到年龄差异以及社会的舆论。从人的角度来看，每个人都是平等的，因此人与人之间的恋爱也应该是自由的。只是有的人被赋予了"教师"的角色，有的人被赋予了"学生"的角色。这些角色就像演员从戏台上下来，卸去了戏服一样，和普通观众没有什么两样。因此，台上扮演师生，台下是恋人，这样的关系是没有问题的。

　　虽然忘年恋在生活中不断增加，人们还是不禁疑问："年龄如此悬殊的恋人们能否走到最后？"著名的专栏作家连岳说："爱情是稀有物质。"当人们进入催眠状态时，对外在功利的得失是淡化的。爱情犹如催眠，对外界的一切事物也是淡化的，抛弃了所有的名与利的权衡。因此，我们祝福一切形式的爱情。一个社会的开放程度，取决于它对各种价值观和生活方式的包容程度。在当今价值多元的社会里，起码像"君生我未生，我生君已老，恨不同时生，日日与君好"这样的遗憾的感叹不会再有了。

十一 失恋：跳不出那个迷人的圈

抓不住爱情的我

总是眼睁睁看它溜走

世界上幸福的人到处有

为何不能算我一个

为了爱孤军奋斗

早就吃够了爱情的苦

在爱中失落的人到处有

而我只是其中一个

——《单身情歌》

林志炫的一首《单身情歌》唱红了大江南北，唱出了无数人的心声，这首歌一度成为从恋爱沦为单身的人的情感寄托和慰藉，因为它唱出了爱情的无奈和无常。这首歌唱了二十多年，仍然经久不衰，堪称失恋界人士表达心声的经典之作。

网上有篇美文《思念的眼泪》，作者是"一只鞋子"。作者以如泣如诉的笔调，道出了失恋者内心的酸楚。

也许分开才是快乐的，为何当初要相遇，缘分的天空始终容不下我们的牵手；也许孤单才是最美的，为何当初要相爱，爱情是如此的茫然。

回首往事，令人忧伤。多少个夜里，带着对你的思念在冰冷的深夜中入眠，伴随着泪水的丝丝滑落枕边，却久久不能沉睡，大脑里满是你的一切。

"爱上一个人只需一瞬间，而忘记一个人，忘记一段爱却是一辈子也无法做到的事。"每次来到故地，看到熟悉的风景，走过曾走过的路，心便会不由自主地痛起来，曾经欢乐的身影如今只能在心里荡漾。

是的，我放不下你，放不下那个让我心醉的你。

到底需要多大勇气才敢将你想起，到底需要多坚强才敢对你念念不忘，到底需要多少个日夜才能将你彻底遗忘。

或许，想念你已经成为一种习惯，回忆我们的昨日也成为一种不可或缺的思念，没有你的日子里，思念就如此陪伴我那颗漂浮游离的心，今天好想问你一句：你好吗？

不记得在什么时候，不记得有多少次，耳边总是回旋你说的那句话"你的下一站会更幸福"，我到底应该感谢你还是恨你，在你的这一站，我已经幸福，我不需要更幸福，你以为把我推开我就会幸福吗？心碎不已，我的下一站，没有你的那一站，就如晴天霹雳，雷雨交加，而我就像一个站在雨中没有打伞的孤独小孩。

是的，我恨你，恨你的无情，恨你对我如此残忍，恨你把我推开，恨你……

可我还是忘不了你对我的好，我说过，不会再为你流下思念的眼泪，你未曾看到过的眼泪，可是却流了很多很多次……

或许应该知道你从来没有爱过我，你只不过想早点结束这场游戏，终归是梦一场，而这场游戏让我快乐过，这场梦也让我心碎过。思念本不应该是我犯的错，今天的我还是那个对你思念的我。

一段感情，两个人，远远地走来，最后，越走越远，向着不同的方向。故事，只是故事。

所谓失恋，意指自己所爱的人不再爱自己，失去所爱的人的爱情。这事搁谁身上都不好受，但恐怕我们还得承认一个基本事实，那就是恋爱成功的可能性只有50%。过去是"父母之命，媒妁之言"，虽然不用操心，但常常彼此不合适。后来社会进步了，可以自由恋爱了，选择的余地和范围也就随之扩大了。这是好事，但世间之事，好与坏恰如一张纸的正反两面，有选择就意味着有失去，所以失恋就会成为一种常态。

问你一个有趣的问题，离婚增加的原因是什么？答案是结婚。那么失恋增加的原因是什么？答案是恋爱。有得必有失，有进必有出，这是铁的法则。正如大树的一侧是阳光，另一侧必然是阴影。

这里，我们重点关注的不是人世间为什么会有失恋现象，而是想帮助那些失恋的人们跳出那个迷人的圈子。我们发现，失恋的人和处在被催眠状态中的人并无两样，他们关注的范围狭窄，只能关注到当前的悲伤情绪，对周围的其他事物没有任何反应。人在催眠状态下的旧忆还原现象，正是失恋中的人们的典型状态，整日回忆过去的点点滴滴，记忆像水龙头一样被拧开。更有甚者日不能食，夜不能寐。正如被催眠了一样身体失去正常的知觉，整日陷入那些说不清、道不明、剪不断、理还乱的思绪之中，沉睡在爱情的水晶棺材里，不能醒来，不能自拔。

1. 有一种人是主动失恋者

现在有一批主动失恋者，与那些被动失恋者，也就是那些被甩的人不同，他们喜欢不断地更换恋爱对象，和每一个人的恋爱都不长，属于广种薄收的那种。

十一　失恋：跳不出那个迷人的圈

笔者有一个年轻的女性朋友，当别人问她，你的男朋友怎么样啊？

她总会反问一句："哪一个男朋友啊？"

"那你现在有几个啊？"

"我也数不清，反正一周就要一换，不然太没意思了。"

在人们诧异的眼神下，她从来都是泰然自若地谈论自己的"多段情"进行时。她是一位收入很高的单身贵族，经济独立，丰衣足食，什么也不缺。没有固定的男朋友，只有暂时的伴侣，也没有和任何恋人计划未来的打算。其实，像她这样的例子并不在少数，很多年轻的都市男女都患上了"不满意就换综合征"，顾名思义，对方不合我意，我即换之。

现代社会生活节奏快，人们没有时间和耐心去容忍恋人的缺点，一旦发现对方不再像刚刚坠入情网时那般"完美无瑕"，便心生"换之"之意。换了情人之后，虽然没有原来的情人的坏毛病，但是又有了其他的毛病，于是"再换之"，之后，又有了自己不满意的地方，于是再去找其他人。于是这样七拼八凑，拼凑了一个自己的"理想情人"模型，在不同的人身上获得爱情的满足。正如法国电影《收集男人的女人》中说的："在不同的情人身上，才能得到我唯一完全满意的品质。"

这种人也许就没有真正"恋"过，所以也无所谓失恋。或者说，他们经历了太多"失恋"，心理素质已经非常好了，也就不需要安慰了。故而，这种主动失恋者不在我们讨论之列。

2. 非他（她）不可

相信大家都听过"抱柱信"的故事：春秋时期鲁国的尾生与心仪的姑娘相约在桥下见面，但姑娘未能按时赴约。洪水冲来，尾生抱柱不走，直至溺死。

很多人都会觉得这个叫尾生的人太过愚蠢，愚蠢到看见洪水都不走，连命都不要了，还要信守所谓的承诺。留着一条命，还怕下次见不到心爱的姑娘吗？

由此可见，我们的心理系统和尾生的心理系统是不一样的。尾生面对多重选择的时候，他选择留在桥边，可见在他的意识系统中，守信是非常重要的。守信何以重要至此，竟以生命为代价？那是因为守信已经成了他的信念。他已经无法跳出这个圈子，注意力仅仅集中在信守诺言上，却不注意万事万物的变化，即使丢了命，想必也是觉得自己做的是对的。为了信用，丢了命也是值得的，就像是古人所说的"舍生取义"。

如此看来，我们每个人心中都有一个属于自己的系统，在不断的自我暗示和环境暗示下得到加强，最后成了信念，这个信念就是我们抱着不放的柱子，它决定了我们对事、对人、对自己的行为模式。心理学中称之为心理定式（mental set），又称心向，这是一种活动的准备状态或行为倾向，人们通常是意识不到的。

十一 失恋：跳不出那个迷人的圈

心理定式受先前经验的影响非常深刻，苏联心理学家曾做过这样一个经典的关于心理定式的实验：研究者向参加实验的两组大学生出示同一张照片，但在出示照片前，向第一组学生说：这个人是一个怙恶不悛的罪犯；对第二组学生却说：这个人是一位大科学家。然后他让两组学生各自用文字描述照片上这个人的相貌。

第一组学生的描述是：深陷的双眼表明他内心充满仇恨，突出的下巴证明他沿着犯罪道路顽固到底的决心。第二组学生的描述是：深陷的双眼表明此人思想的深度，突出的下巴表明此人在研究科学的道路上克服困难的意志。

可见，同一个下巴，长在同一个人的脸上，有人会认为那代表犯罪的决心，有人认为那代表克服困难的意志。这时，被试者显然是被催眠了，由于之前的暗示不同，有人看见的是罪犯的下巴，有人看见的是科学家的下巴，本来是同一个下巴，却在人们的眼里有如此大的差异。

当然，心理定式指的是对某一特定活动的准备状态，它可以使我们在从事某些活动时能够相当熟练，甚至达到自动化，因此可以节省很多时间和精力。比如有很多人可以一边开车一边打电话，这对于开车的初学者来说是无法做到的；有人可以一边弹琴一边向身边心爱的姑娘眉目传情，这对初学琴者来说是远远做不到的。又如，在电影《非常绑匪》中，嘟嘟被绑架后，一边和"绑匪"周旋，一边用身后的手机盲打，发信息给爸爸说自己被绑架了。定式思维很多时候可以帮助我们注意力的分配，有了足够的先前经验后，它可以使人按照常规不费力地解决问题。但同时，心理定式的存在也会束缚我们的思维，使我们只用常规方法去解决问题，将某个事物的意义绑定在另一个事物上，从而这个事物便失去了其他的作用和价值。

很多人在失恋之后无法自拔的原因并不是失去了这个人，而是将爱情绑定在这个人身上，认为从此失去了爱情，殊不知这个人也只是自己爱情的载体。失去了这个人，只不过是失去了爱情的一个载体，然而爱情的载体千千万万，并不是只有这一个人。好比我们可以搭乘 4 点的船，如果误了时间，大可搭乘 6 点的船，6 点的船因故障不能出海了，我们仍然可以搭乘 8 点的船。由此可见，并不是我们失去了一个人，从此便无路可走。与其抱着柱子等待爱人的到来，等到被洪水冲走，不如另辟蹊径，柳暗花明又一村。孔子说，"道不行，乘桴浮于海"。陆路不行，我们就走水路，像孔子一样潇洒，只要打破思维的定式，我们总是会有出路的。

丹麦诗人克尔凯郭尔曾经讲过一个非常发人深省的故事：有一个穷人，从来没有穿过鞋子，后来时来运转，发了一笔小财，于是进城给自己买了一双鞋子。于是他开心地穿着鞋子去喝个烂醉，横躺在马路上睡着了。不久，来了一辆马车，马车夫大声把他叫醒，他抬头看见一双脚拦住了马车，想了想说：尽管压去吧，穿鞋的脚，不是我的脚。我们在成长过程中，一定有很多在童年发生的事情或创伤，深刻地印记在我们的心里。在小的时候，我们没有防御的能力，所以这些事物深深地进入我们的潜意识中。我们习惯了我们从前的生活方式，像《红楼梦》里大观园的人一样，成长中的点点滴滴已经形成了我们的定式思维。在中国，很多人都在成年之后不断地梦见自己的高考。在欧美等西方国家，这是很少见的。在中国，高考是人生的关键一步，决定着未来甚至决定全家人的命运。每年高考，孩子在考，家长也在考，全家人都在考。很多人在进入大学、参加工作、结婚生子之后，还时常梦见自己回到高考时代。很多人即使进入大学，毕业后找到了不错的工作，仍然是带着"高考后遗症"生活，只知道不停地工作，不停地努力，要比别人更强大。即使腰缠万贯，也不懂得去享受片刻的悠闲，在"千军万马过独木桥"的思维里过一辈子。就像那个没穿过鞋子的穷人，已经习惯了赤脚走路的自己。"高考后遗症"患者们是很可怜的，因为即使环境改变了，仍然无法跳出原来环境的行为模式。毕竟从小在家长的督促下学习，已经学了十几二十年了，被家长、环境和自我催眠，总是处于竞争的盲从状态。心理学家说，人类心理活动的百分之八十至百分之九十都来自无意识，可见被压抑的无意识力量的强大。

　　高考如此，刻骨铭心的爱情更是如此。当我们长大后走出这个圈子的时候，仍然会在潜意识里留恋从前已经习惯了的生活方式，就像故事中的那个穷人，忘记了自己已经穿上了鞋子，不再是那个光着脚的孩子。小孩子哭过后总是容易破涕为笑，而大人却很难从自己的情绪中走出来，这是因为当我们精神过于集中在一件事上时，会在无形中放大这件事情的意义。在传统社会中，新婚夫妇从掀起盖头的那一刻才认识彼此，人们无从选择，因而心理更踏实、舒服，似乎从一出生就被某一个圈子固定，正如《红楼梦》里的大观园一样，每个人都不愿意走出，因为那儿实在太舒服。人们宁愿自己在被催眠的定式中痛苦，也不愿意走出这个圈子，因为大观园里的点点滴滴，都融进了在这里长年生活的人们的潜意识中，这些潜意识中的信息促成每个人的行为和选择。在封建社会里，大观园里每个人对自己的命运仿佛是无从选择的。事事妥定，衣食无忧。一旦走出了大观园，便会因为在大观园里待得太久而不曾有其他生存的本事。因此，在某种程度上说，活在一定圈子里的人最幸福。但是，在当代社会，更多的人不得不走出从前的圈子，远离父母的庇护，远离自己熟悉的生活环境。现代社会瞬息万变，好不容易适应了一个环境，还有新的环境等待我们去适应。因此，只有用勇气打破定式思维，跳出从前的圈子，才会在生活中体会不同的境遇，就像一度热播的美国电视剧《越狱》一样，跳出自己给自己设的"狱"，体会不同的生活，才是真正最幸福的人。

3. 失去的就是最可贵的吗

人们总是说，失去的东西才可贵。恋爱中的男女在自己的日记本上经常写下这样的独白："当他（她）离开了之后，我才发现他（她）有多好。后悔当时没有好好地珍惜他（她）。"那么多的人，为什么人直到恋人失去了才知道可贵，还是只有失去了才成全了可贵？

这里，人们被一种观念催眠了，似乎人世间失去的都是好东西，目前还属于自己的都是一批烂货。如果换位思考：你失去的那些东西都回来了，你现有的却又失去了，究竟哪一个更可贵呢？

理性的观念应该是，失去的东西中有可贵的，也有不怎么样的，甚至有不好的。比如疾病，通过医生的治疗我们的病好了，也就是说失去疾病了。这是好事呢，还是坏事？答案不言自明。

由此可见，不是失去的东西一定可贵，而是一种现今不再拥有所带来的心理缺憾。对于失恋的人来说，戛然而止的恋情仿佛中考时未答出的最后一道题，让人遗憾、自责、彷徨，竟恨时间不能倒流，回到当初应好好经营才是。失去的恋情给人"未完成""未得到"的感觉，让人集中在那小范围的心事之中，未完成的恋情越显可贵，被奉为至宝，在心中久久挂念。

曾经听到一位老教授说："从前我们年轻的时候，在家看电视是很开心的事，每天吃完晚饭，就坐在电视机前等待着每天播两集的电视剧，每天都盼着明天这个故事会发展成什么样。于是，等着电视时的广告也看得津津有味，甚至广告词都背下来了。可是现在，换了数字电视，什么节目都能点播到，想看几集就看几集，也用不着每天等了，想什么时候看就什么时候看，反而觉得没啥意思了，觉得所有的节目都差不多，索性就不看了。"这位老教授，在从前因为看某一电视剧的愿望不能随时得到满足，因此念念不忘，即使等着也是开心的，而现在，愿望可以随时随地无限量地被满足了，反而不稀罕了。

另外，人对某一事物的价值和被满足的容易度成反比。古人在《诗经·蒹葭》中早有描述：想象自己心爱的女子一会儿在水的对岸，一会儿在水中央，一会儿在沙洲中间，就是不在自己的面前，这样一来营造可望而不可即的心理距离，有了这个心理距离，追求的对象反而越加珍贵。

> 蒹葭苍苍，白露为霜。所谓伊人，在水一方。
>
> 溯洄从之，道阻且长；溯游从之，宛在水中央。
>
> 蒹葭萋萋，白露未晞。所谓伊人，在水之湄。
>
> 溯洄从之，道阻且跻；溯游从之，宛在水中坻。
>
> 蒹葭采采，白露未已。所谓伊人，在水之涘。
>
> 溯洄从之，道阻且右；溯游从之，宛在水中沚。

有一个残酷的女友定律：你缺什么，你的女友就会爱上什么，你有钱但是无趣，她就会整天抱怨你是个多么没意思只知道挣钱的人；你有自己的爱好和兴趣但没钱，她就会抱怨你不负责，不知道挣钱养家。与之相对应的经典残酷男友定律：没有得到谁，我就爱谁。电影《危险关系》中，风流上海滩的谢先生不知与多少美女有多少段风流韵事，但是却始终不能放下没能得手的交际花莫婕好（张柏芝饰），为了她赴汤蹈火，冒着生命危险对别人做尽坏事。最后，为了她还抛弃了深爱自己的杜芬玉，为了始终不能追到手的交际花，他被人一枪打死在大街上。

这里展现出人类的一大弱点，对已拥有的东西不珍惜。

既然某个东西或某种情感，我们已经失去了，如果是不可避免地离我们而去，那就让它去吧，这时我们更应该做的是保住那些我们还拥有的东西，那才是最珍贵的。

4. 失恋就是失败吗

镜子，是人们每天都用的东西，人们从镜子中看见自己，知晓自己，整理自己的形象。但是，镜子不能时时刻刻放在眼前，更多的时候，我们是从别人的眼中得知自己的形象。从心灵的角度，我们是通过别人的评价才得知自己的心灵图景。生活中的大多数时间，有谁能时时刻刻镜子不离手，时时刻刻知晓并通过镜子及时整理自己的形象呢？大多数的时候，我们身边的环境就是我们的镜子，身边接触的人就是在有意无意地影响自己对自己形象的看法。在日常生活中，上班、购物、娱乐活动，不可避免地要接触很多人，要在群体中游走，不可避免地要生活在"别人的"眼光中，而群体对自己形象的定义很大程度上会影响自己对自己的看法，并充当了镜子的作用。

断了　　　　飞走了
才　去追赶那本来
漫不经心握在手里
的那根线

　　小娟和她的男朋友大明已经恋爱了五年，还同居了两年的时间。可就在两个月前，男朋友提出和她分手。小娟伤心之余，不敢让同事和朋友知道此事，一旦被问到男朋友之事，便支支吾吾搪塞过去。后来身心疲惫，来到心理咨询室寻求帮助，当咨询师问其为何隐瞒已经与男朋友分手事实的时候，她回答说："不想让自己在同事中的印象变得不好，我已经与男朋友相处这么久，眼看着就要结婚，如果这个时候告诉了同事，他们一定觉得我太失败了，一定是我很差劲，才没有留住相处那么久的男朋友。他们一定会笑话我的，一定会笑话我的。"

　　可见，小娟所处的社会群体无形中有着这样的思想观念：恋爱分手就是失败的表现。由此进一步推出她的错误观念：恋爱必须成功！相信小娟的烦恼在很多朋友身上也会遇到。首先是社会因素，在旧社会女子无法在社会上获得与男人相同的经济地位，因而婚姻使女子获得社会公认的经济保障权利。婚姻是一种社会行为，是一种集体行为或家族行为。中国人口众多，人均空间小，自古以来人们就习惯了拥挤的社会生活，置自己于众目睽睽之下。甚至自己的感情隐私也要拿出来和周围的人一同分享。现在人们主动地在微博上晒隐私，过去人们被动地在街坊邻里晒隐私，一举一动都受到关注。所以中国人特别在意周围人的眼光，形成了我们特有的"面子"问题。人容易被控制、被影响，个人从精神到身体层面，都不是自觉自愿地表现的。在特定的环境下，会有一个约定俗成的道德标准影响着里面的人，让自己的情感符合某种道德要求，符合从家庭和社会那里传承下来的观念，这就是典型的被社会文化价值观催眠的表现。从失恋中走不出来的小娟始终抱着一个观点：恋爱必须成功。恋爱成功的标志只有一个：结婚！

中国古代是女人笑不露齿、足不出户的时代，信奉"从一而终"的生活理念，在我们的潜意识中，早已种上了"被人甩是件丢人的事"这样的种子。2012 年热播的电视剧《母亲，母亲》中金国秀（袁莉饰）对丈夫说："我嫁给了你，自然是要听你的。"即使到了现代社会，这种思想仍然在我们的潜意识中根深蒂固。过去的夫妻只有在掀起盖头的时候才算真正的认识，先结婚后恋爱。过去的恋爱模式和生活模式一样，恋爱是父母介绍，工作是单位分配，一个工作干一辈子，不愁下岗也不烦跳槽。跟了一个人就跟一辈子，不论这个人是好是坏。西方人经常会询问我们：中国女人为何会有"嫁鸡随鸡，嫁狗随狗"的想法？

传统观念强调恋爱或工作最好都是唯一的雇主。唯一雇主的好处是，省去了选择的烦恼，一辈子待在一个行为模式的圈子里，越活越熟悉规则，越活越如鱼得水、自在悠闲。而唯一雇主的坏处是，在这种处境下，雇员因为别无选择，即使处境不好，也只有忍气吞声并这样想着，除了这个雇主之外没有人会给你发工钱，除了这个人之外也没有人再爱你了。如果时运不济，碰上了"恶霸"雇主，也只有自认倒霉，好死不如赖活着地过一辈子。现在的人们，有了更多的恋爱时间，有了一个从认识到谈恋爱，到结婚的缓冲带。在这个缓冲带中，人们有权利去择其善者而从之，其不善者而弃之。但是很多偷懒的人仍旧在潜意识中希望着有人能爱他一辈子，就像进了国有企业那样一辈子铁饭碗、不愁吃穿，并用这样的愿望不断地催眠自己。殊不知国有企业也有倒闭的时候，不努力去爱却渴望永恒的爱情，从一开始到自己合眼的那一天，这种妄想的实现和天上掉馅饼的概率是一样的。

美国一位著名的心理学家说过，在一个螃蟹看来，一个朝前走的人要多蠢有多蠢。威利斯·哈曼在《全球换脑》中指出，文化适应在许多方面与催眠是一个道理。他所说的归顺文化迷梦长期以来影响着人们去接受不公正的制度。压迫性的统治和扭曲的形象以及角色模式，使之合理化。因此法国心理分析师皮埃尔说：每个人都需要一个自己的秘密花园。其原因就在于周围事物产生的催眠力量是如此强大，会不知不觉地左右人的选择和幸福。一个人想要发现自己内心的真相是如此的不易。在独处的时候，人们把更多的注意力集中在自己的内心，厘清自己内心的想法和需求，与自己的潜意识沟通。不要将周围人的看法和自己内心真正的需求搅和在一起，要勇敢地从原来的恋爱圈子里跳出来。在扑朔迷离的案件中，警察要根据重重线索，分析论证才能真正破案。在无数扑朔迷离的心理案件中，提供线索、发现线索的人只能是自己。

美国著名畅销书作家南希在她的著作《美貌的诱惑》中说

道："没有人比女性群体更能影响一个女人对生活的选择，如果你觉得你的女友们不喜欢你去尝试新的生活，那就离开她们去寻找新的朋友。"男人也好，女人也好，所处的群体会潜移默化地暗示着你、影响着你的行为和选择。孔子说："与善人居，如入芝兰之室，久而不闻其香，即与之化矣。"有益的群体如同花的香气，不知不觉自己也变香了。因此择善友而从之，择善地而栖之，被好的东西催眠，也不失为一件好事。

5. 在自酿的苦酒坛子里游泳

有一个国王，他让人把判死刑的犯人关进一个屋子里，在墙上挖一个洞，正好犯人的手可以伸进洞里，然后让犯人将手穿过墙壁，在墙壁的另一端放上一个盆和一个滴水的龙头。让人告诉犯人，我们将把你的手割破然后让血一滴一滴地滴在盆里。可是他们只是在犯人的手指上割了一个很小很小的口子，然后将犯人的手放到墙的另一端。犯人从天黑坐到天亮，第二天，人们发现他死了，可是，他手上的伤口并没有流血，早已经愈合了。是隔壁那滴水的声音让犯人致死的。可见，心理暗示的作用是多么的强大，是他自己对自己的心理暗示杀了他，他让那一滴一滴的水声催眠了自己。

有一种苦中作乐失恋型的人，越是失恋，越是痛苦，反而会从这种痛苦中体会到乐趣。你会说这种人实在是变态，但是社会上真的就存在这些情感受虐狂，情人越是难以相处越是倾心于她，反而会觉得落落大方、体贴温柔的情人索然无味。人家越是不爱你，你越是凑上前去，一旦接受了你，你又觉得人生从此又失去了目标，这就是情感的受虐狂。

在《红楼梦》中，贾宝玉和林黛玉的相爱，其实是两个情感受虐狂的相爱。《红楼梦》中的贾宝玉，其实就是一个情感受虐狂，大观园里那么多漂亮的姐姐妹妹，他只是玩玩闹闹，唯有不理宝玉的黛玉，宝玉对其偏爱有加，尤其是在她不理宝玉时，宝玉更是软语温存。黛玉赶他走，他不但不走，反而越发殷勤。在大观园里，由于宝玉的地位，人人都让着他，宠着他，无微不至地照顾他。而黛玉却躲着他，不理他，和他吵架。是黛玉由爱而生的对宝玉的冷淡与疏离，对宝玉反而起到了一种刺激作用，把爱情专注于黛玉。而黛玉，也是情感受虐狂，她总爱把自己描绘成一个没有人爱的人。以失恋为乐的人，沉浸于自己营造的悲伤的气氛之中，并产生快感。以此来折磨自己的人，已经忽略了恋爱的对方，却被自己所谓的求之不得的痛苦而催眠了。这种创伤成瘾的人，不但不想摆脱创伤，一旦没有了创伤的刺激，便会觉得人生索然无味了。所以林黛玉一天不找个事哭一下，就不痛快，每天总要滴那么几滴眼泪，这符合她已经形成的生活习惯，并能从折磨自己和自己心爱的人上得到快感。日积月累，这些创伤多了，更加有大加发挥的地方，《葬花吟》便是黛玉为自己积累的创伤的一个集体大爆发，爆发得很长，爆发得很美，不仅满足了黛玉的心理需要，而无意间听见的宝玉对她更是怜惜爱护。

花谢花飞飞满天，红消香断有谁怜？
游丝软系飘春榭，落絮轻沾扑绣帘。
闺中女儿惜春暮，愁绪满怀无释处；
手把花锄出绣闺，忍踏落花来复去。
柳丝榆荚自芳菲，不管桃飘与李飞；
桃李明年能再发，明岁闺中知是谁？
三月香巢初垒成，梁间燕子太无情！
明年花发虽可啄，却不道人去梁空巢也倾！
一年三百六十日，风刀霜剑严相逼；
明媚鲜妍能几时，一朝飘泊难寻觅。
花开易见落难寻，阶前愁杀葬花人；
独倚花锄泪暗洒，洒上空枝见血痕。
杜鹃无语正黄昏，荷锄归去掩重门；
青灯照壁人初睡，冷雨敲窗被未温。
怪奴底事倍伤神，半为怜春半恼春；
怜春忽至恼忽去，至又无言去不闻。
昨宵庭外悲歌发，知是花魂与鸟魂？
花魂鸟魂总难留，鸟自无语花自羞；
愿奴胁下生双翼，随花飞到天尽头。
天尽头！何处有香丘？
未若锦囊收艳骨，一抔净土掩风流；

质本洁来还洁去，强于污淖陷渠沟。

尔今死去侬收葬，未卜侬身何日丧？

侬今葬花人笑痴，他年葬侬知是谁？

试看春残花渐落，便是红颜老死时。

一朝春尽红颜老，花落人亡两不知。

　　为什么会有人不断地为自己积累创伤呢？也许，每个人都有些许受虐倾向，毕竟，产妇在生育孩子的时候经历的那份痛苦和喜悦并存的感受，是旁人无法体会到的。但是，到以积累创伤为乐并成瘾的地步，就需要进一步的解释了。

　　从生物学层面，成瘾行为的形成与大脑神经系统中奖赏机制以及神经递质（大脑中存在的一些化学物质）的变化有关，醉酒成瘾的人，也是和这个大脑神经系统中的奖赏机制有关。

　　老汉王某已经年过半百却仍然是单身，谈了几次恋爱对方都被吓跑，原因是他经常喝酒，一喝完酒就仿佛变成了另外一个人，又哭又闹。几次痛下决心戒酒，可是没过多久，就心慌得很，只有喝到酒之后再闹一闹，心慌才会停止。每当这么一闹，刚刚开始相处的女朋友便相继被吓跑，他自己因此也十分苦恼，但就是控制不了自己的行为，后来实在不得已，在家人的劝说下，去找了心理医生求助。

　　原来，老王在小的时候他的父亲经常用板凳打他，从他记事开始，一直到他上完高中，一旦犯一点小错误，父亲都会打他。在上高一的时候，有一次他遭受了家庭虐待，为了

麻痹自己，他买了一瓶酒喝，从此每次挨打，他都会去喝
酒。这个时候大脑中就会产生一种"奖赏机制"，即通过这
种行为得到好处后，个体就更容易选择这个行为并持续下
去。这种奖赏机制会通过这种行为而得到强化，而使大脑中
的神经递质发生变化，即心理创伤的当事人如果通过某种行
为得到好处之后，在大脑中会形成固定的神经通路，而使这
种行为更容易发生。大脑的神经机制在这个过程中起到很大
的作用，让大脑的神经机制很难再改变。在心理创伤后应激
障碍的当事人中，可以引起各种各样的成瘾行为。即使同样
一种成瘾行为，对不同心理创伤的当事人来说，存在不同的
心理原因或者心理机制，即心理创伤的当事人引起成瘾行为
的心理学因素，在这个过程扮演着非常重要的角色。

　　历史学家乔伯格·霍尔德指出，一个受虐待的孩子，其心
理非常接近于催眠状态下的迷梦，处于催眠迷梦中的人在思维、
感觉和行为上受他人暗示的严重影响——确切地说，这些暗示
就是命令，因此他们抑制了自己的感知、感觉，甚至意志。对
长期受虐待的孩子来说，一旦把他人对现实的看法取代自己的
看法成为一种习惯，那么连自己所受的虐待、自己的痛苦和自
己的愤怒，久而久之也就渐渐变得不真实了，它们会被压抑到
大脑最深处的潜意识之中，或者认为事情本身就是这样。至于
老王饮酒这种行为，从心理学因素来讲，是对自我的一种保护，
也许他只有通过这种行为才能使自己稍微舒服地活下去。当时
还只是一个高中生的他不知道除了这种方式之外，还有什么别

的方式可以选择。老王在童年的时候便认为自己长期遭毒打是因为没有人爱自己，到成年后便只有以酒为伴。任何能给我们带来愉悦的行为，不论是先天的还是后天习得的，都可能会让人上瘾。产生瘾的根源是爱或安全感的缺乏，物质成瘾的背后是人与人的关系问题。一种能给我们带来快乐的东西，我们当然会不停地去重复它，不断地重复，不断地增强暗示。如果你习惯性地或强迫性地沉浸于某些事物中，一段时间之后，你身体的某一部分就会觉得定期需要这种满足。一旦让我们戒瘾，就等于要拿走我们的快乐。

当老王真正进入恋爱之中时，童年时和自己"相依为命"的那种不被爱、不安全的感觉突然不见了，这让他十分不适应，从而时不时地选择从酒中找到那种熟悉的痛苦的感觉。当这种成瘾的行为被戒掉时，老王严重地不适应，甚至会出现更加糟糕的情况，原因就在于成瘾行为对遭受过心理创伤的老王来讲是一层保护自己的"盔甲"。这层盔甲可以保护他处在已经习惯了的类催眠状态。

老王的案例多少可以为很多醉汉做解释了，研究发现，酒精成瘾的人大多在童年时期受到过不正确的家庭教育，造成过心理创伤。一些社会文化因素对心理创伤的当事人的成瘾行为会产生程度不同的影响，因受心理创伤的个体的成长环境、当地亚文化的认同和禁忌以及个体所经历创伤事件的不同而存在差异。尽管从心理学因素来讲，成瘾行为或许会成为心理创伤个体的一种自我保护和生存的方式，但从长远的角度来讲，成瘾行为会对人格完整性产生强烈的冲击或者扭曲，影响心理创伤个体恢复正常的生活。所以，像老王这样喝酒成瘾的行为，并不是一天两天，而是日积月累的结果，是社会文化和自身成长经历多重影响的结果。恋爱中沉醉于创伤的人们，如果不及时矫治，跳出这个圈子，会影响正常生活的质量。

从导致心理创伤的原因来看，有没有心理创伤这回事，都是一个问题。同样的一件事，对有些人来说，是不得了的打击；而对另外一些人来说，只不过是小菜一碟。为什么会这样呢？心理学中有一个 ABC 理论，这个理论是由美国心理学家埃利斯创建的。该理论认为，激发事件 A（activating event 的第一个英文字母）只是引发情绪和行为后果 C（consequence 的第一个英文字母）的间接原因，而引起 C 的直接原因则是个体对激发事件 A 的认知和评价而产生的信念 B（belief 的第一个英文字母），即人的消极情绪和行为障碍结果（C），不是由于某一激发事件（A）直接引发的，而是由于经受这一事件的个体对它不正确的认知和评价所产生的某种信念（B）所直接引起的。这种信念也称为非理性信念。任何心理创伤，都必须有所谓受伤害者的"配合"，才能够完成。笔者在墨西哥的时候，与一个美国朋友和一个南美朋友同行。在一家当地的饭馆坐下来之后，一群卖纪念品的墨西哥年轻小伙子凑上前来，让我们挑选纪念品。我们挑了半天仍然没有选出合适的东西，于是不好意思地说没什么买的。这群墨西哥年轻人开始叽里呱啦地说起西班牙语来，我和那位美国朋友一点都不懂西班牙语，也没当一回事，立刻去看菜单了。而那位南美朋友气得脸都绿了，差点追上去和他们对骂。后来她说，那群小伙子因为我们没有买东西，用非常粗俗的语言骂我们，美国朋友一笑："哦，好吧，让他们骂去吧，反正我也听不懂。"

显然，那个懂西班牙语的朋友对西班牙语的辱骂进行了"配合"，而不懂西班牙语的我们对用西班牙语辱骂我们的人就是一种"不配合"。在这样的心理伤害面前，受伤害者是我们那位懂西班牙语的朋友，她也是主动的一方。同样的场景，同一个事件，我们所引起的心理反应却有如此大的差距。同样面对和恋人分手，有的人会认为一切都完了，不再有人爱我了，生活还有什么意思，大家都会离开我的。也有些人会这样想：也许是两个人的性格不合适，早分开早好，给下一个更适合我的人腾出位置。所以，对于"失恋"这一事件，不同的理解会造成不同的反应，那些在失恋中不可自拔的人们，往往是"配合"了对失恋的消极自我暗示。

诗人惠特曼在他的诗中自豪地说："我就是那个因为情爱而受苦的人。"凡是经过热恋的人大概都尝到了恋爱的痛苦，感觉到爱情是一粒细菌、一种疾病，让人如痴如醉、执迷不悟，不到手就痛不欲生，到手了又嫌之乏味，喜欢沉溺在自己给自己酿的苦酒坛子。《浪漫爱情之谜：社会心理学家的回答》中写道："爱情之所以容易退化为一种痛苦的经验，是因为在浪漫的爱情中，往往倾向于把自己所有的希望和渴望都投射到所爱的人身上。但是，不现实的期望以及过分的理想化，在漫长的交往过程中将不可避免地被撕得粉碎。爱情本身难以解决个人的期望问题。如果爱情想继续提供欢乐，那关系必须得到滋养，某些人仅仅消极地把爱情看成救赎自己的唯一希望，这部分人最终必然会感到失望。并由此加入'爱之痛苦'的大合唱中去。"

　　恋爱与失恋总是如影随形，分分合合的恋情也是人们倍加关注的话题。面对"恋"与"不恋"，面对"得"与"失"，我们要客观地看待事物的意义。并不是每个人的一生，只能有一段恋情，并不是每一段恋情都是男女之爱。爱是丰富而广泛的，没有完全的标本，没有成败的标志。电视剧《美人心计》中薄太后一生隐忍奔波，在临终前说："高祖皇帝一生中有三个重要的女人，一个是吕雉，获得了至高无上的权力；一个是哀家，有幸福的结局。可是对于一个人来说，最幸福的是爱，所以，即使戚夫人最后被割去了双手，成了人彘，凄惨而死，我们还是羡慕她，因为她爱过。"一个拥有爱的能力的人是幸福的，一个能体会各种生活方式的人也是幸福的。爱是自己心里的阳光，投射在所爱的人的身上，所爱的人是你自己投射的爱的载体，这个载体，得到也好，失去也罢，都没有那么重要。诗人雪莱说，纯真的爱本身就是美的反射。因此，那些沉睡在失恋的水晶棺材里的人们，要睁开眼，看看外面的阳光啦！

十二　偷情：罪恶感与快感交织

　　人类社会初期，在畜牧和农耕社会里，决定人们结合的要素是经济，或者说是功利，而不是爱。组成家庭的首要目的是得到更好更多的生存机会，在这种情况下，男女之间的关系更多的是从劳动需要的角度来考虑的，如狩猎、搏杀、种植、抚养孩子等，而不是从"爱情"或"亲密"的感情需求出发的。在原始社会，浪漫的理念根本就不存在，占主要地位的是部落生存。个体要完全服从全体的需要，这就是"集体意识"的基本含义。个体无从谈起，个体的感情依托也是如此。

　　"爱"这个词，起源于中世纪，那时人们生存在大城堡里，受到贵族们的监护。城堡里的夫人们和她们的丈夫拥有相同尊贵的地位。所有的男人都要劳动，只有夫人们躲在城堡里读书、欣赏艺术来打发时间。因此夫人们多半比她们的丈夫受教育程度高。她们有了很多的空闲时间，她们经常感到厌倦。当 11 世纪的十字军东征开始时，许多贵族远赴沙场，把娇妻留在家里。没随十字军东征的男人们开始设法去讨好这些贵妇，勾引她们，希求婚外的性行为。这时候出现了抒情诗人，婚外的性行为成了贵妇的风尚，并称之为"爱情"。

原来，爱情并不纯洁，追根溯源，竟是来自婚外情。

自人类进入文明社会，家庭体制确立了之后，婚外情便受到法律与道德的严惩。那个如花似玉的潘金莲被迫嫁一个三分像人、七分似鬼的男人，却没人同情她，她向往英雄好汉，也就是她的小叔子武松却遭人唾弃。后来与西门庆好上了，也应当算是追求幸福生活吧，又被武松杀了，还落下千古骂名。

在古代，无论东方还是西方，在对待婚外性行为的约束和惩罚上，几乎没有什么区别。欧洲和美国，曾有法律明确规定丈夫杀死正在偷情的妻子和奸夫无须承担法律责任。我国古代法律也有过这样的条文。《元律》规定："诸妻妾与人奸，夫杀其奸夫及其妻妾，及为人妻杀其强奸之夫，并不坐。"这种处罚对女性尤其严苛。

到了近代和现代，随着"人权"概念的出现，许多国家的法律更加人性化，对于双方自愿的婚外性行为的惩罚越来越宽容，即使有法律严格禁止婚外性行为的国家，真正实施的也越来越少。中国法律取消了"通奸罪"，通奸不再是被惩处的犯罪行为。美国法律倾向于禁止婚外性行为，但最严厉的惩罚也只是罚款。有研究表明，世界上没有任何一个国家只靠法律就能够完全有效地禁止人们的婚外性行为。

虽说法律不禁止也不严惩婚外情了，但毕竟婚外情还不是一件光彩的事情，大部分当事人对这种事情都是矢口否认，能赖就赖。毕竟社会舆论压力还是会让人不堪重负。总之，婚外情的成本与代价人所共知，可用极其沉重来表示。但从古至今，高成本与沉重的代价似乎并没有让人们望而却步、退避三舍。

婚外情从来没有灭绝，如今更有燎原之势。

据中国一份权威调查报告显示，约有40%的女性有出轨行为或婚外性行为。新浪网《中国各大城市女性性调查结果》显示，"高于40%的女性承认有婚外性关系"。美国女性婚外性行为的比例高达66%，而在余下的没有婚外性行为的女性中，还有17%的人也有这样的愿望或如有机会也会尝试的想法。法国最高，不忠的妻子竟高达87%。

另据调查，女性发生婚外性行为的高峰年龄是36～40岁。20岁时、30岁时和40岁时的累计发生率分别为7%、16%和26%。按婚龄算，也正是人们常说的"七年之痒"。女性婚外情危险年龄是30岁。据了解，现代妇女在结婚5年后就开始有婚外情的了。这表明，女性婚外情高发年龄有提前趋势。

以上说的是女性婚外情的一些统计数据，可以想见，男性婚外情的比例一定不会低于这个数字。因为要做这事，有女必有男。再则，男人的婚外情似乎更受社会宽容，况且男人是用下半身思考的动物，对性、对性行为更为着迷。

我们这里所关心的问题是，既然婚外情历朝历代或为法律不容，或为道德指责，人们为何还要不计成本与代价前赴后继呢？是什么原因、什么力量驱使人们做出这种行为？

1. 隔锅的饭香

人类是理性动物，也是感性动物。感官需要刺激，追求新奇的刺激是人性的本能或曰天性。否则，不要说是无聊，就连正常的心理活动都无法维持。

有实验为证。

1950 年，加拿大政府委托心理学家 D. O. 赫布研究有关隔离的心理反应。于是，D. O. 赫布就做了一个感觉剥夺实验。

实验者征募了一些大学生为被试者，并告诉这些大学生，你们每忍受一天的感觉剥夺，就可以获得 20 美元的报酬。当时大学生打工的收入一般是每小时 50 美分，因此一天得到 20 美元是一笔不菲的收入。而且在实验中，要求大学生所做的事情好像是一次愉快的享受，因为实验者要他们做的只是每天 24 小时躺在小房间里的一张极其舒服的床上，只要被试者愿意，尽可以躺在那儿白拿钱。

在实验的过程中，除了让被试者吃饭、上厕所之外，严格控制被试者的任何感觉输入。为此，实验者给每一位被试者戴上了半透明的塑料眼罩，可以透进散射光，但图形视觉被阻止了；被试者的手和胳膊被套上了用纸板做的袖套和手套，以限制他们的触觉；同时，小房间中一直充斥着单调的空调嗡嗡声，以此来限制被试者的听觉。

参加实验的大学生本以为实验者为他们提供了一次安安心心睡大觉的机会，他们正可利用感觉被剥夺后的清静安宁，思考学业或整理毕业论文的思路，同时还能得一笔钱。但大学生们不久就发现，他们的思维变得混乱无章，他们忍受不了几天，就不得不要求立刻离开感觉剥夺的实验室，放弃20美元的报酬。实验之后，学生们报告说，他们对任何事情都无法清晰地思索，哪怕是在很短的时间内；他们感觉自己的思维活动好像是"跳来跳去"的，要进行连贯性的集中注意和思维十分困难。甚至在剥夺实验过后的一段时期内，这种状况仍持续存在，无法进入正常的学习状态。还有部分被试者报告说，在感觉剥夺中，体验到了幻觉，而且他们的幻觉大多数都是很简单的，比如有闪烁的光，有忽隐忽现的光，有昏暗但灼热的光。只有少数被试者报告说，体验到较为复杂的幻觉，比如曾有一个被试者报告说他"看到"电视屏幕闪现在眼前，他努力尝试着去阅读上面放映出的不清楚的信息，但却怎么也"看"不清。

此后，许多学者发展出了多种形式的感觉剥夺实验研究方法，所有实验都显示，在感觉剥夺情况下，人会出现情绪紧张忧郁、记忆力减退、判断力下降的情况，甚至会出现各种幻觉、妄想，最后难以忍受，不得不要求立即停止实验，把自己恢复到有丰富感觉刺激的生活中去。可见，丰富的感觉刺激对维持我们的生理、心理功能的正常状态是必需的。在现实生活中，雷达测量员和长途汽车司机几乎都处于轻微的感觉剥夺状态。正因为如此，他们有时会看见实际上不存在的东西，从而引发事故。人类不仅需要外部刺激，更需要新奇的刺激。新奇的刺激物能引发他们的高度注意，能调动他们的动机与情绪，使他们进入着迷或亢奋状态。小时候，我们都觉得别人家的饭菜更香。因为自己家的做菜风格是日常的，比较固定的。偶尔到别人家吃几顿，觉得特别有滋味，因为那是非日常的，人们跳出了原有的日常模式，有一种全新的感受。当然，如果天天在别人家吃饭，就是在皇帝的御膳房也会厌烦的。许多的婚外恋就类似于偶尔去别人家吃几顿饭。究其原因，人的天性中有从一个圈子跳出来，跳到另一个圈子的欲望，就像是越狱，因为人天生都有猎奇心理。

有篇网文写道：

　　我有这样一个朋友，她总觉得婚姻生活平淡无味，于是总有一种挥之不去的孤独和寂寞，并且越来越有一种想出轨的念头，这种念头让她的思想斗争了很久。直到有一天，她独自一人坐进了酒吧的一隅，结果和她事先所预料的一样，一位儒雅且风度翩翩的男士进入视线。男士一个漂亮清脆的响指后，服务员端上了两杯红酒。那天她醉了，但醉后仍然清醒，她被男人搀扶着进入了一个房间，男人以极快的速度洗完澡后让她也去洗一洗，但她站在落地壁镜面前在水的冲刷下猛然醒悟过来……一番挣扎后，她头也不回地收拾起一切走出了那个房间。她说她很庆幸那个晚上自己没有光着身子从浴室里走出来，更庆幸自己能在婚姻底线的最后一刻猛然醒悟，否则她只能离自己现在的幸福越来越远。

她虽然没有和那位男士发生性关系，我们还是要说她出轨了。出轨的原因是婚姻生活平淡无味，以及由此引发的孤独和寂寞。她出来玩，主要是想寻求一些新鲜的刺激。

有人找了个第三者，这个第三者在别人看来，无论长相还是气质都比他老婆差远了，可当事人却津津有味、乐此不疲。说白了，就是图个新鲜。古人就曾总结道："妻不如妾，妾不如妓，妓不如偷，偷不如偷不着。"这不是漂亮程度的排序，而是新鲜程度的不同。

许多男人的婚外恋颇有意思。很多人不是出于对婚姻的不满，爱上第三者也是出于真心，爱得死去活来。同时家里的老婆也不放弃。在很多男人眼里，他们的妻子结婚前是世外的"天仙"，婚后任劳任怨，成了家里的"母猪"。我国台湾学者柏杨先生说过，一个有头脑的太太，永不会忘记修饰自己，不知道修饰自己的女人乃一头伟大的母猪，它以为它连老命都奉献啦，应该被爱了吧？人类却是爱猫者有之，爱狗者有之，爱金丝雀、画眉鸟的有之，而爱母猪的似乎不太多也。整天和"母猪"在一起，没有了最初爱情将一切屏蔽在外的类催眠感受，处于一种"活死人"状态，没有激情，没有趣味，但还是要维持着家庭的基本义务，戴着面具生活，生活成了一出似喜实悲的剧目。有些人想超越悲剧，于是选择第三条路，既不放弃家庭，也不放弃性，到别处寻找家里不再有的东西。

电影《一声叹息》里男主人公梁亚洲（张国立饰）对妻子说："我爱她（指第三者），我对你和女儿是另一种感情，握着你的手就像握着自己的手。可是把它锯掉会感到疼。"东窗事发的时候，他说事情发展到这个地步，我早就预料到了。只是不知道是什么时候，什么形式，以什么样的代价。这样的男人看起来，在两个女人面前都很无辜，因为他的情感生活需要调剂品，也容易被人理解。因为人人都需要调剂品。

情感生活中调剂品的诱惑是巨大的。不要说是平头百姓，就是大人物，伟人也不能免俗。

陈粹芬，一个大家也许不熟悉的名字，她就是著名领袖孙中山的前妻。她跟了孙中山 14 年。在她最美好的年华里她和他共同奋斗，等他上了台，她便谢了幕。有篇文章曾用凄婉的语言描述他们的婚姻："她低调的人生会令很多世人不知道她曾经来过，不知道她曾经如火如荼地与他爱恋过一场。"这些描述性的语言听起来让人很心碎，但不可否认的是，孙中山和陈粹芬的恋情是真心的，他后来和宋庆龄的恋情也是真心的。他为了爱情舍弃婚姻，后来又为了爱情建立婚姻，也是出于真心的。伟大的人物一般可以更为轻松地从一个圈子跳进另一个圈子，较多地受到社会的宽容。其实，从一个圈子里跳出来，跳进另一个圈子，也是大多数人的渴望，只是大多数人可望而不可即。伟人的婚外恋可以被说成一段风流佳话，如果是普通人，就常常会遭到唾弃。

2. 最棒的两性享乐

男女之爱，性是最鲜明的主题之一。

夫妻之间有性爱，情人之间当然也少不了性爱。虽然都是性爱，但情人之间的性爱更让人爱不释手。

为什么？

其一，因为夫妻性生活得不到满足，或是缺乏激情。

有些男人的生理功能不强悍，不能满足老婆的生理需要。或者有些女人性冷淡，不愿与丈夫交欢，即使交欢也很勉强。这使得他们到外面另寻新欢了。

有篇网文是这样描述一个乡村女人的：

乡村女人刘美美是纯色的美人，她个子只有 156 厘米，体重 128 斤。身段匀称，脸蛋好看有水色，一双丹凤眼谁见都喜欢多看几眼。

刘美美29岁，145斤的粮食袋子很轻松地就扛在了肩膀上，走路能走5里。她扛着粮食袋子走路，心不慌，气不喘，胸部两个碗口大的乳房颤悠悠的迷人眼球。乡村人都说："这个刘美美是水做的吗？奶子咋就这么大咧？"刘美美就笑嘻嘻地说："你撑死眼睛饿死尿，看也白看，说白了不就是两坨肉，是女人都有的！"乡村人就不敢再和刘美美接茬说话，刘美美就自己往家里走。其实刘美美知道自己的老公公孙勤偷偷地跟在她后边不远处，怕她和别的男人勾搭成奸。

刘美美的丈夫孙义35岁，人看着漂亮，其实是个没有尿用的乡村男人，好吃懒做，也没有多少文化，但疑心比较重。老公公孙勤58岁，一家人比较和睦相处。但是刘美美的丈夫孙义在床上根本无法满足刘美美的性欲，为这事一家人就像防贼似的防着刘美美，生怕刘美美给孙家人戴绿帽子。刘美美生过两个儿子后突然就觉得自己好像开窍了似的，她更喜欢夜晚搂着丈夫孙义睡觉，而且喜欢和丈夫没完没了地做爱，丈夫起初高兴得不得了，渐渐地觉得媳妇刘美美有点太过于贪这一口夜餐，有时间就躲着不和刘美美睡在一起，刘美美一生气就跺脚骂开了。孙义不怕刘美美骂人，就怕夜里刘美美说："你娶我做啥哩，没有这个本事你就等着戴一堆绿帽子吧！"当然刘美美曾经和丈夫孙义有口头协定，隔夜一次到两次，如果不好好做爱那就离婚，各走各的路，孩子归孙义，她净身出户。

还有一种是能力不差但激情全无，把与老婆做爱称为"交公粮""交作业"，这种性爱的质量当然可想而知。敢找情人的男人肯定不是阳痿，否则就是自取其辱；而与情人在一起一定不缺乏激情，否则干嘛要找？有能力加有激情，性爱的质量也就低不了了。

其二，夫妻做爱通常是在固定地点——自家的床上，有的还固定时间，规定好每周的星期几做爱。这不免平淡，也不免乏味。情人做爱每每是打一枪换一个地方，有时出于无奈还会"野合"，即"户外云雨"。这大大增加了性爱的刺激量，让人有一种全新的感受！

有人是这么描述"户外云雨"的：

给性爱一点儿刺激与改变的空间吧！带领他走出室内，在天幕下交欢，所有的美妙绝对令你永生难忘。

虽然你和他分手已经两年多，每当想到下列情景，仍使你禁不住心驰神往：在那个沁凉如水的夏夜，你俩驱车至郊外兜风，以逃避城市里酷热难耐的暑气。山区凉风习习，一轮明月当空，收音机传来轻柔的音乐，使他忍不住释放按捺已久的情欲，向你求欢。而车内空间毕竟窄小，仗着人烟稀少，他打开车门邀你走出车外，想体验一下在户外享受云雨的快感。看着他强壮的躯体沐浴在夜色中，围绕一圈若隐若现的月晕，你不禁也兴奋起来，壮起胆子一脚跨出车外，当场在他面前宽衣解带……一场前所未有、激情的鱼水之欢，有大自然作见证，虫鸣交响曲伴着你的呻吟此起彼落，在高潮来临的那一刻，你忽然体会到所谓欲仙欲死究竟是什么样的滋味。

为什么在户外享受云雨是如此令人陶醉？据《性之浪漫》一书的作者表示，偶尔转换场景对两性情欲有正面的刺激效果，而户外的开放环境能解放固有禁忌，因此能使你俩更投入，更勇于尝试不同的快乐。"回想你与男友偷情的光景吧！那种害怕被发现的恐惧，将使你俩的情绪相连得更紧密，增加不少云雨时的快感。"

除了情绪因素之外，在户外做爱能增进快感，也有生理上的依据：由于害怕被发现，紧张的情绪使肾上腺素加速分泌，导致所谓的爱情激素增加，进而使你更陶醉于两性之事。

其三，越有罪，越有爱。

偷情最怕被人撞见，因为心中有愧，心中有罪。但这种愧疚感、罪恶感，却又是一种刺激、一种动力、一种向往。原来，戴着镣铐跳舞也是一种美，也是一种别样的享受。

回想一下你的少年时代，你在别人家的果园里偷了一个苹果，然后边跑边啃。那个苹果是不是分外香甜？为什么？那是因为带着罪恶感，有着危险性。偷情也是这般道理。带点儿危险的两性游戏或许你已尝试过：青涩年代时初尝禁果，那名猛男不就是在你家的沙发上温柔地开启你的情欲之门？而恐怕被家人撞上的危机意识非但没有减低兴致，反而使你俩倍觉刺激有趣。"车内性爱"当然也令你留下深刻印象。车内空间狭小，逼得你俩不得不更贴近彼此，这种亲密关系是你从未体验过的，而车体在高潮来临时会随之晃动更是美妙极了！至于"医院风云"不仅刺激，更因为带点儿罪恶感而难以忘怀：乍见因探病而久别的男友，你再也按捺不住思念的情绪，当下就随他进入病房外的储藏室云雨起来。危险的游戏能满足人类偷窥的天性，所以总使人乐此不疲，偶尔为之，更加增进两性关系，是你和他极好的感情润滑剂。

3. 毒汁的力量

许多人的内心深处都有个心愿。这个心愿通常与童年或青少年时的某个情结相关。这个心愿有时能被当事人明确意识到，有的则没被明确意识到。然而，不管是意识到了还是没有意识到，这个心愿都时时在起作用，执着地支配着人们的心理与行为。这种心理与行为常常是非理性的，不可理喻的，按我们的话来说，这些人是被潜意识里未完成的愿望催眠了。

现代社会中有一种女人，做第三者上了瘾。自身条件并不差，正经找个对象并非难事，但却一而再，再而三地成为第三者。好像没有妻子或女朋友的男人就入不了她们的法眼。虽然很清楚地知道做第三者的痛苦，但还是会以爱的名义奋不顾身，沉醉于自己的爱情。她们觉得自己为了爱的人牺牲着，痛也是心甘情愿的，这种痛与快乐的结合，对她们来说像是毒品，欲罢不能。在她们的美化的爱情中，觉得自己是伟大的，为了爱情不断付出和牺牲。可以看出，其实婚外情中的男人真正爱的是自己。第三者爱的也是一个被美化了的崇高的自己。这些甘愿含笑饮鸩的"烈女们"，明知不可为而为之，他人感到不可理解，其实是潜意识中为年少时没有满足的愿望而奋斗。

心理学家指出，童年有过痛苦经历的人们，成年后会陷入一种沉溺性重复。在潜意识里他不断地寻求痛苦经历，来还原生命早期的一段关系。比如在小的时候非常心爱的东西丢失了，想要的玩具没有得到满足，在心灵上产生了痛苦。这种痛苦会印刻在头脑里，成年后会在潜意识中搜寻类似的痛苦。很多人爱上没有结果的人，是为了在潜意识中继续体验童年时期想要而不能得到的痛苦，正如在《欲望都市》中凯利说的话：我爱的不是那个得不到的人，而是对那种得不到的痛苦上瘾了。

对痛苦上瘾的人会不断地为自己的爱情酿造苦汁，如果有一个人能配合自己酿造苦汁那就再好不过了，于是她们大多数选择有家室的成年男子，或是男子爱上有家室的女子。越是没有结果，越是得不到，就越觉得伟大。实际上，他们是被自己年少时未被满足的愿望催眠了。他们的爱情，也只不过是潜意识中的愿望投射出的幻影和假象。他们没有勇气面对真爱的烦琐，而是爱上了一个伟大的、崇高的、圣洁的理想自我。

一 十二 偷情：罪恶感与快感交织 一

年少时没有满足的愿望，对成年后的生活有巨大的影响。比如作家虹影，她小时候忍饥挨饿，长大乃至成名后对美食极为讲究，如果不能吃一顿好饭，什么都不能写。

一位富商花费几亿元购买世界各地的变形金刚玩具，最根本的原因是小时候一次过生日，爸爸说要给他买变形金刚玩具的诺言没有兑现。很多成年人一些不可思议的癖好和迷恋都是源于潜意识里没有解开的情结。

琼瑶的小说《情深深雨濛濛》中有个人物叫黑豹。他曾经是个军阀，到处找女人，还抢女人。人们都认为此人好色，荒淫。晚年的他却道出了个中原因。其实，他一辈子深爱着他的初恋情人，当年因地位悬殊而不能如愿。发迹之后，他到处找女人，也是为了收集一切与初恋情人有相似之处的女人。比如这人眼睛像，那人鼻子像。原来，他倒是个真正的情种，一生在为潜意识中未完成的欲望而努力。

毒汁的力量还与反暗示效应有关。

古代有这么一个笑话。朱生是有名的聪明人。汤生有一次在室内对朱生说："都说你聪明，你若能把我从屋内骗出屋外，我便佩服你！"显然，汤生暗示朱生没有让其出屋的本领。此时，朱生叹口气说："当然，你坐在屋内舒舒服服的，谁能骗得出？但若你在屋外，我肯定能将你骗入屋内。"汤生听罢，说："好，我马上出去，看你如何将我骗得进来！"说着，便出屋去，朱生笑曰："怎么样，一句话就把你骗出去了吧！"朱生因灵活使用反暗示效应而成功。

反暗示效应发生在很多地方。在电影《初恋的回忆》中，男主人公对女主人公发起爱的进攻，恰恰开始于女主人公杰米·苏利文的拒绝，他请求杰米·苏利文帮助他练习台词，杰米·苏利文答应了他，但是有一个要求："在练习台词的时候，我有一个条件：不要爱上我。"恰恰这句话，反而激起了男主人公对她的兴趣。

有的女人说："不要和我在一起，我不是好女人。"这反而激发了男人的征服欲望，想知道她究竟是怎样的"坏"。有的男孩说："我没啥文化，没本事，和我在一起你只会吃苦的，不要爱上我。"这反而加强了女孩追随他的决心。这正是反暗示达成的催眠效果。

戴安娜王妃是全世界人民爱戴的"英伦玫瑰"，有着黄金比例的身材和天使般的面孔，她的善业遍及全球各地。19 岁她嫁给查尔斯王子，成为英国王妃。她的高贵、美丽、圣洁难以用辞藻来形容。谁也不会想到，这样一个天使般的女人，她的婚姻生活竟然是悲剧。

新婚燕尔之后，戴安娜发现查尔斯王子仍然爱着他的初恋情人卡米拉，一个比查尔斯王子还大一岁的中年女人。渐渐地，查尔斯王子对他的情妇比对自己的妻子更加关爱。戴安娜无数次争执，哭闹，扬言自杀，也没有打动王子的心。戴安娜王妃车祸身亡 8 年后，查尔斯王子和他的老情人终于携手步入了婚姻的殿堂。

人们大为惊讶，这个下巴长满了皱纹、离过婚的徐娘半老的女人，却让查尔斯王子抛弃他如此美丽的、全国人民都为之赞叹的新娘，真是不可思议。因此对于卡米拉，很多人抱以唾弃的态度。其实，如果你转换一下思路，就会很容易理解了。

每个人都有自己的意识系统，我们不能强求他人和自己的想法一样。查尔斯王子和民众处在不同的系统中。在他的意识中，戴安娜是他的妻子，是全国人民瞩目的王妃，而在他的潜意识中，卡米拉才是他的恋人，卡米拉是他的精神故乡。我们谁也不会想到，查尔斯王子和卡米拉从相恋到结婚，整整经历了35年。查尔斯王子何以如此专情？查尔斯王子身边美女如云，为何偏偏对这个姿色一般、离过婚、有孩子的老姐姐情有独钟？

在查尔斯王子的生活中，卡米拉是第一个与王子直接搭讪的女子，王子第一次和卡米拉相处，卡米拉没有把他当作王子看待，这让他觉得非常安全，那时查尔斯王子就深深地爱上了她。两人从此经常书信来往，感情与日俱增。但是在查尔斯王子向卡米拉求婚的时候，卡米拉拒绝了王子。一方面是因为她对王室清规戒律的畏惧，宁愿做王子的终身情人也不想成为王子的妻子；另一方面她又遇见了她曾经深爱的男人安德鲁。后来卡米拉嫁给了安德鲁，查尔斯王子失望至极。

当卡米拉的第一个孩子出生后，两人恢复了以朋友身份的交往。查尔斯王子32岁那一年，王室为他的婚事很操心。王子在王室的一再建议下终于向戴安娜求婚，当时戴安娜正要去度假，王子让她在度假时考虑一下这件事，但是她没有考虑，当场就答应了。与卡米拉的感情波折相比，这场求婚显得索然无味。

卡米拉和查尔斯王子有着相同的爱好，喜欢读书和马术。

戴安娜在嫁给查尔斯王子时才 19 岁，是个内心单纯的小姑娘。查尔斯王子受到过高等教育，对伴侣的素质要求甚高。她假装自己喜欢读书。但事实上她更喜欢热闹的生活，喜欢在媒体面前露脸。婚后王子说她的身材胖，她又拼命地开始减肥。她不断地讨好王子，直至失去自我。戴安娜让全世界人民爱上了她，却独独没有得到自己丈夫的爱。

相比戴安娜的考究和排场，卡米拉过着简直可以说是邋遢的生活，英国媒体曝光说，卡米拉打完猎，可以连澡都不洗，一身汗就套上晚礼服参加聚会去了。有媒体报道，查尔斯第一次来她家之前，卡米拉穿着一条拉链坏掉的牛仔裤在家里走来走去，只用别针固定。这个样子吓坏了卡米拉的祖母，她咆哮道：“我甚至都可以看见你的内裤，王子来之前你必须给我换正装。”而卡米拉的回答是：“查尔斯不会在意的。”她不仅形象衰老，而且还不注意保养自己的形象，从不去美容院，很少化妆。

卡米拉是第一个与查尔斯王子对话的女人，卡米拉和别的女人不同，她不把王子奉为王子，而是把他当作一个平常的人，说话从不躲闪。被宠坏了的王子，最无法抵抗的就是不把自己当回事的口吻。王子身边不乏花枝招展的美女，这样的美女于王子来讲也唾手可得，卡米拉的不事打扮无疑在王子的生活圈里增添了一种特别的味道。沉浸在对这个特别的女人迷醉的状态，当王子的第一次求婚失败时，所达到的效果正是更加刺激了王子娶卡米拉的决心。王子从小到大，想要什么都是伸手即来，这个得不到的卡米拉，无疑成为王子最为别致的游戏，大大拓展了王子的爱情空间，更加提升了自己的价值。卡米拉成了王子唯一一个无法揭开的谜语，当然其魅力远远胜于毫不犹豫地当场答应王子求婚的戴安娜王妃。这正是罗密欧与朱丽叶效应的体现，越是得不到手的东西越好，越增强了要得到的决心。除了罗密欧与朱丽叶效应的作用，更重要的是，卡米拉是王子的初恋。初恋大多数是无意识的产物，不是意识的产物。卡米拉的形象无论美丑，都已经深深地印刻在王子的心中。无意识中纠结的力量最终战胜了理智的控制力量，查尔斯王子还是发生了婚外情。其实，在王子的真正的感情生活中，卡米拉才是他的爱人，而美丽的戴安娜王妃才是第三者。关于戴安娜，王子对一位好朋友说："我不爱她，但她最符合条件。"

经历了许多的波折，查尔斯王子终于与相恋了35年的恋人卡米拉牵手。查尔斯王子当然知道戴安娜王妃的美丽善良，但他的内心却无法冲破初恋的力量。卡米拉是查尔斯王子从少年开始就有的情结，在他的心中，卡米拉无疑是更美丽、更善良的。轰轰烈烈的英国皇家爱情故事，向我们生动地展现了初恋力量的强大。

4. 鱼和熊掌综合征患者

人是欲望动物，林林总总、各式各样的欲望构成色彩斑斓的人生，演绎出一幕幕人间悲喜剧。于是，人们的行为举止每每被潜意识中的欲望所催眠、所左右。

每个人的欲望不尽相同，但有一个欲望是大多数人所共有的，那就是"大满贯"！

孟子说："鱼，我所欲也，熊掌，亦我所欲也；二者不可得兼，舍鱼而取熊掌者也。生，亦我所欲也，义，亦我所欲也；二者不可得兼，舍生而取义者也。"意思是两种美好的事物不能同时获得。

理是这个理，很少有人反对这个理。但心中想二者兼得的仍是大有人在。这就是所谓的"鱼和熊掌综合征"。他们既不能舍鱼取熊掌，也不能舍熊掌而取鱼。而是两手都要抓，两手都要硬。

电视剧《蜗居》就讲了一个现实得不能再现实的婚外恋故事。

已到中年的成功男人宋思明和 20 岁出头的职业女性海藻相爱，两个人同时都是"鱼和熊掌综合征"患者。宋思明有贤惠优雅的妻子、活泼可爱的女儿，有一份让人羡慕的资产和事业。海藻有一个年轻潇洒的男朋友，和她一样处在事业的奋斗中，没权没势，但是很爱很爱她。

在一个偶然的工作场合，宋思明遇见了海藻。

从见到海藻的第一天起，他的眼前总是闪现那个普通的小姑娘。她是那么的普通，谈不上姿色，清汤挂面的头发，不施粉黛。可不知是哪一种神态竟打动了宋思明的心，也许就是那种无时无刻都可以钻进自己童话世界梦游的神情，还有那简单得像句号一样的眼睛。宋思明希望看见有一天那双善睐的明眸，会有一滴温热湿润的泪水流出，只为他而流。

可见，他爱的并不是海藻本人，而是爱上自己面对一无所有的女孩子时，居高临下的快乐而导致的恍惚状态。

后来，他忘记了爱女的生日，他说海藻就是他脑子里的那颗病毒。在意识层面，他尚能清晰思维，知道妻子的重要，不愿和妻子离婚，知道愧对于女儿，知道自己对家庭的责任。但是一到那个女孩的面前，他就转入无意识层面了。有意识中不断提醒自己的东西不管有多么强烈，如果无意识中是相反的愿望，有意识的愿望就会显得非常乏力。因为对于人来说，潜意识的事物比实际事物更能传达到大脑里。如果人已经进入了催眠状态，无论是谁对其施加外力，结果也没有多大的不同。

当局者迷，旁观者清。宋思明的妻子在和海藻的谈话中颇有见地：宋思明在最青涩、最萧条的时光是激素分泌最旺盛的时候，什么都想要，什么都没有，要钱没钱，要地位没地位，要权没权。能守住一个女人就不错了。现在就像撒欢的小狗，关了半辈子的猛兽，一旦有了选择，有了条件，干嘛不成就青春时候的梦想呢？现在，你明明能买得起羊绒大衣，干嘛要买一件人造呢子大衣呢？

说白了，宋思明对海藻的爱是被自己青年时期的欲望和梦想催眠了。当他遇到这个女孩时，调动了他的潜意识，使他又处于类催眠状态，意识不工作了，只有潜意识中未能完成的欲望在运转。他既希望维持家庭的稳定和现有的生活，又希望能时不时完成潜意识中的欲望。

海藻的姐姐在分析海藻之所以背叛深爱自己的年轻男孩小贝而爱上有妻室的宋思明时，指出海藻是爱宋思明头上的光环。他要是个穷光蛋，要是不在这个位置上，她就不会爱他。实际上海藻爱上了这个中年男人，是受到潜意识中赌博心理的催眠作用。人的潜意识中都有不劳而获的心理。就像是赌博，即使输光了也会继续。一般赌博上瘾的人，都是一开始尝到了甜头，然后越陷越深。赌博正是抓住了一些人想要暴富的心理。海藻在宋思明身上接受到的暗示是他会为自己承担一切，不需要自己去操心什么，催眠与暗示间有着无法切断的关系，接受暗示的人长时间对暗示有一种类催眠反应，是源于这种暗示符合自己的切身利益。在对方无戒备的情况下，只通过日常对话就可以让对方意识恍惚。但是，只有符合内心的催眠，才能取得成功。

海藻大学毕业，一无所长，在大都市里怀揣着梦想，成功欲望很强烈。恰逢此时出现了有钱有势又能顺利帮她解决问题的宋思明，自然是求之不得。在毫无戒备的情况下，宋思明总是几万几万地丢给她钱，甚至帮她的家人处理好难题。这再符合不过她此时的内心需要了，于是她给这个中年男人的头上戴上了无所不能的光环。潜意识中不劳而获的心理让她把这场恋爱当成了赌博，被一时的好景催眠。怀了他的孩子也要赌一把生下来，将自己的青春当作赌博的筹码。最后为一时的甜头付出了惨痛的代价。正像是不回头的赌徒，即使是倾家荡产也相信下一场赌局自己一定会赢。

因此，两个人一场轰轰烈烈的偷情不过是一场催眠的演绎。各自都不是对方真正爱的人，不过是欲望和未完成理想的投射。后来的结果很悲惨，海藻流产，宋思明遇车祸而死。从这部现实得不能再现实的电视剧，可以看出，如果我们更多地了解自己，了解自身的催眠机制，会避免多少本可以避免的悲剧。有多少人就像是守株待兔故事中的农夫一样，被一个偶然的不劳而获的晚餐催眠了，从此一生都守在那棵树旁边，白白耗费了生命中真正有意义有价值的东西——时光。

5. 被时尚催眠

时尚是指一个时期内相当多的人对特定的趣味、语言、思想和行为等各种模型或标本的顺从与追求。

时尚自古有之。"楚王好细腰，宫中多饿死。""昔者楚灵王好士细腰，故灵王之臣皆以一饭为节，胁息然后带，扶墙然后起。比期年，朝有黧黑之色。"意思是说楚灵王喜欢他的臣子有纤细的腰身，楚国的士大夫们为了细腰，大家都节食减肥，饿得头昏眼花，站都站不起来。坐在席子上的人要站起来，非要扶着墙壁不可，坐在马车上的人要站起来，一定要借力于车把。谁都想吃美味的食物，但人们都忍住了不吃，为了腰身纤细，即使饿死了也心甘情愿。

在现代社会中，时尚的力量就更为强大。利用社会流动和信息传播，大众媒体、广告公司、职业经纪人以及各类商家等成为时尚的最大制造者。"炒作"促成了某种时尚的流行，触动着人们的思想和行为观念。

时尚，就制造者而言是利用暗示、模仿的手段达成操纵人的目的；从接受者的角度而言，是由于从众心理在作祟而导致的无条件、非理性的接纳。

在人类的远古时代，集群是人类生存的必要条件。因此，集群性是人类集体无意识中的一项重要内容，从众便是集群性的典型表现形式之一。"从众"是一种比较普遍的社会心理和行为现象。它是指人们在真实或臆想的群体压力下，放弃自己的意见而采取与多数人行为相符的现象。通俗地解释就是"随大流""人云亦云"：大家都这么认为，我也就这么认为；大家都这么做，我也就跟着这么做。

试看下例：

　　某日，在一条大街上，突然有一个行人向东跑起来，也许他猛然想起了一个约会，急着去赴约吧。随后一个卖报的孩子跑起来了，又一个急匆匆的绅士也跑起来了，大概他们都有要紧的事要办。接下来的事情就有点不可思议了，十几分钟以后，这条大街上所有的人都跑起来了。而且人们嘴里还不断地喊着什么，嘈杂的人群中，有时可以听到人们在说"上帝""大堤"。大街上的人越来越多，刹那间几千人像潮水一样恐慌地涌向东方，没有人知道究竟发生了什么事。从人群的喊叫声中可以知道，"决堤了"，"向东"，"东边远离大河"，"东边安全"。路边有人不明白怎么回事，问正在跑着的一个人："发生什么事了？"得到的回答是："别问我，问上帝去！"

　　人类的许多社会行为都是模仿性的。儿童在幼年时期，模仿他们的长辈，在长大成人的过程中，他们的大部分行为受周围人行为的影响。例如，在公众场合，我们看见别人站着，我们也就站着，人家鼓掌，我们也跟着鼓掌，甚至别人打哈欠，我们也打起哈欠来。实际上，我们模仿各种行为，有好的，也有坏的。我们甚至接受别人的影响而捐款给慈善事业，只是因为别人在捐款。我们可能对别的族群持有偏见，只是因为我们的家庭和邻居对他们带有偏见。笔者曾看过这么一张照片，在马路的人行道上，一对青年男女在行走，小伙子的手搂着他女朋友的肩；在他们的身后，有两个小孩也在走路，小男孩也把他的手搭在小女孩的肩上。如果说，前一对青年男女的动作是表现一种情爱、性爱；后面这两个小孩的动作恐怕并没有那么丰富的内容，就是一种简单的模仿而已。

　　美国著名心理学家班都拉认为，人类的社会性行为的主要学习渠道就是模仿。社会心理学家塔德说："社会就是模仿，而模仿则是一种催眠术。"他还提出了模仿律，它包括三条亚定律。1. 下降律，即下层阶级具有模仿上层阶级的倾向，比方说，像时尚这种社会现象其基本的传播形式就是一种自上而下的越来越广泛的瀑布式传播。2. 几何级数律，即在没有干扰的理想状态下，模仿行为将以几何级数的速度增长。当一种新的行为被另一个人模仿后，就形成了两个模仿源，这两个模仿源再各自被一个人模仿，便形成了四个模仿源；以此类推，将发展到8 个、16 个、32 个……时尚、谣言无一不是以这种滚雪球的方式扩散的。3. 先内后外律，即个体对本土文化及其行为方式的模仿与选择一般总是优先于外域文化及其行为方式。

模仿最突出的特点就是无理由、非理性。当一个人去模仿另一个人的行为时，他根本没有经过理性的思考，甚至全然不知道行为的目的与意义，他的自我意识已经丧失，只具备行动能力而不具备思考能力。

改革开放 30 多年来，中国的变化实在是太大太大了。不仅是物质生活的极大丰富，综合国力的大幅提升，也包括思想观念的巨大变化，更不用说时尚了。20 世经 60 年代时，"南京路上好八连"以艰苦朴素成名，一时成为全国效仿的榜样。几十年后的今天，奢华的生活却是大多数人的向往与追求。曾几何时，不要说偷情要遭万人唾弃，就是谈恋爱时主动提出分手也会遭到千夫所指。然而，这种观念随着物换星移而悄无声息地变化着，如今的时尚是：二奶是一个"光荣美丽"的职业！

当今很多婚外恋的产生与一些年轻女孩的观念——"宁做二奶，不嫁穷鬼"有关。

　　网上有一个关于包二奶的节目。有一位嘉宾公然为二奶辩护，认为二奶有助于促进社会的和谐，是一种社会再分配的方式，有利于成功男人在追求个人自由与承担家庭责任方面的有机统一。当主持人问一位女大学生为什么成为二奶时，这位女大学生没有感到丝毫的羞愧，反而理直气壮地为自己辩护，甚至感到自豪。她嘲笑没有包过二奶的人没有品位。她说她宿舍的女同学都被包了，而自己没有被包，总是觉得抬不起头来。问及她成为二奶的过程时，她说那时她正好和男朋友分手，有一个大叔来到她的生活中，大叔有钱也有家。于是她就顺理成章地成了这个大叔的二奶。显然，她被这种生活氛围催眠了。如果她生活在一个观念保守正统的宿舍和环境里，或是一个民风淳朴的地区，她的观念与行为可能就会是另外的样子。

　　不再以婚外恋，或者说得更直接一些，不再以偷情为耻，反而把二奶当成一个"光荣美丽"的职业，事实上是受到两种时尚观念的催眠。

　　一是性开放的观念。

　　多少年前听说过一个故事：一个美国人在和中国妻子新婚的夜里发现妻子仍是一个处女，他不仅没有感激反而很惊奇地问：难道这么多年都没有人爱过你吗？妻子哭笑不得，不知如何解释是好。当时听到这个故事我们也感到纳闷，甚至怀疑这个美国男人是否心理有毛病？现在的观念也变了。虽说中国男人的处女情结依然存在，但到婚礼的那一天，妻子仍是处女的可能性恐怕不超过 0.1%。换言之，婚前性行为已被人们普遍接受，处女已不再是新娘子的必要要求。既然如此，正式结婚前当一回二奶也就没那么多的心理障碍了。

二是物质生活水平是衡量人生成功的唯一标志。

在这个物欲横流的时代，你穿的什么衣服，提的什么包，开的什么车，决定了你被尊重的程度以及你被划入哪个社会阶层。有过这么一件事：在一幢公寓楼里，住着两位二奶。两位都养了狗，又不时在电梯间相遇。一只狗品种更名贵些，于是，狗主人便以傲视的目光看着另一个狗主人。另一个狗主人受不了了，便向她的男人提出换条更好的狗以压倒对方。她如愿了，她也可以用傲视的目光报复另一个狗主人了。

这究竟是狗与狗在比？还是人与人在比呢？

如何去比，谁胜谁负咱们不去管它，我们所关注的只是，她俩都是被横流的物欲彻底催眠了的人们。要满足物欲少不了大量的金钱，年纪轻轻的哪来那么多的钱呢？做二奶提供了一条捷径，于是，二奶就成了一个"光荣美丽"的职业！

婚外恋盛行还有一个原因，是受到文学作品的影响，认为婚外恋本身就是一种时髦。著名女作家张爱玲本身就是中国有名的二奶。比如，她堂而皇之地将男人包二奶的行为合理化，在作品中说：也许每一个男子全都有过这样的两个女人，至少两个。娶了红玫瑰，久而久之，红的变成墙上的一抹蚊子血，白的还是"床前明月光"；娶了白玫瑰，白的便是衣服上沾的一粒饭黏子，红的却是"心口上一颗朱砂痣"。这句话被奉为"出轨圣经"中的圭臬。

语言、意象如此凄美动人，于是有一大批文学爱好者纷纷效仿。本来并不是非要成为二奶或第三者的，也要尝一尝当一把"床前明月光"和"朱砂痣"的滋味。于是接下来又有附和者：一个男人有两个女人，一个是白玫瑰，一个是红玫瑰。一个是圣洁的妻，一个是热烈的情人。一个是宝钗，一个是黛玉。一个是蚊子血，一个是明月光。一个是饭黏子，一个是朱砂痣……种种意象和比喻接踵而来。张爱玲说，这个世界上，没有一样感情不是千疮百孔的。这让大量的文学爱好者更加对那种可以带来伤害的感情热衷不已。

文学是一种个人内心压抑欲望的宣泄，却被很多的文学爱好者当作了圣经。张爱玲的文学作品也是她自身感情的宣泄。她的爱情就是从第三者起家的。她和当时汪伪政权的汉奸胡兰成相爱，胡当时已有家室，他的妻子应英娣，无法忍受他们的胡闹，提出离婚。后来张和胡结婚，顺利地从二奶"转正"。

张爱玲在文学界的催眠效应席卷了大批的文学和非文学爱好者。有人曾戏称：张爱玲是文学界里的 LV。连不识字的人也要买一本《小团圆》来增加自己的时尚感。

著名作家琼瑶也曾经是著名的第三者。经过了长达 15 年的第三者生活，终于扳倒原配，成为第一者。于是在她写的戏里，经常对第三者进行美化和自我标榜。看着琼瑶的为第三者立牌坊的小说成长起来的一群人，被戏里所描述的纯真美好的、不管不顾的爱情催眠了。也自然觉得做一个温柔多情、知书达理却痛苦地和别人的丈夫相爱的人是幸福的。因为在琼瑶的戏里，第三者总是主角。这些标榜第三者作品的风靡，对一代人产生了催眠作用。

至于当今的电影、电视剧中，明媒正娶的妻子让人讨厌，私下相好的二奶受人同情的场景早已屡见不鲜。所有这些，也不同程度地为二奶是一个"光荣美丽"职业的时尚推波助澜。

《廊桥遗梦》，美国作家罗伯特·詹姆斯·沃勒所著。这部畅销书风靡世界，随后的同名电影也是极为卖座。

在书中，作者向读者展示了罗伯特·金凯与弗朗西丝卡从相逢、相恋到分别的全过程。这是一段婚外恋情，一个被作家用"真实性"、"悲剧性"和"死亡"包装过的浪漫的婚外情故事。作者非常聪明地只给他们四天的时间相爱，其浪漫而不失优雅、热烈而又洒脱、短暂而又漫长的恋情，非常适合现代人的欣赏口味，也暗合了那些对沉闷的婚姻有所不满的人们隐秘的心理追求。罗伯特·詹姆斯·沃勒小心翼翼地打开了婚外恋的隐秘的情感天地，使人们从足以引起指责的越轨和羞耻的恋情中看到了坚贞、永恒、理智以及情感深厚的一面。它让人们很自然地联想起，尽管被舆论和道德谴责但是事实上存在的婚外恋情，是不是不尽完美的婚姻状况下的必然产物？

婚外恋的人们，在书中找到了知音，找到了依据，也找到了心理平衡——原来，咱们干的事也属于伟大的爱情。

至于书中的那些动人描写，更是扣人心弦，让人动情动心。兹录两段，共赏之：

到天亮时他稍稍抬起身子来正视着她的眼睛说："我在此时来到这个星球上，就是为了这个，弗朗西丝卡。不是为旅行摄影，而是为爱你。我现在明白了。我一直是从高处一个奇妙的地方的边缘跌落下来，时间很久了，比我已经度过的生命还要多许多年。而这么年来我一直在向你跌落。"

我只有一件事要说，就这一件事，我以后再不会对任何人说，我要你记住：在一个充满混沌不清的宇宙中，这样明确的爱只会出现一次，不论你活几生几世，以后再也不会再现。

若作深层次分析还可发现，把二奶当作一个"光荣美丽"的职业，对偷情也可以理解，却要求女人一定要恪守妇道，从一而终，表面看来是水火不相容的两个极端，但从机理上看如出一辙，都是被环境与文化催眠。

在唐代皇甫枚所著《非烟传》中，步非烟是一位美女加才女，因媒妁之言嫁给了不通文墨、不解风情的武官武公业。武公务繁忙，常常无暇顾家。邻家子赵象偶然见到步非烟，被她的美貌迷住，买通守门人，以诗传情。如此一来二去，日久生情，终于私通。两年后丈夫发现奸情，于是鞭打步非烟，步非烟被活活打死，赵象仓皇逃走。

相比男人的婚外恋得到的默许，女人婚外恋的结果基本都是很悲惨的，这和男权的封建社会观念的催眠作用有关。

十二 偷情：罪恶感与快感交织

在封建社会，女人出门都要蹑手蹑脚，总感觉自己像是犯了什么错误那样生活，何况偷情这样见不得人的事。有一个勇敢的潘金莲，红杏出墙后与情夫一起毒死了自己的丈夫，这已是极少数。但最后，还是没能逃离封建礼教的刀刃，和她的情夫西门庆双双死于小叔子武松的手上。为什么武松会杀自己的亲嫂嫂？步非烟的丈夫会将自己深爱的女人打死？他们的头脑是被封建礼教催眠的产物，关于步非烟，很多现代的读者读起来会感到惋惜，在中国古代的礼教观念中，女子的不忠是滔天大罪，即使被丈夫打死也是死有余辜。武松的头脑也是被催眠的结果，潘金莲曾经诱惑过武松，在武松眼里，潘金莲的魅力如同老虎一样为洪水猛兽，洪水猛兽总是要被消灭的，杀死了他的哥哥只是一个借口。真正的原因是如果潘金莲不死，在当时的观念中，作为小叔子的他没有办法堂堂正正地生活下去了，正如不杀死老虎，武松会"没命"。

可见，被催眠了的头脑可以杀人。正如很多宗教催眠了一大批信徒，让他们去和不同信仰的信徒们拼死血战，死伤无数。历数历史上的战争，很多是因宗教信仰而起。宗教活动的特殊情景引起人们的催眠反应。宗教活动特定的场所、人群，特有的活动情景，往往使人产生一种敬畏与权威的感觉。这种体验给类催眠行为提供了极好的心理气氛和对其他外界信息的屏蔽作用。随着宗教活动的持续展开，信教群众结合自身的经历、感悟，会对宗教深信不疑。从这个角度来看，信仰宗教的过程实际上是一个类催眠反应的过程。

其实，世上的时尚、观念，没有对与错、是与非，只有在不同的催眠暗示下产生的不同催眠系统。在旧社会，一个和丈夫吵架的女性会被指责为不尊重丈夫；怀孕的女人如果出门会被耻笑；一个女人如果想要丰胸会被认为是不守妇道，成为天大的笑话。

每个时代都有每个时代的观念标准，不同的社会有不同的意识形态，其实它们都是人脑不断接受催眠暗示的产物。催眠的内容决定了一个人的价值观。一个人在成长过程中获得的信息，会决定这个人的价值判断。君王使用的愚民政策正是利用了人民的这种受暗示性。类催眠反应的发生，主要是个体为了自身能够迎合强影响下的社会情景中的某种信息倾向，在迎合的过程中，会因自身不断执行情景中的倾向性信息而不知不觉地陷入一种催眠状态。

一个人可以在不知不觉的状态中，被所处的环境和文化催眠，一个人反复地获取什么样的信息，就会被什么样的信息催眠。同时，这些信息就会扭转或改变他的价值观。举一个简单的例子，我们从小就被教导要交良师益友。因为和你交往的人会在潜移默化中将他的信息暗示给你。如果你平日里接触到的总是抱怨、生气、恼火，每天都在浪费时间，牢骚不断，并且一逮到机会就抱怨个没完的人，那么渐渐地你会相信这个世界上就是一个令人讨厌的地方。如果你和心态积极的人在一起，你就会发现世界是如此的美好，成功地实现一件事情是如此的轻松。这就是环境巨大的催眠力量。

6. 精神出轨

有一种偷情叫"精神出轨"。

精神出轨是相对于肉体出轨而言的，是指在精神层面上恋上婚姻之外的别的男人或女人，从而在夫妻生活中表现出的移情别恋现象。用一句俗语来形容的话，就是"人在曹营心在汉"。

百度百科中总结出精神出轨的九大表现：

一是常找借口不回家，待在家里也宁愿独处。

夫妻中有精神出轨现象的一方，会觉得回家无趣，会常常找借口不回家，即使回家，也是宁愿一个人独处。另一方习惯于晚饭后看电视，那他（她）就习惯性地玩电脑或是找个借口去干别的事，就是闲着无聊，也不愿与另一方共娱共乐，显现出夫妻近在眼前，却是冰火两重天。有些夫妻遇到这种情况，就以为婚姻的平淡是一种必然，而事实上，这种平淡却潜藏着深重的危机。

二是莫名其妙地厌烦，拒人于千里之外。

有精神出轨的一方，肯定内心之中，会有移情别恋的对象，这种对象可能是暗恋的，也可能只是暧昧的情形，但精神上出轨的一方，精神的注意力就常常用到别的对象身上去了。会觉得夫妻生活很烦，或是没有趣味，也会觉得现在的伴侣只是累赘和多余，早已提不起兴趣。所以，当对方有什么事相问，或是对方要主动亲热，往往就会觉得触了霉头。

三是做爱也成例行公事，靠想象对象助兴。

有精神出轨现象的一方，常常对夫妻性爱也提不起兴趣，即使有时出于生理需要，也例行公事，往往速战速决。夫妻有一方存在精神出轨，夫妻床事就极易败兴，这就叫："有情常被无情恼。"有时，有了精神出轨的一方，为了应付对方，甚至做爱时，想象的对象却是意念中人，并借此意淫来助兴。精神出轨的一方，对夫妻床事冷淡，甚至可能夫妻同床而眠，精神出轨的一方却在另一方睡着了而采取自慰的方式达到满足。

四是拿对方跟他人比，看对方啥都不好。

在婚姻中，看对方啥都不好，甚至一点小事就要埋怨对方，甚至吵嘴时，就会故意挑刺，让对方觉得委屈，即使对方刻意表现，也总是入不了他（她）的眼，并且明里暗里老拿对方跟别人来比，越比趣味就越淡。

五是很不愿将就对方，惹急了就不理不睬。

很不愿将就对方，一旦惹急了，即使对方委屈得哭泣，他（她）也懒得去将就，而是把对方丢在一旁，自己去忙自己的事去了，或是自己去找消遣去了。特别在日常生活中，态度不冷不热，极少有同对方主动亲热的时候，往往争吵过后，就极易陷入较长时间的冷战。

六是记不清对方生日，送礼物也只是敷衍。

夫妻一方精神出轨了，往往想保持对婚姻的热度，也实质性地不可能做到。所以，常常忘了对方的生日等，即使记得，也不会精心挑选礼物。即使送也只是将就一下，不再像以前花再多的钱买礼物也不吝惜，而总是找借口说要节约开销之类。

七是你高兴他（她）不高兴，显得冷漠。

有了精神出轨的一方，当对方有了高兴事，比如在工作上得到奖励，或是对方发了奖金，或是受到别人的好评，或是晋升了职称，回到家中，本来很高兴，而精神出轨的一方，却显得事不关己，你高兴他（她）不高兴，最后要把整个氛围搅得一点情趣也没有。

八是内心常有小秘密，不愿与对方分享。

有了精神出轨的一方，常会隐瞒一些个人的事，而不愿拿出来同另一方分享，尽管这些心事，是可以拿出来的，只是他们习惯于在内心开设这样一个私密空间，他们往往觉得这些心事是和精神恋人联系在一起的。于是，宁愿将它们储藏起来发酵，也不愿与另一半分享。

九是待对方亲朋冷淡，有时还想躲一边。

有了精神出轨，事实上也可能呈现出一种移情别恋，相反实质性的出轨，可能只是为性，而这种精神出轨，极有可能是精神上的移情。所以，表现在现实生活中，就把婚姻的另一半不再当作最亲的人，当然，对对方的亲朋也就更想保持距离，甚至是没有热情，也没有了心情，还想极力回避。

"精神出轨"是20世纪90年代才出现的新概念，在这之前，人们并不把它当回事，甚至还将它作为至高至纯的人间情的样板。

著名国画大师张大千与一位红颜知己的一段情，就被人以极为仰慕的笔调来颂扬：

> 大千居士张爰旅沪，客居李薇庄府，与三小姐秋君莫契。君沪上才女，诗词书画皆妙，尝与爰合作绘画，侍爰起居，殷勤周至，关怀尤切，爰以为平生第一知音。而君一生未嫁。爰与君同庚。戊子岁，友集沪为合庆百岁寿诞。陈巨来治"百岁千秋"印往贺，妙将大千、秋君之名，合庆百岁之义并蕴乎印。爰以斯印为惬意之贺礼，与君即兴挥毫并钤此印。二人相约合绘百幛仍钤是印纪之。旋因烽火，人各一方，未遂其愿。辛亥祀君病逝沪中。爰在香江，闻之为服心丧焉。

这其中的"三小姐"就是李秋君，和张大千相识在20世纪20年代，两人志趣相投，"一见钦佩"，经常在秋君的欧湘馆画室中论画，切磋琢磨。虽然"恨不相逢未娶时"，然而他们却没有像人们想象中的那样，演绎出一场轰轰烈烈的爱情故事，而是把彼此的挚爱深深地埋在了心里。如张大千所说：绝无半分逾越本分的事，就连一句失仪的笑话都没有讲过。彼此以"三妹""八哥"相称。在此后的一段时间里，李秋君照顾着张大千的生活起居，养育着张大千过继给自己的心瑞、心沛；在张大千云游四方时，代选门徒。在李秋君的鼓励下，张大千远赴敦煌写生，从而奠定了张大千在中国绘画史上不可替代的地位。

1948 年 9 月，李秋君与张大千同庆五秩寿诞，张带着新婚夫人徐雯波，由重庆飞抵上海，又住在李家。那天，李府张灯结彩，高朋满座。张大千、陈巨来为李秋君同刻印章，张大千仿瓦当文"千秋万岁"田字格朱文，而陈巨来刻"百岁千秋"四字，竟不谋而合。"千""秋"两字暗含两人的名字，百岁刚好是两个人的岁数和。喜庆席上，张大千和李秋君合绘了一幅山水，并盖上这方新章，还相约：今后再合作 50 幅，另外各人绘 25 幅，凑满百幅，到百岁整寿，在上海开个画展。同年，大千与秋君互写墓碑，相约死后邻穴而葬，以示他俩誓为"生死画友"。然而 12 月张大千去了台湾，那一衣带水的浅浅海峡，就这样无情地割裂了"百岁千秋"的旷世绝恋。从此一别，李秋君就再也见不到这位"生死画友"了。但是不管张大千在哪里，他们从未中断过联系，梦牵知己，正是"家在西南常作东南别，尘蜡苔痕梦里情啊"。1971 年，张大千知道李秋君去世时，"惊痛之余，精神恍惚，若有所失"，长跪不起，几日几夜不能进食。"古无与友朋服丧者，兄（大千自称）将心丧报吾秋君也，呜呼痛矣！"其苦痛怎不令人肝胆摧裂！

他们之间的恋情，超越了普通人想象的肌肤之亲，虽生不能同床，死亦不能同穴，却互相爱护，互相敬重，互相砥砺，亦兄亦妹，亦师亦友，纯洁、高贵、忠贞。徐悲鸿感叹"五百年来一大千"，张大千与李秋君的恋情不也是五百年来难得一见吗？

这个故事很动人。不过，我们还是要说，他大舅他二舅都是他舅；精神出轨、肉体出轨都是出轨。区别仅仅在于，一个可能被"捉奸在床"，另一个永远是"查无实据"。本质上说，都是偷情。当然，正常的男女朋友与精神出轨之间确实没有明显的界线，有时连当事人也不清楚是否越过了界。有人将这种既清白又模糊的感情称为"第四类感情"或者是"冰与火的对接"。

下面，我们就来分析一下精神出轨的人的心理特点。

其一，精神出轨的人通常有一个强大的"超我"（正统的道德观念），这个"超我"时时提醒他们，与婚外异性发生性关系是有罪的，这个底线不能逾越。与此同时，他们也不是真正安分守己的人，他们的"本我"，即种种原始的欲望也时不时地会跑出来，想透口气，想发泄一把。"超我"与"本我"是对立的两端，冰炭不同器，水火不相容，怎么办呢？这时"自我"出来调停了，这样吧，咱们谈感情，没有肉体接触，总可以了吧？

— 十二 偷情：罪恶感与快感交织 —

黎婷婷结婚已有8年，每当她与老公闹别扭或是心绪不佳时，都会约张东出去喝茶、散步，做律师的张东常常从男人的角度帮她分析问题，而且旁征博引、谈吐风趣，他说的每句话都让黎婷婷舒服到心窝，他俩的谈话内容也可以百无禁忌，常常触及心中最隐私的领域，这是黎婷婷的要好女友和其他男性朋友所做不到的。不过，她和张东相处多年并没有发生感情错位，他们只比一般朋友多了一份温暖的牵挂和肝胆相照。"我们仿佛心意相通，我清楚他对我的体贴，他也了解我对他的好感，但我们不愿破坏这种美好的感觉，也不愿伤害彼此的另一半。"

小雯（化名）与公司的同事Jimy保持了一种若有若无的知己关系，他们一块儿讨论工作上的难题，在谈判桌上联手合作经常出奇制胜，他们彼此欣赏对方，却从未越雷池一步。"我觉得建立这样一种关系，有时能唤回你既有的本性，也可能满足了你内心深处对于爱的渴望。虽然我深爱着我的丈夫，但这并不表示我们之间完全可以满足彼此的需要，我偶尔会在自我想象中驰骋一番，但我能拎得清想象与现实的一线之隔，我与Jimy的确心心相印，但仅止于此。"

即使在动画设计公司涂画一天的小鸡、小熊，仍发泄不完剩余的精力，下班后她喜欢蹦迪、泡吧，结识的朋友特别多，而且均为男性，她坦言："被其他男性注目的感觉，更叫人激动！"但纪华心里明白，如果再让她选一千次，她还是会选现在的先生，只有他才能给予自己安全感。尤其令纪华很有面子的是，自己的先生对她的外向型交际十分放心，他鼓励太太结婚后不要失去独立和自我，"有什么可担心的，给她自由也是给我自由，给她新鲜空气，同时也让我透透气，要真有什么情况，她也不会事先大模大样地给我打电话了，没准就是想让我吃点醋呢"。

乍看上去，这是一个万全之策，方方面面都考虑到了。其实，这是一个虚幻的景象。有一个基本事实摆在人们的面前：精神出轨势必要将一份感情生生掰成两半，一半堂而皇之地给自己的配偶，另一半却要藏着掖着偷偷给自己的情人。这种掩藏带来的不安和焦虑，以及面对配偶时的内疚和自责，都是精神出轨者所需要背负的巨大压力。精神出轨容易，想回来却很难，一不留神，精神出轨就变成了精神负担。这种精神负担带来的焦虑要远远大过精神出轨所带来的快感。相比较而言，以性满足为目标的肉体出轨倒是没有那么多后继的精神纠结。

其二，肉体出轨一定要两人配合，精神出轨中却还有一种单相思。因此，好幻想甚至可能有点白日梦倾向的人就容易精神出轨。有的人沉迷在精神艳遇的美好情景中，将想象延伸进了现实，因此而做出种种非理性的行为，有可能让你所暗恋的人感到莫名其妙。记者江小姐在采访中结识了青年才俊何先生，两人相谈甚欢引为知己。何先生的音容笑貌与好客慷慨却让江小姐芳心大动情愫暗生，她经常找机会与何先生见面，并将何先生的只言片语放大成爱的信息。消息传到何先生的耳朵里，他觉得这女人是妄想狂，两人再见面便觉得异常尴尬。

其三，精神出轨更多地出现在那些希冀寻找浪漫、释放自我的人当中，当他们觉出了生活的平淡、感到了心里的矛盾，就通过精神艳遇的方式找到发泄点。

也有人认为精神出轨具有保健功能。例如以下几个方面。

心理学博士阿廖认为："精神艳遇较易产生在传统价值束缚下的男性或女性身上，它可以满足婚姻中一时的感情不足，具有心理治疗的作用，是维持美满婚姻的补救之道。"

美国心理分析治疗专家麦格福尔建议："精神艳遇能让两性间的亲密关系更具活力。"

美国专家荷尔茜在她的专著中指出："精神艳遇只应深植于内心的神秘花园，不妨以此为婚姻多增添一些浪漫的感觉吧，当你从精神艳遇中获取到喜悦的果实，一定要把它的芬芳嫁接到实际的生活中，从而让你和另一半之间的亲密关系重获新生的活力。"

形象顾问曲珍女士在一个小型女士沙龙上谈了自己的观点："一个谈得来的异性朋友不是洪水猛兽，你可以和他自然交往，坦然面对和交换看法，又不必背负'粉红'债务，如此单纯的关系，其实比谈恋爱要省心、有乐趣得多！据我的观察，男性朋友比女性朋友更有忠诚度，更叫人放心。婚姻是调和的艺术，重要的是把握咸淡的尺度。一旦精神艳遇发生在婚姻美满的状况下，其实你并非对于平凡无趣的生活感到了厌倦，相反它是一种诠释健康情感的调味剂！"

我们尊重他们的看法，却不能苟同他们的观点。就算是有快乐吧，就算是有保健功能吧，但弊大于利却是不争的事实！

7. 没人能保证自己不出轨

有首歌唱道：

1234567 亲爱的你在哪里

这种感觉像毒品管它道德与伦理

享受快感与刺激一起把他蒙在鼓里

快点带我飞上天你当水啊我当鱼

motel 里真感情出来之后装不熟悉

你我戴着假面具把罪恶感关在牢里

翻云覆雨好开心小心针孔摄影机

baby baby 我爱你只要他不在你就是我的唯一

歌词有点放肆，却也道出了一大批人的心声。

的确，偷情败露后常为人不齿，但没人能保证自己不出轨。或者是肉体出轨，或者是精神出轨。老百姓不能，高官甚至更不能。希拉里风姿绰约，但莱温斯基的胸脯要比她的更诱人，克林顿趁势很坚挺地在其蓝裙上泼墨。守着法兰西财神爷的塞西莉亚，"第一夫人"的头衔指日可待，但仍神态自若地与一名法国"穴头"在曼哈顿十指相扣。更不用说，在我们身边，看起来相敬如宾、伉俪情深的一对对老燕子，用出轨带给我们的愕然。对于他们的出轨，我们既不用扼腕叹息，也不用幸灾乐祸。因为，出轨就像一个恶性细胞偷偷藏在每一段婚姻中，一旦诱因出现，就会迅速分裂成长为肿瘤。

面对诱惑而不动心的人很少，柳下惠这样的人几乎跟恐龙一起消失在这个世界。记得一个关于和尚的笑话。老和尚一辈子没有见过女人的裸体，临终了想见一下，徒弟们急忙从山下找了一个妓女将其扒光站在老和尚面前，老和尚看了后惨叫一声"怎么跟尼姑的一样啊"，便咽了气。

无论是什么人都会有欲望，佛家并不是让人真的断绝一切欲望。宗萨钦哲仁波切曾经说过，佛家并不是让你成为孤零零的一个人，你可以大口吃肉大碗喝酒，甚至可以娶妻生子，只要你相信，诸行无常、诸漏皆苦、诸法无我、涅槃寂静就可以了。显然，佛家承认了人的原始欲望。

有人说，最牢固的婚姻应该是阳痿的男人和性冷淡的女人组成，他们是绝对不会出轨的。我们说，也不一定，这种人也有可能会精神出轨。

为什么呢？

其一，偷情给人以别样的感觉。有篇网文写道：

出轨男人的豪情。

男人像爱惜自己的眼睛一样爱惜自己的裤裆，所以裤裆里那东西难免会沾染些眼睛的流氓习气，我们称之为审美疲劳。因此，出轨的男人在家如美元一样疲软，在外像人民币一样坚挺。

出轨的男人是豪爽的，情人节为老婆买一束鲜花大骂奸商涨价而和另一个女人开房眼都不眨。

出轨的男人是多情的，他们会把对老婆N年前说的甜言蜜语原版重现给另一个女人而面色坦然。

出轨的男人是温柔的，他们不能忍受老婆的絮叨却能和另一个女人喃喃私语到午夜。

出轨的男人也是生猛的，腰不疼了，腿也不麻了，连上床都不喘了。

出轨女人比男人更悲壮。

女人的出轨要比男人们悲壮一些，她们不能像茶壶那样明目张胆，不管大红袍还是铁观音只要是树叶子就泡，那样会被说成很淫乱，女人害怕这个词。在安顿式的回忆录中，经常可见由"感情空虚"到上床的出轨轨迹。由此看来，出轨以"感情空虚"为幌子，既有窈窕淑女的矜持，又能保持烈焰红唇的诱惑。

出轨的女人是幸福的，眼前这个男人献上的金链子要比老公的一束鲜花眩目多了，虽然是18K的。

出轨的女人是甜蜜的，眼前这个男人会把尘封在记忆中许久的甜言蜜语说得活灵活现。

　　出轨的女人是幸运的，眼前这个柔情款款的男人比起老公真是最好的听众。

　　出轨的女人是"性福"的，眼前的男人不仅看起来舒心谈起来开心，关键是用起来还顺心。

　　其二，婚姻中的情爱与性爱随着时间的推移变得单调乏味。在电影《第三者》中，妻子面临着一种尴尬的逻辑推理：面对婚姻，情人无疑是第三者；而面对感情，妻子却成了不折不扣的第三者。这种感觉和感情至上的伦理观念，让某些人可以打着追求爱情的幌子，去追逐婚姻之外的情和性。但婚外情虽然美丽、多彩，却比婚姻更脆弱、短暂。在像肥皂泡般斑斓，烟花般绚烂之后，重新归于平淡。于是，多数人的婚外情只不过是婚姻生活中的一段小小插曲。经过了种种无主题变奏之后，这些出过轨的丈夫或妻子，最终大多又回到了家庭及"结发"配偶的身边。此是后话了。

　　其三，婚外性行为可以带来新的、更优越的性伙伴，使人们的性经历多样化。很多女性在婚外性行为中能得到更大的满足。有篇报告文学中曾写道：一个农村少妇被人强奸了，先是拼死抗争，最后的感触却是"做女人原来那么美好！"

　　其四，有些人，多为女性，自觉不自觉地试图通过婚外性接触来获得社会地位和金钱。为提拔而上领导的床现在已不是新闻，至于从情人那里拿点钱来花更被认为是天经地义的事情，而且完全不属于卖淫性质。

其五，受"以牙还牙"报复心理的支配。有的人是因为配偶有婚外性行为，不管这种行为是真实存在还是猜想。

其六，因为性，因为那寂寞的情。有人说过这样一句话：男人出轨为性，女人出轨为情。性可以是纯粹的，但情却总是剪不断理还乱，所以大多数背叛婚姻的女人都需要挣扎，她们的挣扎或许并不是为了得到什么，而往往是为了表达一种抗议或者是想向丈夫证明自己的存在和分量。她们的这种抗议和证明是带有情感的，所以她们又是最危险的，甚至比男人出于性刺激的背叛还要危险。

以上所述，有为偷情者找理由、作辩护之嫌。我们不否认这一点，因为这种行为与人类的天性有关，也因为他们是被催眠了，身陷其中难以自拔。但我们并不认为这是一种好的现象，无论是道德层面还是心理层面，直至个人利益层面。

一夫一妻制是人类文明社会的选择，婚外情、婚外性行为毕竟不是一个健康婚姻和家庭应该出现的。它不仅导致夫妻感情的裂痕甚至家庭的解体，而且给孩子的成长、社会秩序造成危害。来自法院的离婚案件中，虽然离婚原因呈现多元趋势，但因婚外情导致的夫妻感情破裂仍占相当大的比例。不过，有一个现象颇值得玩味，在有婚外恋与婚外性行为的人群调查中发现：由于自责心而表现出对丈夫、妻子更加温柔体贴，夫妻生活也更和谐。当然，这都是在事情未败露的前提下。

一旦东窗事发，事情就不会那么简单了。下面是一对夫妻的一段闲聊，颇有趣：

她问，如果我出轨了，你会怎样？听罢，做一会儿深邃状后，我看着她的眼睛说，如果你觉得那个人能给你带来幸福，我绝不阻拦，你就随他去吧，我会远远地为你祝福，如果哪天你觉得累了，这里是你永远的家。我到底不是科班出身，眼睛挤咕半天，也没有喷薄而出的泪水来应景。不过她还是好感动好感动，拉着我的手说，你放心，我要是有那一天，一定会提前告诉你的，不会吓到你的。我强压心中怒火反问，如果我出轨了，你待如何？她看着我，一脸温柔，说，我会在午夜给你注射一针麻药，然后为你净身，清晨再赶你出户。你放心，医学发展到今天了，不会有什么痛苦的。我一招大师风范的万佛朝宗，她却还我一招阴狠毒辣的猴子摘桃，倒！这是切磋吗？唯小人和女子难养也。

其次，婚外情是有快乐，这一点无可否认，要不也不会有人去偷情。但付出的代价也是够沉重的。林语堂有句名言：要想一天不得安宁，请客；要想一年不得安宁，造屋；要想一辈子不得安宁，娶小老婆。娶小老婆尚如此，偷情付出的心理代价就更大了。

每当跟许一嘉幽会完回家，陈惠看到刘军已经做好了饭菜，热情地招呼自己快洗手吃饭的时候，心里就油然而生一种罪恶感。刘军对陈惠百般呵护，付出得心甘情愿，可陈惠却与另一个男人过着别样的生活。这种懊恼和自责除了自己，没有人能帮她排解。陈惠看着刘军来来回回地端饭拿菜，再也忍不住了，蹲在客厅里放声大哭。刘军立马傻眼了，他哪里知道陈惠这突如其来的号啕是在为她自己赎罪，蒙在鼓里的刘军还以为她在工作上遇上了麻烦。当丈夫扶起陈惠，轻言细语安慰她的时候，那一句"有不高兴就说出来，分担妻子的痛苦是丈夫的责任"的话就足以让背叛者崩溃。

再则，科学研究和无情而残酷的事实表明，人类越来越随意的性行为成为性病、艾滋病传播蔓延的滋生源。"爱惜身体强似孝敬父母"，人啊人！都要自重。

现代社会人员的流动性大增，社交范围扩大，给结识和接触异性带来了方便；同时随着现代通信工具和电脑的普及，网络恋情成为导致婚外性行为的十分重要的渠道，因为这更具有神秘感、隐蔽性和安全性。加之社会舆论对偷情的谴责也不那么强烈了，也就是说，偷情的环境比过去优越多了，也宽松多了。但最好还是不要陷进去，因为那是一个美丽的陷阱！

听老人说过一句话，这里拿出来与大家分享："无事不要胆大，有事不要胆小。"

十三　青楼："坏女人"的魅力

　　首先要作两点声明。其一，这里所说的青楼之恋，是指男子与妓女之间的爱情，即与金钱交易无直接关联的感情。那种进门就办事，提起裤子就走人的行为方式是泄欲，谈不上一个"恋"字。其二，我们给坏女人加上引号是指我们并不赞同性工作者就是坏女人的说法。

　　青楼一词，原来的意思是用青漆粉饰之楼，指的是比较华丽的屋宇，有时作为豪门高户的代称。但由于华丽的屋宇与艳丽奢华的生活有关，不知不觉间，青楼开始与娼妓联系起来，唐代以后，青楼泛指烟花之地。自古代起，青楼就是一个让男人流连忘返的地方。现在提起"青楼"二字，还让人脑中浮现出暧昧不清的朦胧之意。

　　青楼对男人有着无穷的诱惑力。没有逛过的，估计也想过，没有逛过、没有想过的至少也对之好奇，想了解的欲望也是少不了的。否则，我们就要对这爷们的"成色"有所怀疑了。

古往今来，好男人爱上妓女的例子不少，有不少爱得极其疯狂，为其倾家荡产也在所不惜。许多文人对妓院特别钟爱，乐此不疲。宋代的那个著名词人柳永，恨不能就把家安在青楼了，他的大部分作品都是在那里写出来的。柳永描写妓女的离愁别绪的《雨霖铃》，堪称千古绝唱：

> 寒蝉凄切，对长亭晚，骤雨初歇。都门帐饮无绪，方留恋处，兰舟催发。执手相看泪眼，竟无语凝噎。念去去千里烟波，暮霭沉沉楚天阔。
>
> 多情自古伤离别，更哪堪、冷落清秋节！今宵酒醒何处？杨柳岸，晓风残月。此去经年，应是良辰好景虚设。便纵有千种风情，更与何人说！

白居易在人们的心目中，一直是个忧国忧民的"正面形象"。他也的确为人正直、为官正直。在杭州为官，临行时带走一把土，后悔了好多年，以为有损清高之名，但到了老年之时，身边还有两个"尤物"樊素和小蛮，樊素善歌，小蛮善舞，诗人曾以"樱桃樊素口，杨柳小蛮腰"的诗句称赞她们的艺术天资。

别说文人无行，皇帝老儿也好不到哪里去。皇帝肯定不缺少一流的女人，后宫佳丽三千，个个都是经过层层筛选的超级美女，可是皇帝还是要逛窑子。有的皇帝还是死于在妓院染上的梅毒。

老百姓就更熬不住了。春秋时齐国丞相管仲大人广开窑子，兵强民乐。汉光武帝刘秀军中普设营妓，使青壮年竞相从戎，忘却生死。至于自己有三妻四妾还去找小姐的更比比皆是，有人说，无论王朝更替、时代变迁，唯一一项经久不衰的行业就是性产业。

为什么青楼有这么大的魅力？答曰：因为坏女人是高超的催眠师。

下面我们就来分析妓女的魅力或诱惑力到底在哪里。

1. 猎奇心理

逛妓院，找妓女可以满足男人的猎奇心理。猎奇心理是指人们对于自己尚不知晓、不熟悉或比较奇异的事物或观念等所表现出的一种好奇感和急于探求其奥秘或答案的心理活动。简而言之，猎奇心理就是：对别人不让你去做的事想要去做，要看个究竟，并且好奇心特大。

猎奇心理也与禁果效应有关。越是禁止的东西，人们越要得到手。禁果不一定甜，但就是因为这"禁"字，惹得人们心驰神往，情不自禁。在生活中常常会遇到这样的情况：你越想把一些事情或信息隐瞒住不让别人知道，越会引来他人更大的兴趣和关注，人们对你隐瞒的东西充满好奇和窥探的欲望，甚至千方百计通过别的渠道试图获得这些信息。我们常说的"吊胃口"、"卖关子"，就是因为受众对信息的完整有着一种期待心理，一旦关键信息阙如就会在受众心里形成接受空白，这种空白进而引发对被遮蔽的信息的强烈渴求。

有心理学家做过这样一个实验：他们在人行道上放了一只大木桶，木桶外面写了一行字："不许偷看！"而实际结果是，几乎所有路过的行人都会停下来看个究竟。而里面放置的原来是啤酒。心理学家就是想为这啤酒做广告的。铺天盖地的广告没人看，放到木桶中的啤酒倒给人留下深刻印象，这就是有效利用了猎奇心理。

被古代读书人视为最大趣事的有两宗：一是"红袖添香夜读书"，二是"雪夜闭门读禁书"。《红楼梦》《金瓶梅》，都因为是禁书而红遍全国。禁书主要有两大类，一类是有政治色彩的，主要是反当时政权的；另一类就与性有关了，因有违道德而被禁。禁书里所描写的"性"本是一种自然的生理现象，但人们在听见这个词时，会不由自主地感觉到下流、可耻。这与古代的社会教育环境有关。在古代，对性讳莫如深，羞于启齿。性被视为一种禁忌。然而，如果对一件事情不加以充分说明而简单地禁止，就会使人的好奇心更强，产生强烈的求知欲望，追根究底去发现事物的真相，才能使人们的心理获得平衡。

从古至今，上青楼这件事或从法律层面，或从道德层面，或同时从这两个层面都为社会所不容，都属于禁果。如前所述，正因为被禁，人们去品尝它的欲望反倒来得格外强烈。强烈的欲望会带来极大的兴趣，极大的兴趣又会引发注意力的高度集中。当注意力高度集中之后认知范围狭窄、理智控制变弱，于是，便全身心地一头扎了进去。

2. 感官刺激

所谓良家女子的穿着打扮力求端庄，"暴露"是她们的忌讳。而妓女的打扮则力求美艳，勾人魂魄。在一项实验中，让被试者凝视一张难以引起兴趣的中性照片，研究小组记录下他们的脑部血流图。接着把图片换成被试者情人的照片，再测量血流量，结果发现男人跟女人的反应不一样。男人很明显受到了视觉的刺激，而女人们对性格更感兴趣。在男性实验对象中，发现比较活跃的脑部区域，跟视觉刺激的整合有关，在女性实验对象中发现比较活跃的脑部区域，跟记忆回想有关。如果联系到性，男人更喜欢视觉刺激，脱衣舞娘这个古老的行当，就很能刺激男人的性欲望。因此，妓女的穿着打扮对男人起到了刺激感官的作用，在这种高强度的感官性刺激下也会让人进入催眠状态。意识的控制力减弱了，使人心猿意马，不能自已。

3. 本我释放

在男女之事上，妓女除了更加专业，会完成一些"高难度动作"，能给男人更好的生理满足之外，她们在思想上、在行为上也更为开放。这可能是令男人最为着迷的。

在弗洛伊德的理论中，人格结构分为本我、自我和超我。本我指的是最原始的我，认为这种"本我"是追寻快乐的，是避免痛苦的，是无意识、无计划的，是一种本能。它完全不懂什么是价值，什么是善恶，什么是道德。只知道为了满足自己的需要不惜付出一切代价。超我，指的是泛道德、伦理角度的"我"。超我的形成是外部环境，尤其是道德规范、社会取向等的影响下，作用于本我的结果。"超我"遵循着道德理想原则。通过良心惩罚违反道德标准的行为，使人产生内疚感。自我，指的是"自己"这个意识的觉醒，是人类特有的自我探寻的开始。自我遵循着现实原则。它既要满足本我的需要，又要制止违反社会规范、道德准则和法律的行为。

中国古代的道德观使每个人都有一个庞大的超我。历史上，一位淑女一只胳膊被陌生男子拉了一把，就要将它砍掉（今人看来，不是大脑进水了，而是大脑发洪水了）。应当说，发展到成熟阶段的男女们，被异性拉下手应该是很惬意、很舒服的体验，然而庞大的超我是不允许的。于是，我们的本我集体饥饿。人们一生中的大部分时光用在了与本我作斗争上，但是本我的能量并没有消失，而是被压抑到了潜意识中。

当男人与妓女在一起时，妓女的一言一行，一颦一笑，风情万种，无所拘谨，恣意所为。他们在一起可以做最"不堪"的动作，可以说最"下流"的语言。这不仅让男人得到生理上的极大满足，更是调动了男人潜意识中压抑已久的那些负面的情绪和特质，那些不被社会规则所接纳的欲望、观念、行为喷薄而出，在心理上释放出压抑已久的本我能量。本我有了一次最充分的张扬机遇，至少在一段时间内，不必为自己的本我感到焦虑。这是何等的痛快！这至少能部分解释一个现象，为何妻妾成群者，甚至拥有后宫三千佳丽的皇帝也要去妓院。

与此相对的是，在旧中国，夫妻在结婚之前互不相识。父母根据双方的家庭条件为子女订婚，一切以理性为标准。双方在掀起了盖头的那一刻才看见未来一辈子的生活搭档。结婚也是履行做子女的义务，完成传宗接代的神圣使命。在婚姻中，不一定有爱情可言。很多女人在未出嫁之前对男人一无所知，在结婚时也毫无心理准备，糊里糊涂地上了床，生了一大把孩子。男人往往认为这个女人很好，但就是没有感觉，也提不起激情和兴趣。另外，在受过良好教育的淑女们面前，男人不断得到的提示是要求他上进、积极、宽容等成家立业所需的优良品质。虽然也在一起做爱，但就在这做爱的过程中，也不会忘记"发乎情，止乎礼"的信条。戴着这样的镣铐去做爱，感觉确实不爽。总之，古代的中国夫妻，婚前少了一个恋爱的过程，婚后也缺乏激情的奔放。相反，很多男人在青楼的"坏女人"身上找到了爱情的感觉，因为他们共同遵守的原则是感性，甚至是感官。他们之间，有恋更有爱！于是，历史上歌颂男子与妓女之间爱情的作品数不胜数。而且留下凄美爱情故事的女子，也以妓女居多。

妓女爱上男人的例子也不少，其中也不乏可歌可泣的故事。

著名的法国小说《茶花女》中的主人公玛格丽特原来是个贫穷的农村姑娘，来到巴黎后，开始了卖笑生涯。她喜爱茶花，成为红极一时的茶花女。她风流倜傥，与很多社会名流有结交但没有付出过真心。有很多社会名流为她而倾家荡产，身败名裂。阿尔芒与这些社会名流相比，是一个前途未卜的穷青年。但是他在见到玛格丽特第一眼时，已经深深地爱上了玛格丽特。玛格丽特生病期间，阿尔芒每天跑来打听病情，却不肯留下自己的姓名，并常到玛格丽特的朋友尼赛特家里听他们讲玛格丽特的事情。玛格丽特却从未给予他过多的关注。其中有这样一幕成为故事的转折：

一天夜晚的宴饮后玛格丽特旧病复发，一个人独自咯血。阿尔芒看见她憔悴的样子深情地握住了她的手，向她表白了。阿尔芒的泪水落在了玛格丽特的手上。

这一刻打动了玛格丽特。她立刻接受了他的示爱。从此她开始为这个年轻人放弃了家产和奢华的生活。后来为了他的前途不惜牺牲自己的爱情、名誉甚至是自己的生命。在被误解中，玛格丽特绝望地死去。一个每月要花费十万法郎、每天数点着奢侈品的女人被阿尔芒的眼泪打动了。阿尔芒的眼泪调动了她的潜意识，从而发现了他们之间潜意识中相容的东西，一场相互的催眠就在这一刻发生了。

她在众人面前强作欢颜，将悲伤压抑在内心。阿尔芒的眼泪激发了她潜意识的力量。潜意识中的爱是非功利、非理性、没有任何交易性质、无私的，也是最真挚的，由潜意识激发的爱情力量也是最强大的。

这样的爱，惊天动地！

这样的爱，刻骨铭心！

这样的爱，人们无法拒绝也不会拒绝。

在这样的爱面前，道德、世俗、理性统统可以抛在一旁。

谁能挡得住这样的诱惑？没有！

4. 无条件的母爱

男人喜爱坏女人往往还与他的"恋母情结"有关。

从某种意义来讲，母亲是在孩子出生初期第一个对他催眠的人。因为孩子是在母亲的各种暗示下长大的。于是孩子会形成与母亲相近的思维模式。在催眠中，求治者对催眠以及催眠师的信任程度直接决定了催眠可能发生的程度与深度。母亲是孩子在世界上第一个信任的人，因此母亲的思想、行动在他的心中打下深刻的烙印。母亲的态度、言行，像是孙悟空的紧箍咒。在我们做

了不合父母意愿的事情时，在道德层面上会有一个无形的紧箍咒来惩罚我们。

在成年男子的内心深处，母亲总是被神化了的，有着贞淑的美德，有着一切良好的品质。几乎所有的人都有过这样的经历，做了错事，做了不好的事，都不敢告诉母亲。事实上，我们一边接受着无微不至的母爱，一边也承受着各种本能冲动被严重束缚的内在心理压力。在与妓女相处的时候，男人既获得了一种与被神化了的母亲完全相反的特质，又得到了类似于母亲般的无条件的爱。

电影《金鸡》中华仔（刘德华饰）教导妓女阿金（吴君如饰）要对客人表现出百分之百的诚意。对任何顾客，无论是什么长相、身份都要有全心全意服务的诚意。无论美丑，不分贵贱，童叟无欺。后来，她对所有的客人都表现出无差别的爱，她的客人果然络绎不绝，形形色色排着队，甚至连盲人也在顾客之列。

张柏芝在《喜剧之王》里扮演一个妓女，她对另一个妓女传授经验，要用"视线转移"法。客人长得不好看就不要看全貌，鼻子长得不好看就看嘴，嘴不好看就看耳朵。而且妓女懂得察言观色，对每一个顾客都进行个性化服务，专业熟练。这种无差别的热情和积极关注使男人体会到一种类似于家的归属感。小时候只有母亲能给予自己无条件的爱，在日后所有的亲密关系中，都存在互换的原则。在这种无条件的爱中，他的心灵仿佛再一次得到了回归。在催眠状态中，由于人的潜意识

— 爱情催眠术（第2版）—

开放，放弃清醒状态下的行为与判断标准，从而更容易使暗示发生作用。他们借此摆脱了童年时期的母亲形象，因为妓女永远无法与母亲形象媲美，又不会威胁到潜意识中的母亲形象。这实在是一件两全其美的好事。很多人不理解，也不愿意承认，其实每一个人身上都有妓女情结。妓女不仅仅是一个具体身份，而是一个普遍的形态存在于人们的生活之中。在我们所谓的"坏女人"身上，就可以发现类似于妓女的特质和形态。为什么许多男人，明知对方是个坏女人，还是往前凑？在这里可以得到答案。

5. 英雄梦

每个男孩从小都有一个英雄梦。有的好男人与坏女人在一起，是潜意识中对英雄这一角色的期待，他们渴望满足成为他爱恋对象的拯救者的欲望。

妓女一般出身卑微，沦落风尘，落到凄惨可悲的境地，在妓女面前，他有一种优越感。妓女在不经意间，光鲜亮丽的外表下会暴露出对苍凉身世的感叹，加之楚楚可怜的样子，使他陷入另一种催眠情景，激发了男人的英雄意识和保护欲。觉得自己要拯救处于水火中的美人儿是一件急不可待的事。于是忙前忙后为她赎身，为她摆平争端，使男人感到自己存在的价值。轰轰烈烈地上演了一出感天动地英雄救美的故事。

270

在电影《霸王别姬》里，妓女菊仙被客人调戏，一气之下从楼上跳下，被段小楼救下了。这一情景激发了段小楼的英雄愿望，为了继续帮她摆脱嫖客们的纠缠，竟然和菊仙喝起了喜酒。当菊仙过了一段时间以后打包离开花满楼去找他时，他也没有拒绝。两人糊里糊涂地成了亲。

就连冯梦龙小说《卖油郎独占花魁》中那个做小本生意的卖油郎秦重看到名妓王美娘，心中也燃起了英雄救美的欲念，最后居然还让他得手。路人感慨道："堪爱豪家多子弟，风流不及卖油人。"

6. 文化知音

历史上的名妓都有高深的文化修养，怪不得人们要说假名儒不如真名妓。名妓李师师，使皇帝抛弃了后宫三千佳丽，隔三岔五往妓院里跑。那个苏小小，让成群结队的风流公子围着团团转。除了她们的容貌惊为天人外，其浓厚的文化修养也是迷人的重要原因之一。中国古代教育中有一个奇特现象，因遵从孔老夫子的教导"女子无才便是德"，对女性文化知识教育向来持消极态度，甚至有反对行为。但妓院为提高其员工的市场价值，却大力提倡文化教育。有些妓女，主要是高级妓女，诗词歌赋，吹拉弹唱水平高得很！难怪文人喜欢往那里扎堆，原因之一是在那里可能找到文化交流的对手，知音加异性，夫复何求？

例如，南宋时的一位沦落风尘的才女严蕊，"善琴弈、歌舞、丝竹、书画，色艺冠一时。间作诗词，有新语。颇通古今"。由于她的才名远播，又善于交际，四面八方的士人，有不远千里而登门求见的。台州地方长官唐与正，很欣赏她的才华，有次饮酒时，要严蕊赋红白桃花，严蕊很快就吟成《如梦令》一首：

道是梨花不是，道是杏花不是。白白与红红，别是东风情味。曾记，曾记，人在武陵微醉。

明朝中后期的秦淮八艳：顾横波、董小宛、卞玉京、李香君、寇白门、马湘兰、柳如是、陈圆圆，个个气度超群，风韵脱俗，具有较高的文化修养，所交游者都是当时的文苑名士。她们长期受到文人墨客的耳濡目染，吸取大量文化、道德的精髓，才、色、艺三绝，精通琴棋书画，文学艺术造诣不让须眉。以柳如是为例，其文学和艺术才华，可以称为"秦淮八艳"之首。清人认为她的尺牍"艳过六朝，情深班蔡"。柳氏还精通音律，长袖善舞。书画也颇有名气，她的画娴熟简约，清丽有致；书法深得后人赞赏，称其为"铁腕怀银钩，曾将妙踪收"。

顺便说一下，在信息不发达的古代，妓女一直扮演着性知识、性技巧传播者的角色。在性的问题上，她们常常就是男人们的导师。

7. 上帝的感觉

和妓女在一起的时候，男人有上帝的感觉。笔者曾听过一位包了二奶、三奶、四奶、五奶的老板的高论。他说：我为什么要找二奶呢？因为我工作特别繁忙，心理压力又大，回到家里就想得到一些温柔的体恤。可我老婆要不冷若冰霜，要不恶言相对，要不琐事相烦，于是我就去找二奶了，在二奶那里我找到了温柔的感觉。可是时间一长，老婆身上的毛病二奶又一样不少了，怎么办呢？只有去找三奶。找到三奶后故事又重复了，就只好去找四奶、五奶。

听罢这番高论，笔者哈哈大笑！天底下还有这种无耻之人，好像他倒成了一个受害者。

后来仔细寻思，他的歪理也非全无道理，男人像小孩，有时也要哄。

在青楼，男人每每能得到这种满足。

在妓女身边，男人能听到不断的颂扬，你年轻，你厉害，你有钱。一般人喜欢听见别人的赞扬，感到愉快，然后就飘飘欲仙了。

妓女常常会表现得卑微，这又给你高人一等的感受。

妓女会像小猫一样温存，一切由你做主，男人们在那里找到了上帝的感觉，男人的尊严。

其实，所有这些都雷同于母亲式催眠，在脉脉的温情中，在无抵抗的条件下，一步一步地把你导入催眠状态。

在催眠状态下，男人们呈现一种缩小了的意识分离状态，只与妓女保持密切的感应关系，配合地接受妓女的指令和暗示，因此，妓女们个个都是很好的催眠师。

男人们进入了催眠状态，精神就会稳定下来。紧张和不安感也会减轻许多。这样不但能消除身心的疲劳，同时也能保持自律神经的调和、促进激素分泌，并纾解心中压抑已久的忧郁，魂销骨酥，不能自拔。青楼于是成了醉人之地。

十四　同性恋：不被理解的爱

　　2010年8月8日，近百名同性恋者携手深圳东西冲海岸，展开名为"同一首歌"活动，他们徒步走过约6公里的海边，并撑起六色彩虹旗。"活动是在网上召集的，我们撑起的90多平方米彩虹旗象征自由、包容、多元。"活动组织者之一丁咚表示，参与者全部是来自广州和深圳的同性恋者，有男同性恋者也有女同性恋者，他们均佩戴抗艾红丝带。

　　一个隐蔽的世界，一群隐蔽的人们，终于大胆地浮出水面，在阳光下宣示他们的诉求。

　　同性恋，对大多数人来说，是一个并不陌生的字眼，却是一个很不熟悉的领域。这里，我们先简要介绍同性恋的基本情况，然后重点分析其形成这种性取向的心理渊源。

1. 鸟瞰同性恋

同性恋即是性欲望与性行为以同性为对象的性取向。

从绝对同性恋到异性恋之间存在一系列形式。绝对同性恋以同性恋为唯一性活动方式。偏好同性恋是以同性恋为偏好的性活动方式，但也可有异性恋。两性性欲则兼有同性恋与异性恋。境遇性同性恋是以异性恋为主要性活动方式，但在一定境遇下也有同性恋活动。潜隐同性恋是指在潜意识中存在同性恋的冲动与欲望，也可能自己意识到了，但没有在公开行为中表现出来。隐匿同性恋是指潜意识中强烈的同性恋冲动以隐匿方式表现。男性同性恋常相互交换主动与被动角色，也有常做被动者，其行为举止模仿女性，甚至着女装。女子同性恋常是两人结伴，用情专一，关系固定而持久。同男性同性恋一样，她们也会交换主动与被动角色，也有常做主动者。其行为举止有男子气概，甚至着男装。

同性恋不是哪个民族、哪个社会或哪个时代特有的产物。古今中外，这个现象从来就没有消失过。区别只是在于，有时多有时少，有时公之于世，有时隐匿于地下。

中国古代就有好几个有关同性恋的代名词。

"断袖之癖"。汉哀帝看重太子舍人董贤如女人般的美貌，招至身边，随侍左右，后来有了肌肤之亲。一天与董贤共寝，董贤压住了皇帝的袖子，皇帝有急事要去处理，不忍惊醒他，于是用剑将衣袖割断。从此后人把嬖宠男色称作"断袖癖"。

"分桃之爱"。春秋时期，卫灵公宠爱一个名叫弥子瑕的美男子。有一次，弥子瑕陪卫灵公在花园里散步，看到树上熟透的桃子，就顺手摘了一个，咬一口后觉得很好吃，便把剩余的部分递给卫灵公，卫灵公非但不生气，反而边咀嚼着香甜的桃子边说好吃得不得了。后人因此将同性恋称为"分桃之爱"。

"龙阳之好"。魏王与龙阳君为同性恋者，同床共枕，甚为宠爱。一日，魏王与龙阳君同船钓鱼，龙阳君钓得十几条鱼，竟然涕下，魏王惊问其故。龙阳君谓初钓得一鱼甚喜，后钓得益大，便将小鱼丢弃。由此思己，四海之内，美人颇多，恐魏王爱其他美人，必将弃己，所以涕下。魏王为绝其忧，下令举国禁论美人，违禁者满门抄斩，以表其爱龙阳君。

西方的同性恋更胜于中国，历史上名人中有同性恋倾向与行为的就能数出一大串，如柏拉图、苏格拉底、亚历山大大帝、达·芬奇、米开朗基罗、培根、惠特曼、狄金森、柴可夫斯基，等等。

现今，在世界上很多国家同性恋已经合法化，如北欧全部国家，西欧大多数国家，美洲的加拿大、美国西部的部分州、巴西、墨西哥，大洋洲的新西兰，都有专门保护同性恋者的法律。到目前为止，全世界一共有 7 个国家认可同性婚姻：荷兰、比利时、西班牙、加拿大、南非、挪威和瑞典。

有趣的是，研究表明，除了人类，在很多动物的种群中，都存在同性恋的现象，如企鹅、大象、山羊、黑猩猩、长颈鹿等。据说被生物学家发现的同性恋动物竟有 2000 多种。由此可见，同性恋是如此的普遍。

在过去很长一段时间里，同性恋被当作宗教的异端分子处置，被列为一种疾病研究。1973 年，美国心理协会、美国精神医学会将同性恋行为从疾病分类系统中去除，也就是说，同性恋和正常人没有区别。

中国人有关同性恋的态度经历了"非刑事化—非病理化—逐渐人性化"的过程。

1957 年，中国的有关司法解释还明确规定同性恋构成流氓罪。

1989 年，公安部曾以批复的形式指出，对同性恋问题在法律无明文规定情况下，原则上可不予受理，也不宜以流氓行为给予治安处罚。

1997 年，刑法删除了过去被用于惩处某些同性性行为的"流氓罪"，被认为是中国同性恋非刑事化的重要标志。

2001 年 4 月，《中国精神障碍分类与诊断标准》把"同性恋"从精神病名单中删除，实现了同性恋非病理化。而此前，同性恋被归类为性变态。

2005 年 7 月，中国官方首次向世界公布有关男性同性恋人数的数据，意味着政府对同性恋群体的确认。

截至 2007 年，中国同性恋人数已达到 3000 万人。

同性恋不仅有着广泛的参与人群，也形成了一个独特的亚文化。其显著标志之一是同性恋者有他们一套专门的语言。

BF（boyfriend）：男朋友。

施，受：和 1，0 一个概念。

MB（Money Boy）：就是鸭，男妓。

419：For One Night，即一夜情。

Lesbian：女同性恋。

Gay：男同性恋。

玻璃（BL）：同性恋者的代称。

T 吧：女同性恋酒吧。

Gay 吧：男同性恋酒吧。

拉子（Lesbian）：女同性恋的代称。

熊族：胖胖的男同性恋。

哥哥：男同性恋族群中，外表较具有传统异性恋男子气概者。

弟弟：男同性恋族群中，外表刚健，却兼具阴柔特质者。

CC：指气质阴柔，男扮女装的男同性恋。

Straight（直男）：指异性恋或非同性恋者。

Bisexual（双性恋）：爱恋与欲望的对象有可能是同性，也有可能是异性。

In the Closet（在衣柜里）：这是一个比喻，指同性恋或双性恋者向家人、朋友、认识的人以及社会隐藏其性倾向。

出柜（Come Out）：是指采取行动对周围人与社会表

明自己的同性恋身份。

T（Butch）：是英文 Tomboy 的简称，指装扮、行为、气质较阳刚的女同性恋。

婆（Femme）：装扮、行为、气质阴柔的女同性恋。

不分：从字面上，可以解释为"不被分类"或"难以被分类"，指装扮、行为、气质较难以被界定，呈现跨性别暧昧状况的女同性恋。

Uncle：年长的 T。是女同性恋用来尊称长者的称谓。

这些专门语言，每一个都有来历。比如使用 Lesbian 来称呼女性的同性恋者，源于古希腊的一个小岛的名称 Lesbos（莱斯博斯岛）。这个小岛位于爱琴海中、土耳其西北部沿岸附近，多石山，是伊奥利亚人的一个重要居住地。公元前 7 世纪时，莱斯博斯岛以其抒情诗人而闻名，在这些诗人中，最著名的是女同性恋诗人萨福（Sappho）。Lesbian 本义指居住在该岛上的人，但自萨福以后，Lesbian 这个词汇开始有了新的注解。19 世纪末，医学界开始使用 Lesbian 来指称与萨福有同样性取向的女性。从那时起，Lesbian 开始包含女性同性恋的含义，并被广泛使用起来。

2. 为什么是这种性取向

"同性相斥，异性相吸"是大自然的基本规律。在性取向上，正常的情况应该是男人喜欢女人，女人喜欢男人。为什么会出现这种喜欢同性的性取向呢？这中间，到底是哪些生理因素、心理因素在起作用呢？

说法之一：同性恋是天生的。

这种说法要想成立，一定要在人类的基因中找到依据。于是，就有些科学家这么去做了：

在过去的数十年间，科学家已经发现了一些有趣的现象，这些现象可能与同性恋的基因成因有直接关系。其中一项发现表明，男性同性恋的形成似乎通常来自其母亲的遗传，很少来自其父亲的遗传（菲尔拉德的发现）。此外，自然选择法则或许会保留一种基因，这种基因可以减少某种性别的生殖能力，同时又增加了另一种性别的生殖能力。事实上，近期的数据显示，男性同性恋的母系亲属的生殖力高于人类的平均生殖力（卡姆彼里奥·奇亚尼的发现）。前期的研究还得出另一个有趣的结果，该研究发现，如果一名男子的兄长数量较多，他成为同性恋的概率也会增加，即使他在成长过程中没有和他的兄长们一起生活（布兰查德和波吉尔特的发现）。科学家对此是这样解释的，母体在生育每个男性胎儿时，会为男性胎儿产生的抗原培育出一套增强的免疫系统，而这种抗原很可能在大脑的男性化过程中发挥重要作用。尽管这些研究和其他研究还不能找出一个明确的同性恋基因，但是得出了这样一种观点，即同性恋可能会通过一个多形态基因来遗传，这种基因有多种不同的形态，而且能够展示出其中任意一种形态。研究表明，这种基因遗传肯定比普通的孟德尔遗传特性复杂。

接下来，加夫里勒茨和赖斯又推出了几套数学模式，这些数学模式可以产生截然不同的预测，从而为影响同性恋产生的基因多形态现象提供了可能的因素。这些数学模式产生的预测有希望指导未来的实验，还有助于找到与性取向有关的正确的基因特性。正如赖斯所解释的那样，过去的研究已经表明，判定同性恋的成因具有其内在的复杂性。

更为大胆的观点是：可以找到同性恋的基因样式；可以形成可检测的预言。

另有一种说法是与性激素有关。科学家在研究中发现：男性和女性体内都存在雄激素和雌激素，一般情况下是男人雄激素占优，女人雌激素占优，可能是由于胎儿期或青春期激素分泌的某些不平衡导致了有些男人雌激素占优，有些女人雄激素占优。同性恋的倾向和行为，是男性过多地分泌雌激素和女性过多分泌雄激素导致的。有些现象可以支持这种说法，比如，我们常常可以看到有些男孩特别娘娘腔，举手投足比女人还哆；也有些女孩子阳刚气十足，人称"假小子"。这类人成为同性恋者的概率很高。

一 十四 同性恋：不被理解的爱 一

另一项研究的结果是，同性恋者和异性恋者的大脑细胞之间存在不同之处。

古希腊哲学家认为，从前世界上存在三种人：男人、女人、阴阳人。他们强悍有力，想要飞上天庭造反。于是被宙斯一劈为二，以示惩罚。被分开的两半相互思恋，试图重新结合到一起，重建那丧失的整体。所谓爱，就是寻找另一半的过程。同性恋者是男人、女人劈开的两部分。异性恋者是阴阳人劈开的两部分。

如果以上说法中任何一项成立，那么同性恋就是天生的。如果是天生的，那么有些人生来就是同性恋且不可改变，另一些人则永远不可能是同性恋。但实际情况似乎并不是那么简单。事实是注定生来就要荣幸地或不幸地成为同性恋者只是少部分人，更多的同性恋是非生理原因引起的，是受到后天环境的各种各样的暗示与催眠的结果。

说法之二：同性恋是角色内化的结果。

"角色"一词本是戏剧舞台中常用的一个概念，它的原意是指演员根据剧本扮演某一特定人物。社会角色，是指个体在特定社会群体中所处的社会地位及与之相联系的符合社会期望的一套行为模式，每一种社会角色都代表着一套行为及行为期望。它规定了个体在扮演某一特定社会角色时所应有的行为，并且每个人只要扮演了某一角色，社会群体中的其他人将不约而同地以该角色所应具备的行为标准来评价他的行为。

心理学中有一个著名的实验，叫作"监狱角色模拟实验"。

为了研究人及环境因素对个体的影响程度，心理学家津巴尔多（1972）设计了一个模拟监狱的实验，实验地点设在斯坦福大学心理系的地下室中，参加者是男性志愿者。他们中的一半随机指派为"看守"，另一半指派为"犯人"。实验者给"看守"发制服和哨子，并训练他们推行一套"监狱"的规则。剩下的另一半扮演"犯人"角色，他们穿上品质低劣的囚衣，并被关在牢房内。所有的参加者包括实验者，仅花了一天的时间就完全进入了状态。看守们开始变得十分粗鲁，充满敌意，他们还想出多种对付犯人的酷刑和体罚方法。犯人们要么垮了下来，变得无动于衷，要么开始了积极的反抗。用津巴尔多的话来说，在那里"现实和错觉之间产生了混淆，角色扮演与自我认同也产生了混淆"。尽管实验原先设计要进行两周，但它不得不提前停止。"因为我们所看到的一切令人胆战心惊。大多数人的确变成了'犯人'和'看守'，不再能够清楚地区分角色扮演还是真正的自我。"

这个实验告诉我们的是，一个简单假设的角色可以很快进入个人的社会现实中，他们从中获得自我认同，无法从他们扮演的角色中清楚自己的真实身份。

在模拟监狱实验中的人明明知道自己是在实验之中，不是生活的现实，却不可控制地做出那么多非理性行为。唯一的解释就是太入戏，太投入了，走不出戏来。仿佛变了一个人一样，真的以为自己如何如何了。

在演艺界，很多演员在剧本中太投入了，很难出戏。很多演员在戏里是夫妻，是恋人。戏后不免假戏真做，真的谈起了恋爱，结起了婚。等到下一部戏时，又很快换了恋爱对象。我们不可将之单纯地理解为娱乐界人士的风流，这在某种程度上是演员们敬业、尊重艺术的表现。他们对戏太投入了，不惜投入自己的真感情，来取得艺术上的成功，在假戏真做后又难以自拔，真陷入自己所扮演的角色中去。这在某种程度上说，才是为艺术献身的真正的艺术家。

人在社会关系中被规定了或被暗示了而产生的心理和行为，类似于剧本规定了演员的心理和行为。在生活中，我们要在不同的情景中扮演不同的角色，有时我们被环境的暗示催眠了，混淆了自己和自己所扮演的角色。

曾经风靡世界的电影《霸王别姬》就是一个典型的例证。故事的主人公正是一个一生都没有走出戏的男同性恋者。

《霸王别姬》讲的是一个男人用一生去爱另一个男人的故事。小豆子（童年程蝶衣）的母亲是一个青楼妓女，为了让戏班的师傅收留六指的小豆子，母亲砍掉了他的一只手指。小豆子刚来到戏班子时，在严格的、艰苦的训练生活环境中，处处受到师哥的保护，让年幼敏感的小豆子产生了心理依赖。小豆子有句唱词是"我本是女娇娥，又不是男儿郎"。但是他总是唱反，唱成"我本是男儿郎，又不是女娇娥"。惹得师傅又气又急，责罚无数。终于在师傅气得把烟锅子塞进小豆子嘴里的时候，小豆子终于改口"我本是女娇娥，又不是男儿郎"。他的情感从此开始错乱，混淆了友情与爱情，混淆了男人与女

285

人，混淆了幻想与现实。

　　小豆子在十几岁的时候被带去见一个性取向有问题的张公公，被强迫与张公公发生了性关系。后来，他与师哥合演的《霸王别姬》轰动京城，一时间成了红人。小豆子取艺名程蝶衣，师哥取艺名段小楼。此时他不仅在戏里作为虞姬深爱着霸王，在戏外也已经深深地爱上了自己的师哥。他与段小楼曾有一句经典的对白：

　　"师哥，让我跟着你唱一辈子的戏不成吗？"

　　"我们这不是已经一起唱了小半辈子了吗？"

　　"不，差一年，一个月，一天，一个时辰都不算一辈子。"

　　后来，师哥段小楼娶了青楼妓女菊仙（巩俐饰）。从段小楼与菊仙结婚之后，程蝶衣就陆陆续续地与菊仙争风吃醋，明争暗斗，一个男人与一个女人共同争夺另一个男人的尴尬局面一直持续到菊仙去世。袁四爷（葛优饰）非常喜欢程蝶衣。在程蝶衣失意痛苦的时候约他谈戏，并与程蝶衣发生了关系。程蝶衣开始以吸鸦片来释放痛苦和压力。

　　经历了大半个世纪的风风雨雨后，在《霸王别姬》的一次彩排时，程蝶衣终于拔剑自刎，真的自杀了，用自己的生命演绎了这场戏。

　　从电影中我们不难看出，程蝶衣从小失去母爱，没有父爱的关怀。在严酷封建的戏园子里，饱受身体和精神的双重煎熬。唯一感受到的爱就是小师哥的关怀。于是，他对师哥产生了高度的依恋，将自己全部的感情寄托在小师哥身上。当然，这只是原因之一。

由于程蝶衣长得眉清目秀，被逼唱女戏。起先他并没有将自己当作女性，这样他才频频唱错词。在多次的惩罚和小师哥的刺激下终于改口，他是个用心唱戏的人，在戏词的暗示下不断地自我强化，从此混淆了自己的性别身份。在青春期性别角色分化的关键期，他遭受到张公公的性蹂躏，更加加重了自己的性别错乱。

程蝶衣因为出演"虞姬"这个女性角色而一举成名，在社会上，人们不断地强化和认可虞姬这个女性角色；在身体上，程蝶衣与两个男人发生了关系，更加确认了他的女性角色；在情感上，霸王也只爱虞姬。当所有人都把他当女人看时，他就真以为自己是个女人了。

他的师哥段小楼戏里戏外分得很清，他只爱戏中的虞姬，生活中的程蝶衣在他眼中只是一个过度痴迷的疯子。在心理上，程蝶衣已经深深地相信自己真的是女性，因此才会和师哥的妻子争风吃醋不断。

生活中多方面的强化作用造成了程蝶衣的女性心理。由于只有在戏里，这个特定的情形下才会使他和他爱的师哥以恋人的身份出场，于是他一生都没有走出他的戏。正像程蝶衣所说，京戏全在"情境"二字，他的生活也走不出"情境"二字。他不断地接受着自我和环境的暗示，被赋予了虞姬的灵魂。直到最后，假戏真做是一个必然的结局。在他的一生中，他的师哥反复对他说这样的话："蝶衣呀蝶衣，你真是不疯魔不成活啊。"

真正的爱情到了极致，也就成了一种疯魔。在同性恋的世界中，经常会出现两个男人和一个女人的三角恋，不同的是，不是争夺一个女人，而是争夺一个男人。正是性别角色的错位造成了这样尴尬的局面。而中国古代很多扮演旦角的男人，由于长期揣测女性心理和女性动作，也发展成了同性恋，可见一个人所扮演的社会角色对一个人的心理影响之大。

说法之三：同性恋是环境暗示的产物。

还有很多同性恋者来自童年时期家庭环境的暗示。弗洛伊德说，童年经历决定儿童的一生。心理学认为，儿童总是观察别人的脸色来确定别人对自己的态度，就像是把别人的表情当成镜子，并在镜子中看到自己的形象。一个人关于自己的观念——自我意象（self image）是由别人对自己的观点和反应来塑造的。通过这种途径形成的自我意象又称为镜像自我。而自我意象又影响我们实际的自我。在婴儿时期，所有的人都是"中性"的，你摸一个小孩子的手臂，根本辨别不出来他是男孩还是女孩。只有到青春期时，随着身体的发育才有了性别的分化。在童年时期，他在家长的态度中照见了自己是男孩他就是男孩，照见了她是女孩她就是女孩。很多受"重男轻女"思想严重影响的家庭，母亲生了女儿但期望生一个儿子，于是就将女孩当作男孩子来养。起了个昵称叫"大儿子"，整天"大儿子""大儿子"地呼唤，更有甚者买男孩子的衣服给女儿穿，或者孩子稍长大一些，听懂了父母在言谈中流露出对生了男孩子的父母的羡慕。回爷爷奶奶家，看见同样"重男轻女"的爷爷奶奶怎样亲热自己的表哥、堂弟。在家庭环境的暗示强化作用下，她不断地认同男性角色，认为唯有男性特质才会得到家人的爱。于是，她的言谈、行为举止、着装都向男性化发展，在心理上也认为自己是一个男性。到青春期时与男同学成为哥们，和男生一样追求漂亮娇弱的女生。

　　还有一些同性恋者受到家庭中主要成员的性别品质的暗示作用。贝勃曾对男性同性恋者的家庭背景进行了研究，其结论是：在一个由过分强悍的飞扬跋扈的母亲和软弱、胆小怕事、被动的父亲构成的家庭中，容易造成男孩在男性气质的形成方面产生障碍，因此导致了同性恋。很容易理解，父亲的影响力微弱，孩子不断受到强势的母亲的女性品质的暗示，也习得了女性的思维习惯和行为方式。因此他长大后很可能和他母亲的处事方式是一样的。比如，你看见一个男孩跑出教室时，像女孩抓住裙子一样紧紧地抓住自己的短裤，这种对于男孩子来说滑稽的行为对于他来讲已经是一种无意识的习惯了。在这种习得的女性行为方式不断暗示下，很自然地使他在无意识中形成了女性的角色。荣格的原型理论认为，每个人的潜意识中都有两个原型：阿尼玛和阿尼姆斯。阿尼玛是一个男人身上的女性特质，阿尼姆斯是一个女人身上的男性特质。在青春期的成长中，一个男人通过克服身上的女性特质形成男性心理，女人通过克服身上的男性特质来形成女性心理。如果没有完成这种克服的过程，男人身上会显出女子气，女性身上会显出男子气。而这个克服的过程往往受到多方面环境的暗示。

另外，同性恋更与闭塞环境有直接关联。

有的同性恋是由现存的环境因素引起的，如军营、监狱、修道院以及男女分开的学校，由于缺乏接触异性的条件，从而促使某些人产生同性恋行为。一旦离开同性的环境，恋爱的对象就会被异性取代。比如，在部队里出现的同性恋者，退役后正常结婚生子，不再发生同性恋行为。发生的原因并非原本就对同性有性渴望、性冲动，只是因长期处在和异性隔离的特定环境下，而产生的角色混淆。

华人导演李安的作品《断背山》曾经风靡全球，被誉为"西部同性恋史诗"。电影里讲的也是两个男人间几十年的爱情故事。

故事中的两个男主人公杰克和恩尼斯相识在断臂山下的一个牧场上，同为一个牧场主打工。在一个只有两个男人生活的环境中，单调而艰苦的生活使两人久而久之形成了一种无形的默契，也有了交流的机会。

在一个寒冷的夜晚，杰克主动向恩尼斯示爱，两人发生了肉体关系。19岁的两个男孩相爱了。然而，他们的恋情被牧场主发现并投来鄙夷的目光。季节性放牧结束后，带着深深的负罪感，杰克和恩尼斯在断臂山下分别了。

四年后，两人再一次相见。此时两人已经结婚生子，过着正常人的生活。两人四目相视，思念的力量最终冲破了防线。两人紧紧地拥抱彼此，在恩尼斯家楼下狂热地相吻。这一幕正好被恩尼斯的妻子从窗户中看见。妻子没有说破这件事，内心一直痛苦不堪。

以后的十几年里，他们频繁地以钓鱼为借口在断臂山下约会。恩尼斯为了和杰克约会，对妻子谎称钓鱼，要几天不回来。匆匆忙忙收拾好行李以后准备要走，他的妻子叫住了他，说他忘记了一件东西，那就是渔具。后来，由于妻子无法忍受自己的丈夫爱着一个男人，终于两人离婚。离婚后，恩尼斯没有再爱上其他的女人。

杰克的心思始终也没有放在家庭上，他们频繁约会，终于被他的家庭发现。二十多年以来，由于恩尼斯小时候目睹过同性恋者悲惨之死的遭遇，在心中产生阴影，加之世俗偏见的压力，两人始终没有公开地在一起，尽管杰克始终积极地计划着两人的未来。

后来，杰克意外死亡。他死后，恩尼斯来到他的家。在杰克的房间里，发现初识时他们各自穿过的衬衫被整齐地套在了同一个衣挂上。他恍然发现两人是如此的深爱着对方，顿时泪流满面。

这部电影，充满了纯粹和幻想，带我们跳出传统意义上爱情的圈子，重新思考同性间的爱情。它向我们表达的主题是爱情是没有限制的，爱不仅仅存在于异性之间。怪不得看了这部片子后，观众、网友们要感叹李安导演所说的话：每个人心中都有一座断臂山。

不一定是说每个人有同性恋的愿望，而是每个人心中都有

一些不可言说的、非理性的浪漫情结。

　　我们来分析一下这看似不可思议的两个男人之间的爱情。

　　看过电影《断背山》的朋友一定会体会到，两个带着失意神情的年轻人来到牧场的情形。牧场的荒寒场面，随时都有遭到野兽和自然灾害袭击的风险，不能生火，夜里睡觉又只有一个薄薄的帐子。没有丰富的粮食和其他的休闲娱乐活动，只有两个男人生活在与世隔绝的环境中。性的力量无法宣泄，情感需求也无法得到满足，认知的范围狭窄。在这种极端的环境下，在心理上彼此对对方产生了高度依赖。恩尼斯是一个父母双亡、被哥哥姐姐带大的孤儿，又因贫困而辍学，内心孤独而自卑。杰克为受伤的恩尼斯擦拭伤口，在寒冷的夜晚醒来时听见恩尼斯冻得瑟瑟发抖的声音，对恩尼斯产生了怜惜之情。杰克叫恩尼斯到帐子里来睡，在寒冷的天气里两人共处一个狭窄的空间，只有拥抱着取暖，加之两人正值青春年华，发生了肉体关系，再正常不过。

　　当然在这种极端的环境下，两人不仅仅是肉体关系。事后两人都向对方坦白自己并不是同性恋。他们之间更多的是一种情谊，他们的恋情是荒寒枯燥环境里唯一的欢乐。因此，他们的恋爱是特殊环境下的特殊状态。

　　当两个人都回到正常生活中后，这段特别的体验总是挥之不去。对19岁的孩子，这是一段刻骨铭心的经历。弗洛伊德认为，在许多性颠倒者的身上可以发现，他们早先曾遭遇过某种强烈的性印象的震撼，它留下一种永久性的"后效"，即同性恋倾向。于是这段友情基础上的恋情在头脑中发生了印刻效应，触及类似的情景便循环播放。于是两个人在一生中断断续续地在断臂山这个地方约会，而不是其他的什么场所，一辈子无法走出这个荒凉浪漫的催眠画面。

说法之四：同性恋是一种社会观念的感染。

古希腊时代，"智者与美少年"往往是黄金搭档。智者往往是那些最强壮的男人，或是最有智慧的男人。他们通常会爱上一个美丽的男孩和他身上所呈现出来的女性品质。这个美丽的男孩往往呈现出更多的女子气，被叫作变童。著名的哲学家柏拉图就有自己的变童。另外，古希腊还有专门由相互爱恋的男子组成的同性恋军队。在古希腊，同性恋是非常常见的。

在中国古代史上，韩子高与陈文帝也是有名的一对，韩子高本名蛮子，出身微贱，侯景之乱期间碰上了后来的陈文帝。从此韩子高便作为陈文帝的变童，随他起居出入，很受他的宠爱。陈文帝性情暴躁，但只要见了韩子高，便怒气全消了。陈文帝专宠韩子高一个，说谁要是给他介绍美女就诛杀九族，还要封韩子高为后，是历史上第一个要封男人为后的皇帝。

让很多人不可思议的是，皇帝有三宫六院，为什么会独独宠爱和自己一样的男人？看看这些皇帝宠爱的男人，共同特征是他们的美貌和他们身上所呈现出的女性品质。是皇帝的男性品质爱上了他们的女性品质。

那么，为什么这种情况会在某个特定时期如此盛行，被看作再正常不过的行为，甚至还被歌颂，而到了另外的时期和地点，就成了一种禁忌了呢？

这和社会感染的现象有关。

在一个集合体里，很容易出现所有的个人思想、情感沿着同一个方向发展，而这些个体的有意识的个性消失了的现象，这就是一种社会感染现象。在雅典，同性恋是很常见的。歌颂同性恋之风也极其盛行。雅典人认为，男人之间的爱情才是最伟大高尚的爱情。在中国古代盛产同性恋的时期，也往往是男子重视仪容观念盛行的时期。这些观念，感染了整个的社会风气。感染是一种很容易证实其存在但却难以解释的现象。但是这种社会感染的力量是可怕的，甚至会达到使个人愿意为集体利益而牺牲个人利益的程度。比如"楚王好细腰，宫中多饿死"。比如南唐后主李煜喜好小脚，从此女人们从此裹了几个世纪的小脚，家家户户在女孩子四岁的时候就开始裹脚，从没有人质疑过这样一个观念：一双小脚比一张漂亮的脸要重要得多。这种社会感染现象正是人们易受暗示性的结果，是一种集体被催眠的现象。在这种状态下，因为人已经丧失了自己有意识的人格，所以会服从那个剥夺其意识的操纵者的所有暗示，并作出与自己性格和习惯相矛盾的事来。这种状态非常类似于被催眠者发觉自己受催眠者操纵的那种痴迷状态。在被催眠状态下，由于大脑的活动性被麻痹了，被催眠者往往成为其脊髓的无意识活动的奴隶，催眠者对其可以随意操纵。此时，被催眠者的有意识特性完全消失了，意志和洞察力失去了。所有的情感思想都沿着由催眠者决定的方向转变。

古希腊人认为肉体是人的低级本性，精神是高级的。因此雅典人轻视女性，反对女权。他们认为女性逊色于男性，天生就应该为男人服务，为了防止妇女改变她们的从属地位和封闭环境，人们不让女人受到和男人一样的社会待遇和教育资格。因此妇女"配不上"那些受过教育的男人，加之男子注重仪容风貌，在这种社会思想的不断暗示之下，很多有地位的人会寻找一位真正配得上自己的恋爱对象，并称这种爱为"神圣之爱"。在"男尊女卑"的封建思想意识形态中，怜爱与自己同样"尊贵"的同性，使人产生一种不可名状的高尚纯洁之感。这样的情景在中国古代社会也并不罕见。这是典型的被社会观念集体催眠的现象。也就是说，很多同性恋者并非是同性恋，而是受到了社会观念的感染，把自己变成了同性恋。现今有很多青春期的小女孩，认为同性恋本身就是时尚，稀里糊涂地也加入了同性恋的圈子。

心理学家荣格的人格面具理论认为，人在处事中，按着别人的期望，戴上了一层人格面具，这个面具同他的真正人格并不一致。人格面具协调人与社会之间的关系，决定一个人以什么形象在社会上露面，表现着我们自己以及我们在社会中的角色。然而，人格面具是我们理想化的自我，这个理想化的自我，与真正的自我并不一致，在这种理想化的自我的不断暗示下，使人不自觉地步入了与真实人性不同的心境。如在集权的社会，皇帝看重的美男子，并非生来认为自己是女性。那些得宠的美男们也并非真的爱皇帝，有的已有妻室，皇帝爱他们的美貌，爱他们身上的女性品质，他们被皇帝能给予的荣华富贵的生活吸引，于是他们戴上了人格面具，迎合了皇帝的需要，淋漓尽致地出演了自己被期待的角色。

说法之五：同性恋是长期行为习得的结果。

社会学家认为，同性恋是经过学习产生的。这种所谓"学习"过程，主要是指一种行为发生后，周围的环境对这种行为的奖励或惩罚而引起行为者在心理方面的肯定或压抑的过程；广义地说，也是受周围环境的影响而潜移默化的适应过程。

"学习"理论认为，人在开始阶段，既与同性也与异性接触，如果和同性的交往以至于性取向受到"奖励"，就会导致这种行为的强化，使人的性取向趋于同性恋；如果异性恋的尝试受到挫折，也会削弱异性恋的取向形成而使同性恋易于产生。反之，对同性恋行为的"惩罚"和对异性恋行为的"奖励"则使人的性取向趋向于异性恋，这种"奖励"与"惩罚"有时并不是直接指向性行为，而是指向性心理气质的养成从而间接指向性行为。因此很多在异性恋中受挫的人，对异性失去了信心和兴趣，转为了同性恋。根据行为理论最简单的奖惩原则，如果一个人做一个行为的时候总是受到挫折，一定会减少这个行为的产生；如果做一个行为受到奖赏，那么这种行为就会加强。如果一个人在异性恋中连连受挫，相反在与同性交往时感受到温暖（相当于得到了奖赏），那么其就有转向同性恋的可能。

有一对女同性恋者，一个女孩带另一个女孩回老家，介绍男装打扮的女友是她男朋友。她不敢告诉父母，她的"男朋友"

是个女的。她说，以前也交过几个男朋友，不像现在的"老公"这样细心、这样关怀她，甚至还背叛过她，于是现在，她对男人一点都不感兴趣了。这样的同性恋者有很多。

了解了同性恋的形成原因后，同性恋不再让人感到神秘和不可思议，也不再是晦涩的禁忌，不再是变态的行为，而是一种特殊情景造成的特殊状态，在情感上与普通的异性间的爱情无异。爱情每每给我们的心灵染上了一层迷人的色彩，无论这一层色彩是来自同性还是异性，都是美好的，令人向往和身心陶醉的。

3. 同性恋的快乐与纠结

迷恋同性？简直太不可思议了！大多数人会发出这样的感慨。一想到与自己同性别的人谈恋爱、做爱，大部分人会认为这是一件不能理解的甚至是恶心的事，但是这种恶心的事情，偏偏有人疯狂地去做，并不惜一切代价。甚至，有的人是从多年的异性恋转为同性恋，他反而认为同性恋有意思多了。

人家自有人家的快乐，人家自有人家的道理。否则，为什么会有那么多人乐此不疲？

美国诗人惠特曼一生的诗作字迹潦草，只有《挂满青苔的橡树》笔画清晰，于是它的内容得到了关注。它描述了一个同性之爱的理想国度：

十四 同性恋：不被理解的爱

这一刻我独自坐着，渴念，思索，我仿佛知道有其他男人，在其他土地上，渴念，思索。

我觉得好像可以注视并观察他们，在德国、法国、西班牙——或者远在中国、印度、俄罗斯——说着其他语言，我仿佛知道假使我认识这些男人，我会爱他们，如同我爱我自己土地上的男人，

我仿佛知道他们也一样聪明、美丽、善良，如同我自己土地上的任何一个；

噢，我想我们应该是兄弟——我想我应该会享受和他们在一起。

你认为我拿起笔来要记载什么？不是那艘铸造得完美、宏伟的战舰，我今天看见它张着满帆，驶进海港，

不是昔日的辉煌——不是笼罩我的辉煌之夜——也不是那座在我四面铺开的大都市的光荣和扩张，

却是我今天在码头上看见的两个男人，承受着挚友的分离。

要留下的，抓住另一个的脖颈不放，热烈地吻他——
要告别的，把对方紧搂在怀。

我在梦境中梦见一座城市，那里所有的男人都亲如兄弟，

噢，我看见他们温柔地爱着彼此——我常常看见他们，结队成群，手牵手走着；

我梦见那城市属于生气勃发的朋友——那里最伟大的

是男性之爱——它统领一切，

无时无刻存在于那个城市，存在于男人们的举止言谈和神情之中。

诗中将男人与男人间的爱情情景描绘得唯美动人，充满了理想，打破了我们心中晦涩的禁忌，歌颂了伟大的同性之爱，让我们耳目一新。实际上世界上歌颂同性恋的艺术作品还有很多。比如一幅名画《阿波罗与库帕里索斯》，讲的是太阳神阿波罗（Apollo）爱上了库帕里索斯这个俊美的少年，并送给他一头神鹿做伴。后来，库帕里索斯误杀了自己的宠鹿，懊悔不已，恳求阿波罗让自己陪着宠鹿一起死去。阿波罗无法拒绝，只好把他变成了一棵柏树（cypress），并立之为"哀树"，种植在墓地上，寄托人们的哀思。

瞧瞧人家的所言所行，你也许能看出这种同性之爱的力量有多强大，虽然痛苦着，但其中的快乐也是溢于言表。请看下面一篇文章：

在电影《断背山》里，杰克说："我想，我是离不开你了。"从中我们可以感受到，执着的杰克对自己相恋20年总是瞻前顾后、迟疑不决的同性恋伙伴恩尼斯讲的这句刻骨铭心的话，表达了怎样强烈的情感。

我一直相信，同性间的爱，有时候来得比异性之间的更纯洁、更深沉，明知不可为而为之，顶住了那么多的压力，只是为了他／她，这些压力，根本不是平常人能够想象的，也不是平常人能够承受得了的！所以，我非常鄙视那些歧视同性恋的人！任何人都没资格说，同性恋是肮脏的，违反伦理的！

因为是同性，所以有时候，更能明白对方在想什么，更能理解对方，这种默契是无法取代的。可是，这个社会给了同性恋太多额外的压力，承受不起的，只有放弃，去过所谓的正常人的生活，牺牲的是自己一辈子的幸福。我觉得，无论放弃或是不放弃，都是伟大的！当然，也有能挺住压力，在一起一辈子的，只是，可能很少为我们所知。

一位 25 岁的浙江女孩，在 15 岁时发现了自己并不喜欢男孩，反而对女孩特别有感觉。后来父母给她"相中"一个男孩并逼着她和男孩结婚。婚礼举行前，她和她的女朋友离家出走，在外地一边做酒店服务员一边生活，虽然每月只有几百元收入，工作很辛苦，她们自己觉得过得很快乐。后来几经周折，家人终于找到她，答应她不再逼婚，并认可她的性取向，她这才回到了家。

韵玲与小鹿是从大学开始确立了"恋爱"关系的。

有一次逛街，韵玲看见马路对面等待已久的小鹿，急忙穿越马路，不小心被汽车擦伤，小鹿当时惊慌失措。从那时起，她们发现绝对不能失去对方，从此伴随她们的是今后艰难的道路。

韵玲是北京人，独生女。当家人得知她喜欢的竟然也是个女孩时，曾经极力阻止，并以断绝关系相威胁。但这些来自家庭的巨大压力，在她与小鹿爱的世界里，没有起到任何作用。韵玲只身留在呼和浩特并找了份工作。后来的日子里，她也曾给家里打过电话，但是父母一听到是韵玲的声音，电话就马上挂断。

"小鹿对我很好，我感觉很幸福，我不后悔。"说完，她用温柔的目光望着小鹿，小鹿听后傻傻地一笑。

而对于小鹿而言，来自社会、工作以及家庭的压力更大。小鹿家庭条件很好，从小父母把她当儿子一样养育，一直坚强的她在性格上越来越像男生，上中学的时候如果有女生留意她，小鹿会像所有青春期的男生一样感到莫名的紧张。

"遇到韵玲是一个奇迹，从那时起我知道我是一名同性恋。由于家里就我一个孩子，经过与父母无数次的斗争，现在家人好像也妥协了。周末带韵玲回家，至少他们不会不给开门。"她语气很轻松，可眉头却紧锁。

小鹿和韵玲已经在外面租房子住两年了。

不难看出，她们的幸福无法伪装，可这样辛酸的浪漫能维持多久，就连她们自己也不能确定。谈话过程中，小鹿告诉记者，她能接受这次采访应该归功于韵玲，因为是她说服了自己。作为个体，她们无力解除社会对同性恋的歧视，但无论怎样她们还是从心里希望有更多的人能以一种平常的眼光对待她们，爱没有错，只是她们爱上了和自己同样性别的人而已。

有一个发生在 20 世纪 80 年代的真实的故事。

一对年轻人谈恋爱，男孩常常留宿于女孩家。那时人们的性观念保守，婚前同居的还不多。于是，男孩常与女孩的父亲同榻而眠，这本来是很正常的安排。谁知这位父亲是同性恋，趁机勾引了未来的女婿。婚礼在即，老丈人的内疚感与日俱增。在男孩女孩准备结婚的前一天晚上，老丈人和女婿又风流快活了一把。事后，老丈人对女婿说：这是我俩的最后一次了，明天你就要结婚，你跟我女儿过正常的生活吧，咱们的关系到此结束。女婿执意不从，两人发生争执。争执中，女婿一时性起，竟把老丈人活活掐死。命案发生了，自然要对簿公堂。中国的法律是杀人偿命，欠债还钱。小伙子的命看来难保。但当法官了解到他俩间的这一情节时，暗示这位小伙子，交代出这一情节，可能免于一死。这位小伙子拒不配合，一心求死。小伙子的家人闻讯后，觉得有了一根救命稻草，父母探监时双双跪在儿子面前，哭求他说出是老丈人勾引他的，可免一死。但这位小伙子就是不说。于是，法院只能按杀人罪判处死刑立即执行。

行刑的前一天，按惯例法官要问死刑犯有什么最后的要求。谁料这位小伙子的最后要求竟是希望能与他的老丈人合葬。他以为他俩是梁山伯与祝英台！

人们常说，男女之间的爱情是疯狂的，而男男之爱、女女之爱有的时候会更为疯狂和不可思议。

如果说，爱情是一个人被某一特质不自觉地吸引，从而进入了一时恍惚的类催眠状态，那么这种吸引为什么不可以产生在同性间呢？为什么有的人明明在同性恋中尝到的是痛苦和负罪感，并不是快乐，为什么仍然不能停止呢？为什么越痛苦越上瘾呢？

其实每一种现象都有它内在的逻辑。在大多数人的思维系统中，同性恋是异常的。但是在同性恋者眼中看来，只有同性恋，而不是异性恋，才是最正常、最合适不过的。有很多的女同性恋者，一想到和男人谈恋爱就觉得恶心。

在行为主义心理学看来，每一种行为得以延续，每一种倾向得以扩张，必是受到奖赏（即强化）的结果。因为快乐着，所以才疯狂；因为疯狂了，所以更快乐！常人感到恶心，只是没有身临其境，未能感知到其中的快乐。

其实，他们的这种快乐同时也伴随着痛苦，巨大的痛苦！

听一听一位同性恋者的心声：

> 我是某大学的一名硕士研究生，有一个问题长期折磨着我，让我苦恼万分。按理说，"男子钟情，女子怀春"是人的一种生物本能，可我作为一个25岁的男青年，却不喜爱女性，甚至厌恶她们。相反地，我疯狂地爱恋着同性，并多次发生过同性间的性行为。在道理上我也明白这是极不正常的，也曾经想过许多办法加以自我克制，但却是无

效的。有时，见到自己所爱的"情人"同别人谈话，尤其是在他与女性接近时，我的心就像被挖去似的，人也要昏过去了。每当想起此事，内心极为痛苦，有时不禁会痛哭起来。我常常捶打胸膛问自己，究竟是什么妖魔在我身上捣鬼，我还是个人吗？这种无休止的自我内心斗争，正在摧残着我，使我面临毁灭，身体也一天天地垮下来。我还年轻，我渴望着享受正常人的精神生活。但我应该怎么办呢？

这是同性恋者中常见的一种痛苦类型，即一边做一边悔。边做边悔，边悔边做。"纠结"一词用在他们身上再合适不过。

另有一种情况是自个不悔，但社会压力把他们压得透不过气来。虽然学术界和官方对同性恋表现出越来越多的理解与宽容，但社会压力却不见得小了许多，把同性恋者当怪物、当变态的人比比皆是。至少说，在当下的中国社会是如此吧。

这让众多同性恋者感到不堪重负。

有记者在采访同性恋者时就曾提过这样的问题：

"有没有承受不了社会压力，从圈子里走出来的人？"记者问。

"有！琳姐（化名）就是这样的情况，现在过得挺可怜。"赤南的表情变得沉重。

琳姐曾经也是一名女同性恋，由于家庭和社会的巨大压力，她不得不听从父母的安排嫁了人，婚后两人育有一子。但婚后她发现根本就无法爱上自己的丈夫，因为她完全不能接受夫妻间的正常生活，因此精神几乎崩溃，只得离婚。在琳姐母亲的催促下，她终于再婚了，但现在的丈夫是个男同性恋，因为彼此知道对方的"底牌"，也就过着相安无事的日子。

…………

采访还在继续，咖啡喝到一半，讲到内心的担忧和痛处，小海拿出烟递给记者，看到记者表示不抽，她自己随手点燃了一根烟……

"这里基本上都是华人聚集的地方，附近也有人知道我们的关系，但我和'老婆'也是始终不能公开，我不介意别人异样的眼神，但我要保护我的'老婆'。"小海叹了一口气说。

在生活中，小海也直接称自己的另一半为"老婆"，记者问到旁边的人听了会不会有异样时，她笑笑说，知道的人始终都知道，不知道的人，还以为她们在开玩笑，听了也就过了。

"假设可以一辈子在一起，你们会想要自己的小孩吗？"记者忍不住好奇地问到她们的婚姻生活。小海说，自己并不是很喜欢小孩，但是如果她的伴侣喜欢的话，她会考虑领养或者以人工授精的方式养育她们的后代。

"如果我的女人要小孩子的话，我会用我的卵子和精子库的精子培植一个试管婴儿，再移植到我女人的肚子里，那么，我和我的女人就会有了我们共同的孩子。"对于未来，小海还是充满了很大的希望……

活着，快乐并痛着。也许，执着、热切、超越、忘我、残酷——这些都是同性恋的特性。当对方已经渐渐地浸润在自己的生命里定型时，若要更改或者放弃，那便是一种伤筋动骨的痛。"将来的路，我会一直朝前走，往前冲。"小海肯定自己是一辈子的女同性恋，即便走得辛苦，也绝不放手。

对大部分读者来说，看到同性恋内容的章节，基本心态是在看一件陌生的事，看一件别人的事，看一件奇怪而好玩的事。其实，在心理学家看来，每个人心中都或多或少地对同性有爱慕之情，不同的只是程度。

著名导演李安说过，"每个人心中都有一座断臂山"。

有趣的是，很多人在与异性发生关系后很多年才发现自己的同性恋倾向。电影《非诚勿扰》里海归秦奋（葛优饰）征婚，碰巧和多年前的一位男同学约会了。该男同学暗示秦奋自己是个同性恋，想进一步发展两人的关系。秦奋很尴尬地说，"我不是。"那男同学竟然回答："你怎么知道你不是？你只是没有勇气面对生活。"

十五　殉情：爱到非死不可

我要在你最爱我的时候死去

我要在你最爱我的时候死去
当你认为我还美丽
当笑声留在我的嘴唇上
光辉照在我的秀发里

我要在你最爱我的时候死去
而且带到沉寂的床上
你的亲吻——骚动的，不竭的
在我死后给我温暖

十五 殉情：爱到非死不可

我要在你最爱我的时候死去

哦，谁还愿意活下去

直到爱既没有什么可要求

也没有什么可给予？

我要在你最爱我的时候死去

而且永远，永远不看到

这个完美日子的光荣

变成暗淡，或者消失。

——〔美〕琼森

元代词人元好问，一日游玩于汾河岸边，只见汾河边，芳草萋萋，水鸟争相觅食。一只大雁被猎人宰杀，弃于岸边，大雁的伴侣，在天空中盘旋，哀鸣，久久不肯离去。最后抢地而死，和自己的伴侣死在一起。元好问见此感慨万端，扁毛畜生，尚且如此钟情，便买下两只大雁尸体，筑丘垒石，纪念忠贞不渝的爱情，起名"大雁丘"。随即写下一首词《摸鱼儿》。

问世间、情是何物？直教生死相许。天南地北双飞客，老翅儿几回寒暑。欢乐趣，离别苦，就中更有痴儿女。君应有语，渺万里层云，千山暮雪，只影向谁去？

横汾路，寂寞当年箫鼓。荒烟依旧平楚。招魂楚些何嗟及，山鬼暗啼风雨。天也妒，未信与，莺儿燕子俱黄土。

千秋万古，为留待骚人，狂歌痛饮，来访雁丘处。

这是来自两个不同国度、不同文化背景的两篇文艺作品，它们在表现一个共同的主题——爱到生死相许。看上去很美！美到人们都不好意思说它们是自杀，而用另一个更美的词，叫殉情。

何谓"殉情"？殉，因为维护某种事物或追求某种理想而牺牲自己的生命。情，是指爱情。殉情就是为了维护或追求爱情而牺牲自己的生命。

很多爱情都有生死相许的诺言，都有山盟海誓的承诺。爱情除了令人痴迷、抛弃理智之外，还存在令人毁灭的力量。如果说，邪教力量的可怕在于对信徒们造成的催眠效果，使很多人抛弃家庭、自焚、杀人、吞食毒药，在很多现实的故事中，爱情比邪教的自焚，更夸张，更让人汗颜，而且更为普遍。歌曲《江南》中唱道：

不懂怎么表现温柔的我们，

还以为殉情只是古老的传言，

你走得有多痛痛有多浓，

当梦被埋在江南烟雨中心碎了才懂。

这温柔的唱词迷醉了多少人的心，一时间风靡全国，殉情用死亡来表达爱情的强度和极限。爱和死亡永远是文学艺术作品的主题，爱情作为一种极端体验，里面本身就包含着死亡的种子。爱情的迷醉使人渴望永恒，而人世间唯一真正的永恒只有死亡才能带来。所以爱情发展到了极致，与死亡之间就打开了一扇联系的门。

恩格斯这样来定义爱情："它是男女之间一种强烈至极的情感，在它的驱使下，恋爱双方认为如果无法在一起生活，那么甚至连活着都不再有什么意义。"现代社会，仍有很多"当代生活版"的罗密欧与朱丽叶。2002年至2004年底统计的数字表明，中国每年有25万～28万人自杀，并且有逐年上升的势头。其中，有85%的自杀者都是为情感所困而导致了轻生。几乎是每所高校都出现过为爱情而跳楼自杀的男生女生。

真的爱到非死不可吗？答案是否定的。

心理学家考证，为爱情而殉情的人并非真的非死不可。研究自杀心理干预的专家发现：有50%的自杀者考虑自杀的事情不足两个小时，就做出了自杀的决定，37%的人仅仅考虑不超过5分钟就做出了自杀行为。如此草率，令人不解也令人心寒。

其他关于自杀的研究也表明，所有的自杀者，在自杀行为发生以后，生命结束前的那一瞬间，他们的感觉都是后悔。有篇荒诞派小说《自杀俱乐部》，文中写道：

这个俱乐部是专为准备自杀的人服务的，它让你在自杀前享受所有的人间快乐。有两个想自杀的青年男女在这里相遇，在享受人间快乐的过程中他们又相爱了。不知不觉之中，他俩都认识到自己自杀的想法很愚蠢并准备放弃自杀的念头而继续活下去。可惜的是，毒气已经放了出来，想不死也不行了。在死亡面前，人生的一切真谛都出现在脑海中，但残酷的现实是：虽然已经大彻大悟，但一切已为时过晚。

不管他们是出于什么原因，做出自杀或殉情的行为，社会都不能认同，更不会赞许。因为这是对生命的不尊重。在任何一种正宗的宗教教义中，自杀者都不能升入天堂。因为，对生命的不尊重是最大的罪孽。

有一个现象值得研究，大多自杀未遂经抢救恢复正常的人在回忆时都会说：自己当时并非真心想死，是一时的头脑发热。为什么那么多的人都会头脑发"热"到拿自己的生命开玩笑呢？在调查中可以发现，殉情者在采取殉情的行动时，大脑无一例外地处在一种催眠状态。殉情者的大脑进入了被催眠状态，这种被催眠状态往往和错误观念、文化传统、心理困扰、场景、文化价值观影响有关。让我们一一道来。

1. 文化传统：我们共赴黄泉

有一种殉情来自文化传统的催眠，在古代、在落后地区时有发生。

十五 殉情：爱到非死不可

丈夫死了，她骑上马，打扮得像参加婚礼一样，面露喜色，用她的话来说是前去和丈夫同床共枕。她左手拿着一面镜子，右手拿着一支箭，在亲朋好友和喜庆的人群簇拥下，浩浩荡荡，一直往前走到举行仪式的场所。

这是一个小广场，中间有一个堆满木柴的火坑，坑的旁边是一个稍稍高出五六级台阶的平台。人们把她带过来，为她送上丰盛的饭菜。然后，她开始唱歌跳舞，在她觉得合适的时候，示意人们点火，接着她挽着一位至亲的手往下走。她们一直走到附近的河里，女人脱下衣服，全身裸露，把身上的珠宝和衣服分送给她的朋友。然后沉入水中，犹如用水洗刷干净身上的罪恶。她从水里出来，用一条长达20米的黄色布单裹住身体，继续由那位至亲搀扶着走回平台上。她和乡亲们道别，如果有孩子的话还要叮嘱一番。土坑和土堆通常用一块布相隔，不让人们看见熊熊燃烧的木柴，不过也有人不愿意这么做，以显示她们的勇气。她说完话，一位妇女献上一满罐油，让她从头到脚涂抹全身，然后她把罐子扔进火堆，与此同时自己也纵身跳了进去。

这时，人们把大量的木柴推到坑里，以免她死得过于痛苦，他们的欢乐也变成了哀悼和悲伤。

很多妇女并不见得是多么爱自己的丈夫，在封建传统社会，嫁鸡随鸡，嫁狗随狗，生活没有了依托，没有了经济来源，只有死路一条。古代女子丧夫后失去了生活的依傍、快乐的理由、行动的自由。因此，女人的殉节是男人自以为是的误读。

中国古代的殉葬制度，最大的受害者就是女人，尤其是做过逝者妻妾的女人。为什么要她们去死？说白了就是因为怕这些女人再嫁人或与别的男人发生性关系，以使自己对这个女人的独占性受到侵犯，进而形成一种文化。旧时代受儒家文化观念影响的中国女性，为保存名节，随某人而死，立贞节牌坊。在15世纪至18世纪的古代中国，殉夫或守节而死的行为是受到政府鼓励和赞扬的。

据我们猜测，这些殉节的女人中，有些是不想死，但被环境、舆论逼得没办法，只好去死。也有一些中毒太深的女性，去慷慨赴死，后一种人就是进入深度催眠状态的人。我们在文献中看过这样的资料："当已故的国王被焚烧的时候，国王的后妃、小妾、侍从都高高兴兴地跑向火堆，纵身一跳，似乎陪着主人共赴黄泉对他们来说是一种荣耀。"这种人，死得更为悲哀。

2. 错误观念在作祟

有些殉情者，自以为有充分的依据、足够的理由去死。扯淡！因为他们的依据、理由统统源自自身的错误观念。

常见的错误观念如下。

● **让爱定格在最美的时刻**

当人们轰轰烈烈地爱到最极致的时候，往往希望世界在此刻静止，生命永远停留在爱情最美好的时刻。但是世界不会为一个人或两个人真的停止。于是不少的恋人们选择结束自己的生命，让生命停在最美好的时刻，不去面对沸点过后的平淡。如前面的诗作所云：在你最爱我的时候死去。我们得承认，在情感的沸点过去以后，生活是会平淡些。难道平淡就不美好吗？爱情的最高境界是"执子之手，与之偕老"，是"在一起慢慢地变老"。永远在高峰期、高潮期，不要说不现实，就是可能的话又有谁受得了？诚然，让爱定格在最美的时刻，是每一个高度投入爱情之中的男女都曾有过的希冀，但要搞清楚、弄明白，想想可以，别当真。

● 真爱只有一次

不知从何年何月何时，自何人起，一个错误的观念产生了，这个错误的观念广为流传，又与纯洁联系到一起。这个错误的观念就是人的一生真爱只有一次。

传统的爱情故事，总是在如此的幻想中展开：两个人相爱，都把对方当作唯一一次的爱，最后一次的爱，除了这一次，没有下一次，这一次就是最后的一次，这最后的一次也是唯一的一次。过了这个村就没了这个店。不可能弥补，也不可能有更美好的爱出现。

坦言之，小说家这么写，容易吊人胃口。但这是非理性的说法。人海茫茫，眼前的他（她）可能是适合你的，但你又有什么理由证明其他人就不适合你？又有什么理由证明其他人就不更适合你？

持有"真爱一次论"观念的人，如果再认为爱情是最重要的，没有爱，毋宁死，人间悲剧就有可能上演了。

读过一篇网文《她用生命为婚姻殉葬》，该文作者是"紫檀情缘"。

好羡慕表姐。看着新婚的表姐与表姐夫那恩爱的画面，还有被表姐夫宠爱着的表姐，那一脸的甜蜜，就像在昭告天下：我找到幸福的归宿了！看着她，连嘴角都在洋溢着幸福，竟有些嫉妒。

周末的下午，还在逛街中，就接到老妈的电话，说表姐今天来我家吃饭，让我带点菜回家。也没多想，可能是又要来炫耀她的幸福了吧！人就这样，唉！害我一次次被老妈抱怨：看你表姐，婚后多幸福啊！你什么时候才能像你表姐那样安定下来呢？而我，每次都用沉默来表示抗议。

从小，我的生活都是家里一手安排好的。一直如此，我也习惯了听从，听从他们对我生活的安排。就算有反抗，也只是用一种很安静的姿态。唯独此事，他们嘴都说破了，都不见一丝效果。独身的主意已定，说得再多也是无益！

我也是女人，我也会伤、会痛。面对疼痛，我也会不知所措。听过太多的爱情故事，有太多的人，对我诉说着她们的爱情悲剧。那些疼痛得找不到出口的女子，一个个在我的文字中出现。我，怎么可能还会让一个这样的我，成为这种悲剧中的主角呢？

十五 殉情：爱到非死不可

曾经，也相信过爱情。但是，这几年看了太多现实中的爱情故事，才知道爱情和生活是两码事。身边就有着无数这样活生生的例子，他们因为背叛而相互伤害着。那些不幸的家庭，因为背叛，在一夜之间变得支离破碎。这样的故事，越演越泛滥。我改变不了事实，所以，我选择在沉默中逃离。

等我买完菜到家，表姐已经在我家了，和老妈并肩坐在客厅的沙发上。我发现，表姐的眼睛红红的，好像刚刚哭过。也没细问，因为我讨厌她，老是在我妈面前揭她的伤疤。每次她离去后，我总免不了被唠叨几句。

饭后，老妈想要留表姐住上一宿。"妈，你真是自作多情，人家还是新婚，你留姐住下，表姐夫一个人怎么过，不是要急死了。"留她吃饭，我已经是十万个不乐意了，还留宿。反正我不喜欢她。不过，吃饭时，我发现今天的表姐，好像完全没有了前几次的欢愉。有点奇怪。

表姐走后，老妈告诉我，她很担心表姐这样回家。我安慰老妈：有什么可担心的了，这不才新婚三个月，再说他们这么恩爱。老妈说：表姐和表姐夫好像发生了点事，好担心表姐的性格，会做糊涂事。当时，我还说她杞人忧天。

女人的一生，也许与婚姻真的密不可分。表姐的盲目婚姻，自以为是的幸福，对她来说就是致命的要害。一旦哪天突然发现，所谓的幸福原来是欺骗，所谓的恩爱，原来只是被人玩弄的一件道具，自然一时无法接受。

她一直以来都引以为傲的婚姻，吹嘘了三个月的幸福、甜蜜，到最后，被表姐夫的背叛给了当头一棒。性格极端的她，采取了以"生命作为婚姻的殉葬"获得一生的安宁。

天还未亮，姑妈打来电话，表姐在家中自杀了！

从表面看来，这位表姐"为爱而死"，是一位爱情至上主义者。若进行深层次心理分析，她真正的死因是自身心理软弱。她并不是真的爱得不可自拔，而是战胜不了内心和情感上的软弱，在感情的世界里患得患失，斤斤计较。这个时候，殉情者的心里不是在爱别人，而是在诉求对方的依赖。一个内心软弱的人，是最渴望爱情的。在对爱情忠贞不渝的同时，还死抓住对方不放。因为她没有力量爱别人，只希望别人爱她，更不能失去来之不易的爱情。很多时候他们所追求的爱情极致之美并不会打动恋人的心。

人啊人，应该从幻想中走出，回到现实世界来，不要为错误的观念所愚弄。应坚信，生命是最宝贵的，生命是最重要的。"天涯何处无芳草"，明天，会是全新的一天，可能也是更美好的一天。

● **明知不可为而为之**

爱情是自由的，婚姻常常却是现实的。所以，不是所有爱情的结局都是婚姻。古代是如此，现代也是如此；中国是如此，外国也是如此。你读过小说《廊桥遗梦》吗？或者看过同名电影吗？书中主人公的爱情可谓轰轰烈烈，但终究没能成就婚姻，人世间，不如意的事情多得很。

杜十娘的悲剧在于明知归属感的不可得却偏要千方百计地走向归宿地。当本我的原欲无法在现实中得到满足而与自我调节的现实性反差太大，或超我太忽视本我需求而成为空中楼阁，在精神恍惚和极度苦闷中，会使人趋向毁灭。弗洛伊德认为，文学艺术的创作，就是用一种社会可以接受的文化现象来补偿"原欲"之不能在现实中满足，而在想象中得以发泄。

得不到怎么办？佛家劝人"看得破，放得下"，惜乎世间俗人每每做不到这一点，偏向虎山行，进而走上绝路。

3. 弱者的精神胜利法

在现实生活中，爱情常常会受到外力的阻隔。这种情况在中国的封建时代尤甚。中国的顶级爱情故事中，无一没有这种力量的存在。因为那时的婚姻规则是"父母之命，媒妁之言"；因为那时的社会法则是"君叫臣死臣不得不死，父叫子亡子不得不亡"。不经父母同意，你俩再好也不能结合；经父母同意的，结合了，感情也很好，哪天父母不乐意了，也能活脱脱地叫你分开，连理由都不需要。

陆游与表妹唐婉本是恩爱夫妻，感情甚笃。但因陆母不喜欢唐婉，终被迫休离。后二人各自婚嫁。十年后的一个春日，陆游独游沈园与唐婉邂逅。唐婉以酒肴款待，陆游感伤万分，惆怅不已，随即在园壁上题下一词《钗头凤》，抒发了自己内心的眷恋相思之情和无尽的追悔悲愤。

> 红酥手，黄縢酒，满城春色宫墙柳。
> 东风恶，欢情薄，
> 一怀愁绪，几年离索。
> 错，错，错！

> 春如旧，人空瘦，泪痕红浥鲛绡透。
> 桃花落，闲池阁，
> 山盟虽在，锦书难托。
> 莫，莫，莫！

唐婉读后百感交集，含泪和词一首：

> 世情薄，人情恶，雨送黄昏花易落。
> 晓风干，泪痕残，
> 欲笺心事，独语斜阑。
> 难，难，难！

> 人成各，今非昨，病魂常似秋千索。

十五　殉情：爱到非死不可

角声寒，夜阑珊，

怕人寻问，咽泪装欢。

瞒，瞒，瞒！

一对恩爱夫妻，就这么被无情地拆散了。再次偶遇，怎能不思绪万千，肝胆俱裂？

这两人还算理智，虽然"一怀愁绪"，毕竟还尊重生命。我国文学史上第一部长篇叙事诗《孔雀东南飞》，以及梁祝的传说，就显得更为沉重了。

时至今日，这种事情也没有完全杜绝，虽然少了许多许多。2004 年 11 月的一个晚上，辽宁省海城市某电影放映厅发现了一对青年男女，在影院的座椅上紧紧拥抱在一起，殉情而死。通过对现场的勘查，发现在两人的座椅下面，有一个万灵农药的瓶子，证明他们是喝剧毒农药而死，皮包内有一份两人共同完成的遗书。大概是因为他们的相爱得不到家人的支持，走投无路。

这种事情中国有，外国也有。黎巴嫩当代著名作家米哈伊勒·努埃曼（1889 ~ 1988 年）的小说《相会》里，年轻的小提琴家雷纳德利与旅店老板的女儿贝哈相爱，由于门第、财富的悬殊，旅店老板不承认他们的爱情，把女儿许配给本城的一个富家子弟。订婚之日，贝哈昏厥不醒，悲伤愤激的雷纳德利毅然出走，最终双双在绝望中殉情。

遇到外力的坚决反对，当事人是如何处置的呢？有这么几种方式。

一是从了。如巴金《家》中的老大觉新。虽然心里不愿意，还是这么做了，日后也过日子，过得也还可以。只是想到这事就心酸。

二是反了。如司马相如和卓文君。一走了之，爱谁谁去。

三是既不从又不敢反的人，那就是去死。

《孔雀东南飞》中对这种方式有催人泪下的描述：

新妇谓府吏："何意出此言！同是被逼迫，君尔妾亦然。黄泉下相见，勿违今日言！"执手分道去，各各还家门。生人作死别，恨恨那可论？念与世间辞，千万不复全！

府吏还家去，上堂拜阿母："今日大风寒，寒风摧树木，严霜结庭兰。儿今日冥冥，令母在后单。故作不良计，勿复怨鬼神！命如南山石，四体康且直！"

阿母得闻之，零泪应声落："汝是大家子，仕宦于台阁。慎勿为妇死，贵贱情何薄！东家有贤女，窈窕艳城郭，阿母为汝求，便复在旦夕。"

府吏再拜还，长叹空房中，作计乃尔立。转头向户里，渐见愁煎迫。

其日牛马嘶，新妇入青庐。奄奄黄昏后，寂寂人定初。"我命绝今日，魂去尸长留！"揽裙脱丝履，举身赴清池。

府吏闻此事，心知长别离。徘徊庭树下，自挂东南枝。

两家求合葬，合葬华山傍。东西植松柏，左右种梧

桐。枝枝相覆盖，叶叶相交通。中有双飞鸟，自名为鸳
鸯。仰头相向鸣，夜夜达五更。行人驻足听，寡妇起彷
徨。多谢后世人，戒之慎勿忘！

爱情中有个规律，外界阻力越大，感情反而被强化，爱情
关系会变得更牢固。激情是爱情的基础，激情并不是由于得到
满足而增长，而是越不顺才越强烈，爱情越受阻力，膨胀力也
越大，黏固性越强。外部环境非不让这两人在一起，这两人的
感情却因此受到强化又非在一起不可，矛盾尖锐化了，冲突在
所难免。

在中国的古代，外力通常是强势的一方，恋爱或婚姻的当
事人是弱势的一方。弱势方如何与之抗衡呢？

一种选择是不按"理"出牌。常见形式是私奔，离家出走。
这种选择在今天看来非常好，但在那时需要极大的勇气与决心，
那是强者才做得出来的事。弱者，尤其是心存不服，又不敢有
出格之举的弱者在这场心理博弈中采取的对策却是"不惜以毁
灭自己来反抗外力干预"。我不能达成我的目标，我又不敢攻
击外部世界，那好，我就去死。用毁灭自己来反抗，用极端方
式来赢得这场心理博弈。

与此同时，一个虚幻的观念又在催眠他们："生不能同眠，
死则可同穴"，现世我们失望了，来世还有希望。怎样才能让
来世的希望早点实现呢？现在就去死，早死早投生，早投生早
实现希望。幻觉加上混乱的逻辑推理，把他们送上了黄泉路。

他们一定是值得同情的，但我们还是要说他们缺乏理性，没脑子。他们虽然敢从山峰之巅纵身一跃，但我们还是要说他们是弱者。这种殉情本质上是一种功利性的占有，以这种极端自虐的方式去抗争外部世界，最多也只能算是"弱者的精神胜利法"。

"弱者的精神胜利法"的另一种表现形态不是与外力抗争，而是"两个人之间的战争"。他们的基本理念是：无法收获爱情，至少收获感动，或者让对方愧疚。这同样也是心理博弈时孤注一掷的表现。著名艺人翁美玲便是这一心态的顶级样板。

翁美玲生于中国香港，7岁时父亲去世。母亲为了生计另嫁，并随夫婿去英国做生意，将翁美玲寄养在亲戚家中。翁美玲15岁时回到母亲与继父身边，在英国完成大学学位。23岁在回故乡香港重游时参加了一次港姐大赛，被选中做一名节目主持，后又被看重演戏。后来，随着"黄蓉"角色的走红，翁美玲的名字红遍了整个中国。在其进入演艺圈期间，认识了和她同龄、事业也同样蒸蒸日上的男演员汤镇业，双方坠入爱河。随着翁美玲日益走红，汤镇业的事业不如女友，不免在陪伴其参加应酬活动时产生自卑感。翁美玲习惯了被人宠爱，也会因小事而与汤镇业大吵大叫。后来汤镇业到外地发展，在演艺圈中不免发生绯闻。翁美玲很担心汤镇业背叛自己，同时也不断地与男演员密切来往以刺激汤镇业的嫉妒心。两人的误会加深，关系渐渐疏远。翁美玲十分痛苦，严重影响到生活和工作。有一次在拍戏的化妆间与汤镇业发生争执。汤镇业独自离去。翁美玲一个人回到家里，服下麻醉药物，打开煤气。在完全失去理智的状态下结束了自己短暂而美丽的一生。汤镇业在事后才发现翁美玲爱自己之深，但一切悔之晚矣。

4. 那一刻，是场景在催眠

有人说："人是环境动物。"我们说，人常常被环境催眠。

请想象一下，如果你是当年清朝的一介平民，或是一位低级官员，有幸得到皇帝的接见。走到故宫门口，看到了那么高的围墙，你是否会有一种渺小感？然后走进宫门，进入一个空旷的大广场，你是否会有一种渺小感？然后再爬多少级台阶，进入一个很大很高的宫殿，你是否会有一种渺小感？皇帝坐在一个高高的椅子上，而你得跪下，仰起头来也看不清皇帝的全貌，你是否会有一种渺小感？好的，你还没轮上与皇帝说上半句话，这么多的渺小感的集聚，已经让你臣服了。于是，你在皇帝的面前，只能说"是"，只会说"是"。因为环境的力量已经把你的意志摧毁，让你的个性丧失。由此看来，皇宫的规模搞那么大，不全是因为奢侈，作为昭示皇权的力量，有它的实际功用。

香港汇丰银行以极高的造价标准，在地价极高的香港中环建了一栋彻底体现高科技风格的汇丰银行总部大厦。钱的确不是白花的，重金堆砌之下，汇丰银行大厦简直成了一台巨大的机器——据说这栋大楼没有任何一个构件是不可拆卸的，如果有需要，可以将这栋大厦完整地拆开，然后再搬回到某个地方，原封不动地把它再拼装起来。单就银行的使用功能而言，完全没有必要。但这并不是说汇丰银行在无目的地烧钱，恰恰相反，这是汇丰银行一种有计划的投入。于是乎，汇丰银行在世界名声大噪。几乎在一夜之间，这栋大厦当仁不让地上了所有涉及香港的导游书。紧接着，又有一系列香港的经典警匪片，凡是涉及抢银行镜头的，只要有可能，都把他们的外景地拍成了汇丰银行的地下金库。这一套形象工程做下来，汇丰银行这个香港金融界的龙头老大，其形象变得更为自信，更为厚实，也更为霸道。

一位专家说过：银行建筑不能不厚重，银行建筑必须厚重，必须豪华，必须象征财富。银行大楼就是要给人这样一种感觉——我这个大楼是非常值钱的，即使有一天我的银行倒闭了，我将这栋大楼卖掉，依然可以将储户的钱还上。所以，看到这栋大楼，你们就可以相信我，把钱存到我这里来。

当铺的柜台都很高，鲁迅先生小时候对此就深有感触。为什么要那么高呢？既浪费材料又给人带来不便。其实，当铺这么做是大有深意的。当你进了当铺，在无意识之中就会觉得你与他的地位是不平等的，你是弱势群体，你得听他的。这样一来，你与他讨价还价的底气就不足了。

大商场在装修上最为讲究，在灯光上最不惜工本的是哪个柜台？是珠宝柜台。为什么呢？那是为了营造一种氛围，一种雍容华贵的氛围，让你觉得，拥有它（珠宝），就是拥有宝贵，拥有高人一等的感觉。有钱人见了想去买，没钱人发誓哪天发了财也要去买。这就是商家不惜代价的原因所在。

许多老板的办公室给人的感觉是极尽豪华、奢侈之能事。的确，有些暴发户是在讲排场，但更多的是出自某种特殊需要，虽然他们并不一定清晰地意识到它的功能与作用。西方的一些企业家就是有意识地通过设置某种情境，构成一种"无声胜有声"的暗示力量，作用于自己的商业伙伴。具体而言，是在会客厅、办公室有计划地调整与摆设一些物品，借此来提升主人的地位。如以下几个方面。

摆设客人专用的低沙发；

在离客人较远的地方摆上一个昂贵的烟灰缸，有意造成客人弹烟灰的不便；

放上一个高级烟盒；

桌上放一些标有"绝对机密"字样的文件资料袋；

墙上挂些主人的奖状、学位证书或与名人的合影；

使用精致的小公文包，因为，大公文包似乎是那些大小事全干的人用的。

上述环境设置至少具有以下几方面的影响力：

主人的档次很高，因此主人所属公司的档次一定也很高（昂贵的烟灰缸、高级烟盒所构成的暗示）；

主人是该领域的专家（奖状、学位证书所构成的暗示）；

　　该公司具有某种神秘性与高深莫测之处（绝密文件资料袋构成的暗示）；

　　与主人相比，自己有一种稍逊一筹的自卑感（较低的沙发、用不上的烟灰缸所构成的暗示）。

　　好的，说了这么多，无非是要表达一种思想：环境对人有强大的暗示作用和催眠作用。在特定的情境中，最有可能诱发特定的行为。

　　殉情，也与情境有关联。

　　很多的殉情发生在高山深林。处于爱情和生活中的人往往体会到想念、忧伤、惆怅等情绪，在山高林深的地方产生这种情绪时，很容易萌生情死的念头。这是殉情者多选择在山高林深的地方殉情的原因之一。

　　在云南丽江——被联合国教科文组织评为世界文化遗产的昔日"纳西古王国"的首府，这里发生过无数的殉情故事，这座高原雪国城市被称作"世界殉情之都"。海拔5596米的玉龙雪山是殉情名山，被数以万计的情侣当作殉情圣城。

　　云南纳西族有殉情的悠久历史，谷雪儿所著《纳西族人的最后殉情》对此有所记载：

　　　　和学文老人是家族中第五代东巴，他父亲的两个东巴徒弟分别殉情。和瑞华是个比较进取的学徒东巴，深得他父亲的喜爱，眼看三十岁了还一直没结婚。和老的父亲叫和继元，一次带着和瑞华到鸿安乡四兴行政村为一位刚过世的人做超度仪式。按死者家族的要求，共做了四次仪式。和瑞华是个喜欢唱民歌的年轻人，仪式做完后就喜欢被大家围着又唱又跳。他的活跃和才气打动了一个女孩的芳心，女孩当时只有十八九岁。当和瑞华和师父四次仪式都结束了、马上就要离开村子时，和瑞华与那位姑娘见了一次面并很快爱上了对方。后来因相隔较远，联系很不方便，约定时间总是不能实现，两个性急的年轻人最后终于约到一家喜事上。女孩参加汝南化村一个朋友的喜事，来此做客。其实在做客前他们已经达成殉情的协议，做客只是借口。两人的关系家人有所察觉，并表示不同意这门婚事。女孩再没对父母提及此事，但心里早已打定主意。

两个恋人见面后，急忙约定了殉情的时间、地点。和瑞华一个人到丽江古城购买殉情物品，从古城回来直接按约定时间到殉情地点。女孩反常的表情神态令家族人怀疑，经一再询问，女孩闭口不答，更加深了大家对他们殉情的猜测。快到约定时间了，女孩突然想跑，被家族拦截并严加看管，并派一行人上山寻找和瑞华。和瑞华从丽江古城采购回来，发现心上人没出现在约定的地点，以为女孩反悔，痛苦之下，便一口气喝光泡好的草乌酒殉情而死。

为什么纳西族有那么多人会去殉情？这一定与他们的文化传统有关，但也与当地的景色不无关联。当地人也说，一般情死者都会选择风景优美的地方。至于后来有那么多的外来人口也赶到这里来殉情，成就其"世界殉情之都"的名声，就更不能说与其情境没有关系了。

郁积心头的忧伤情绪与精神信仰相融合，埋下了轻生的种子，而适宜的情境就成了最后一刻的最后一股推动力。优美、静谧的景观极易触发那种离弃红尘，向往极乐世界的念头。本来就有殉情念头的人们为景色所吸引，又全身心投入于情境之中，与环境交融为一体，意识渐渐淡薄，情不自禁地纵身一跃，好像是投入大自然的怀抱！

殉情者有的选择景色优美的地方作为殉情地，也有的选择险峻之处作为殉情地，这又是为什么呢？

心理学家的解读是，两性吸引以肾上腺素为基础，源自情境导致的生理唤醒。站在死亡边缘，你双手发抖心跳加速，你觉得这是什么情绪？恐惧？焦虑？痛苦？或者，是爱情，如果身边恰好有个看上去不错的异性。

最早证明这一点的是那个著名的吊桥实验。

1974 年，心理学家埃伦曾在温哥华的卡皮拉诺吊桥上做过一个实验。卡皮拉诺吊桥是世界上最伟大的吊桥，全长 137 米，宽 1.5 米。从 100 多年前起，吊桥便以两条粗麻绳及香板木悬挂在 70 米高的卡皮拉诺河河谷上。悬空的吊桥来回摆动，既动人心魄，又令人心生惧意。

研究小组让一位漂亮的年轻女士站在桥中央，等待着年龄为 18 ～ 35 岁的没有女性同伴的男性过桥，并告诉那些过桥男性，她希望他能够参与正在进行的一项调查，她向他提出几个问题，并给他留下了电话。

然后，同样的实验在另一座横跨了一条小溪但只有 3 米高的普通小桥上进行了一次。同一位漂亮女士向过桥的男士出示了同样的调查问卷。

结果呢？显然走过卡皮拉诺吊桥的男性认为这位女士更漂亮，大概有一半的男性后来给她打过电话。而在那个稳固的小桥上经过的 16 位不知名的男性受试者中，只有两位给她打过电话。"在可怕的环境中，人们更容易动心。"埃伦说，"其实道理很简单。恐惧激发了生理上的感觉和异样，正当你不明所以的时候，遇到了一个充满魅力的对象，于是会想：'哦，怪不得呢！'"

独行男子在狭窄摇晃的吊桥上心脏狂跳不止，此时，遇见妙龄女子，罗曼蒂克式的反应发生，心跳被理解为遭遇爱情。这个结果有点儿令人沮丧，爱情竟是因为对危险情境中生理情绪的错误归因，似乎它只是一种错觉。心理学家之后的研究结果也许可以给我们一些安慰，那就是任何一种生理唤醒的确都会诱发吸引，或者说增强我们对爱情的感受，不管它是由什么原因导致的，也不管是痛苦、恐惧还是喜悦。看恐怖电影、坐过山车，甚至体育运动都可能产生同样的效果。对已婚夫妇，这个方法同样有效。研究表明，那些经常在一起做一些可以提高兴奋度活动的夫妇，对夫妻关系的满意度很高。

恐怕没有一种场景，可以比灾难和死亡更让我们惊心动魄，它也给了我们的爱情一个契机，去开始，去生长、繁盛。在恐怖的场景中，我们更以为自己爱得不行，如果已感到这种爱不能实现，那种快点死去、以求来生缘的观念便恣意横生，于是，一失足成千古恨！

自然情景能产生催眠力量，导致人们去轻生，人文环境也如此。有一个现象值得深思，那就是在都市里殉情的人们常选择电影院。

为什么是电影院？

我们观看感人电影的时候，会大笑、会兴奋、会流泪，会完全进入电影的故事情节中。没有人会忘记自己是在看电影，但还是会为电影中的乐与悲而大笑或哭泣。这就是电影的催眠效应产生的临场感。现代 3D 电影更增加了这种临场感。《阿凡达》上映初期，电影票比春运时的火车票还难求。很多殉情的男女选择在电影院殉情，正是由于电影所产生的这种临场感。当然，他们大多选择凄美的爱情故事作为殉情的背景。殉情的男女不会选择看电影《三枪拍案惊奇》或者刘老根大舞台的时候抹脖子自杀的。那样的话，不管两人的爱情多唯美，都会不可避免地沾上喜剧元素，产生喜剧效果。

5. 被美感忽悠

在有些人看来，殉情本身就具有巨大的审美价值。爱情的美学意义和死亡的美学意义在这里叠加到了一起，产生出超乎寻常的震撼人心的力量。这种力量之强大，就连殉情者的敌人也无法不承认并且畏惧。

古希腊人认为，唯有为爱自杀的人，才是爱的极致，爱的最高境界。

在魏晋时代，有限的人生感伤总富有无限宇宙的含义。基于对生命意识的自觉，对感情的观照，而产生无限的哀伤情调，使许多作品富有殉情色彩。

日本人最喜欢的花是樱花。但樱花的花期非常短暂。他们很欣赏樱花"虽是花落后，犹似盛开时"的消亡美。宁爱美丽的樱花，也不爱丑陋的磐石。樱花"快开快落"，"美丽地生"，"美丽地死"，让日本人崇拜，让日本人效仿。

梁山伯与祝英台虽然死了，但化作蝴蝶，比翼双飞，多么浪漫！多么富有诗意！

世界上有一种人叫唯美主义者。他们的毕生追求就是美。爱情美，死亡也美，爱情与死亡加起来更美。于是，冲着美他们什么事都做得出来。

爱情、疾病与死亡这三者经常如影随形，联袂登场。爱情是"美丽"的，而疾病与死亡则是令人"哀愁"的，它们的"三位一体"似乎是文学家在塑造一个"美丽与哀愁"故事时惯用的手法。但从心理学的观点来看，疾病与死亡之附加于爱情，并非在增加"哀愁"而已，它们还有另外的含义。事实上，爱情故事里的疾病与死亡都已跨越了"医学范畴"，而成为文学领域里一种独特的意象。

　　王溢嘉在《从梁祝与七世夫妻谈浪漫爱及其他》这篇文章里曾提到，古典浪漫爱的两个基本要件是"欲望的不得消耗"与"死亡"。因为性欲的满足会减弱爱情的强度，就像叶慈所说："欲望会死亡，每一次的触摸都耗损了它的神奇"；为了使欲望不能消耗，通常会有种种的横逆来阻挠他们的爱情，有情人不得成为眷属。另外，时间的推移也会使爱情自动弱化，为了让浪漫的爱"悬搁"在它炽烈的高原状态，当事者通常必须"适时地死亡"，像樱花一样，在最灿烂的时刻凋落。

　　因此，有些人在自认为爱到极致之时，在爱到极致又修不成正果之后，就会以爱的名义，以美的名义想到去死。对此，我们只能说，爱美之心人皆有之，爱美没有错，但被所谓的美感严重催眠，就是愚昧了，就不足取了。

　　因被爱情的美感而催眠走上轻生之路的，不仅与特定爱情对象有关，还有一些人是为了自己在世人，尤其是在异性心目中的美好形象而提前离开人间。有人说："新娘一样美丽的死。"

　　史上最著名的美国电影明星梦露，有关她的死有多个版本，其中之一也是比较可靠的一个版本就是她是自杀，原因是她要把她最美好的形象留在人间。

　　20 世纪 60 年代的香港，据说女星自杀成了一股潮流风气——1964 年有林黛，开煤气；1965 年有莫愁，服毒；1966年有李婷，悬梁；1968 年有乐蒂，吃安眠药；1969 年有杜娟，服麻醉药……那个年代对女明星很残酷，圈子里老资格的人说：女明星接近 30 岁，结了婚，身材开始变形，大公司就改捧新

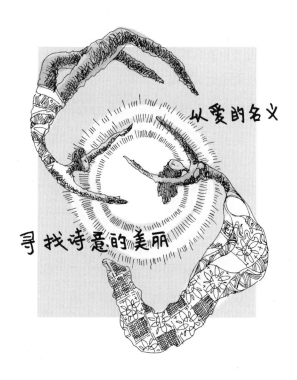

以爱的名义

寻找诗意的美丽

人，观众也喜新厌旧，造成女明星心生沮丧。美人在最美的时候离开，我们不知她白头的样子。

这种殉情，所蕴含的是"瞬时美情结"和"消亡美情结"。正如歌曲《别哭，我最爱的人》所唱到的：

> 别哭，我最爱的人
>
> 今夜我如昙花绽放
>
> 在最美的时刻凋落
>
> 你的泪也挽不回的枯萎

还有一种情况是受文学作品的影响而走向轻生的道路。人们在阅读小说，尤其是那些震撼人心的作品时，会自觉不自觉地把自己带进去，充当其中的一个角色，模仿他们的所作所为。歌德的《少年维特之烦恼》出版后，就在欧洲引发了一股殉情狂潮。在那一见钟情的凯普莱特家的舞会上，朱丽叶仅凭着与罗密欧短暂的接触就说出这种令人震惊的表白："要是他已经结过婚，那么坟墓便是我的婚床。"这一番话，也成了诸多殉情者走上不归路的理论依据。

美，美感，原是人类所创造的美好的事物，美好的感受，殊不料，竟被有些人异化为轻生的缘起，真是世事难料！

心理学中有一种"打烊效应"，说的是你在酒吧里寻觅一个可以陪你度过漫漫长夜的对象，你发现了一个人，但不够满意，于是继续找，随着酒吧关门时间的临近，你会觉得，刚才那个意中人比早些时候看上去要好看，而且越来越有吸引力。当然，这并不是因为你喝多了酒，而是因为你越来越接近"想要但得不到"的境地。这是一种非常普遍的心理现象，当灾难把"失去"的体验变得格外真实，昔日身边的那个人、那段感情，突然间变得无比珍贵，所以，重逢后的拥抱才显得那么热烈有力。

当然，仅仅是因为"会失去"才"想要"，无法保证我们对爱情的信心。当死亡体验中这场对爱情的顿悟，源于个人的生命顿悟时，也许会更接近真相和幸福。心理学家诺伊斯研究了200个有濒死经验的人（包括车祸、溺水、山难等），他发现，死亡体验让人们重新评估生活重心，成为比以前更热情、更有人性的人。很多研究都表明，面对死亡后，会产生正向的个人转变，有的人会彻底改变生活模式、人生观，甚至人格。这一切也必将会给爱情注入新的生命。爱情是无法定义的，只能用死亡来定义。所以，罗密欧与朱丽叶用毁灭生命来定义爱情。爱情与生命两种最有价值的东西被毁灭了，这就是悲剧，这是爱的最高境界的极端化。爱情在他们的生命中存活到最后一刻，然后死亡为之镀上了一层金饰。

这么做，值吗？

图书在版编目(CIP)数据

爱情催眠术 / 邰启扬, 林琳著. -- 2版. -- 北京：
社会科学文献出版社, 2018.2
　（邰启扬催眠疗愈系列）
　ISBN 978-7-5201-1914-6

Ⅰ. ①爱…　Ⅱ. ①邰…②林…　Ⅲ. ①爱情－通俗读
物　Ⅳ. ①C913.1-49

中国版本图书馆CIP数据核字（2017）第297629号

·邰启扬催眠疗愈系列·

爱情催眠术（第2版）

著　　者 / 邰启扬　林　琳

出 版 人 / 谢寿光
项目统筹 / 王　绯　黄金平
责任编辑 / 黄金平
漫画作者 / 王家琪

出　　版 / 社会科学文献出版社·社会政法分社（010）59367156
　　　　　地址：北京市北三环中路甲29号院华龙大厦　邮编：100029
　　　　　网址：www.ssap.com.cn
发　　行 / 市场营销中心（010）59367081　59367018
印　　装 / 三河市尚艺印装有限公司

规　　格 / 开　本：880mm×1230mm　1/32
　　　　　印　张：10.875　字　数：226千字
版　　次 / 2018年2月第2版　2018年2月第1次印刷
书　　号 / ISBN 978-7-5201-1914-6
定　　价 / 68.00元

本书如有印装质量问题，请与读者服务中心（010-59367028）联系